Dan S. Bagley III / Edward J. Reese
BEYOND SELLING

Dan S. Bagley III
Edward J. Reese

BEYOND SELLING

Die neue Dimension im Verkauf

Wie Sie Ihre
persönliche Wirksamkeit
voll entfalten können

Verlag für Angewandte Kinesiologie
Freiburg im Breisgau

Für Ann und Maryann

Titel der amerikanischen Originalausgabe:
BEYOND Selling
How to maximize your personal influence
© Meta Publications, Cupertino/California 1987
ISBN 0-916990-19-2

CIP-Titelaufnahme der Deutschen Bibliothek

Bagley, Dan S.:
Beyond selling: die neue Dimension im Verkauf; wie Sie Ihre persönliche
Wirksamkeit voll entfalten können / Dan S. Bagley III u. Edward J. Reese.
Übers.: Oinone Buschendorff. –
Freiburg im Breisgau: Verl. für Angewandte Kinesiologie, 1990
    Einheitssacht.: Beyond selling ⟨dt.⟩
    ISBN 3-924077-17-7
NE: Reese, Edward J.:

© Verlag für Angewandte Kinesiologie, Freiburg 1990
Aus dem Amerikanischen übersetzt von Oinone Buschendorf
Bearbeitet von Franz Karch
Wissenschaftliche Beratung: Bernd Isert
Lektorat: Norbert Gehlen
Umschlaggestaltung: Hugo Waschkowski
Gesamtherstellung: Rombach GmbH, Druck- und Verlagshaus, Freiburg
Printed in Germany
ISBN 3-924077-17-7

Danksagung

Es gibt viele Menschen, die direkt und indirekt bei der Entstehung dieses Buches mitgewirkt haben. Die Grundlage für vieles in diesem Buch bildete das „Neuro-Linguistische Programmieren" (NLP), das ursprünglich von Richard Bandler und John Grinder entwickelt wurde. Die praktische Anwendung im Wirtschaftsleben basiert auf unseren langjährigen Kontakten mit vielen erfolgreichen Geschäftsleuten. Einige von ihnen möchten wir namentlich erwähnen, da sie uns so freizügig ihre Einsichten, Philosophien und Kommentare zu dem Manuskript zuteil werden ließen. Geschäftspartner, Freunde und Kollegen wie Andre DeZanger, Greg Stemm, John Morris, Robert Coates, Gregg Baron, Peter Berry, Marilyn Spechler, Jay Spechler und Richard Morales, M.D. haben mit Ermutigung, Rat und Tat viel zu diesem Buch beigetragen. Zum Schluß möchten wir uns bei unseren Ehefrauen Ann und Maryann und unseren Kindern Drew und Jana, Luanne und Valerie für die ungeheure Geduld, Ermutigung und Unterstützung bedanken, die wir von ihnen erhielten.

Dan S. Bagley III
Edward J. Reese

Anerkennung

Der deutsche Verlag dankt jenen, die in kreativer Teamarbeit wesentlich zur Realisierung der vorliegenden Ausgabe beigetragen haben:

Bernd Isert, Dipl. Bio-Kybernetiker und NLP-Trainer,

der das Projekt koordinierte und die wissenschaftliche Beratung im Bereich Psychologie/NLP durchführte;

Franz Karch, Betriebspädagoge und systemischer Organisationsberater,

der den Text auf die Bedingungen und Strukturen Europas übertrug und seine Erfahrungen aus den Bereichen Verkäuferqualifizierung und Managementtraining einbrachte.

Verlag für Angewandte Kinesiologie

Vorwort zur deutschen Ausgabe

In einer Zeit sich wandelnder Werte, fallender Grenzen und neuer Erkenntnisse eröffnen sich jenen Menschen, die Brücken bauen, kommunizieren und vermitteln, besondere Herausforderungen und Chancen.

Kaum eine Berufsgruppe ist in solchem Maße am Wandel gesellschaftlicher und wirtschaftlicher Strukturen beteiligt wie die der Verkäufer.

Ethik und Erfolg bilden eine neue Gemeinschaft. Der Verkäufer, Mittler zwischen Unternehmen und Markt, erkennt sich als Mittler zwischen Menschen. Sein schönster Erfolg liegt darin, daß jeder gewinnt – in jenem Austausch.

Die Fähigkeit, lebendige Beziehungen von Bestand aufzunehmen, bestimmt das Ausmaß und das Wachstum solchen Erfolgs.

Persönliche Integrität und die Übereinstimmung zwischen Wort, Verhalten und Leistung schaffen Achtung, Glaubwürdigkeit und Dauerhaftigkeit, – etwas, das sich kontinuierlich entwickelt und ausbalanciert, ebenso wie die eigene Position und Zugehörigkeit im Unternehmen.

Wenn der Verkäufer weiß, woher er kommt, lernt er zu erkennen, wer ihm begegnet: Eine entwickelte Persönlichkeit mit ihren Anliegen, Bedürfnissen, ihrer Art zu denken, wahrzunehmen, zu handeln. Und diese ist Teil anderer Strukturen, die sich wiederum erkennen und verstehen lassen.

So wird ein Prozeß möglich, der eine neue Dimension im Verkauf anzeigt: aus der Integrität der eigenen Persönlichkeit heraus den anderen in bisher nicht wahrgenommen Ebenen verstehen; den Kunden als Partner erkennen und in ständigem Feedback Wege zu dem gemeinsamen Ziel wechselseitigen Nutzens schaffen; einander führen und folgen zugleich. Das Verkaufsgespräch als individuelle Begegnung wird zu einer Lernerfahrung in Synergie. „Beyond Selling" ist eine Herausforderung, ein spannendes Buch, das Mittel und Wege zeigt, andere – auch sich selbst – auf tiefere Art zu verstehen, ihnen auf fördernde Art zu begegnen, das Potential der Partnerschaft freizusetzen.

In diesem Licht zeigen sich die Kommunikationsmodelle aus NLP und Kybernetik als Schatz und Zugang zum Reichtum subjektiven menschlichen Denkens und Erlebens. Das ist mehr als das äußere Verhalten.

Die Entwicklung der eigenen Persönlichkeit und der Fähigkeit zum Kontakt mit Menschen gehen Hand in Hand. Beides vollzieht sich nicht allein durch das Sammeln von Information. Erst durch Erleben und Handeln, sei es im geschützten Rahmen guter Seminare oder in der täglichen Praxis, verbindet sich Wissen mit Erfahrung, eigener Identität, Ethik und Selbsterkenntnis; werden wir uns der bisherigen eigenen Entwicklung bewußt und auch dessen, daß wir nicht mehr am Anfang stehen.

Es macht Freude, zu lernen und das Gelernte für sich und andere erfolgreich zu nutzen. Jenen Erfolg mit Menschen wünsche ich Ihnen.

August 1990   *Bernd Isert*

Inhaltsverzeichnis

Einführung 13

Erstes Kapitel
Die Welt des Verkäufers verändert sich 19
   Persönliche Ziele sinnesspezifisch
   beschreiben 24
   Die Kraft der positiven Vorstellung nutzen . . . 25
   Gedanklich den Erfolg kontrollieren 27
   Widersprüchliche Erfolgsziele auf Vereinbar-
   keit prüfen 28
   Integre Strategien der Einflußnahme ent-
   wickeln 29
   Durch Informationssammlung der Realität nä-
   herkommen 31
   Einfluß nehmen auf die eigene Motivation . . . 34
Sieben funktionelle Vorstellungen als
Grundlage Ihres Handelns 35
   Alles, was wert ist, getan zu werden, ist wert,
   schlecht getan zu werden 36
   Ich bin selbst verantwortlich für meine
   Ergebnisse 38
   Arbeit ist Vergnügen 43
   In jedem Mißerfolg steckt der Samen für den
   Erfolg 46
   Die Umstände wenden sich nicht durch Zufall
   zum Guten 48
   Engagement ist der Schlüssel zur Spitzen-
   leistung 50
   Wenn ich anderen gebe, was sie wollen und
   brauchen, dann werden sie mir geben, was ich
   will und brauche 53
Fragen und Antworten zum ersten Kapitel 62

Zweites Kapitel
Den Kontakt zum Kunden aufbauen 65
  Das emotionale Angleichen 68
  Das Angleichen über Einverständnis 75
  Das Angleichen der Haltung 78
  Das Angleichen von Tonfall und Tempo 88
  Das Angleichen in der Sprache 92
  Das Angleichen über Wertvorstellungen und
  Anschauungen 104
  Kulturelles Angleichen 109
  Das Angleichen des Inhaltes 116
  Gemeinsame Interessen 117
Den Kontakt vertiefen 120
  Symbole 121
  Gegenseitigkeit 123
Fragen und Antworten zum zweiten Kapitel 133

Drittes Kapitel
Die Bedürfnisse potentieller Käufer ermitteln . . . 145
Die Muster unseres Verstandes 147
  Autorität 151
  Widerspruch – Ähnlichkeit : 153
  Allgemeines – Details 158
  Vergangenheit – Zukunft 161
  Problemvermeidung – Zielorientierung 163
  Systematisch – spontan 166
  Kosten – Nutzen 168
  Glaubensbereitschaft 173
Die Kaufkriterien erkennen 176
  Kriterientabelle 183
Fragen und Antworten zum dritten Kapitel 191

Viertes Kapitel
Die Kaufbestrebungen des Kunden bekräftigen . 197
Den Kontakt überprüfen 203

Sechs mögliche Defizite 207
  Mangel an Vertrauen 207
  Mangel an Dringlichkeit 208
  Mangel an Einfühlungsvermögen 210
  Mangel an Geld 211
  Mangel an Autorität 212
  Mangel an Bedarf 213
Die Verkaufskonzeption anbieten 215
  Sehen heißt glauben 216
  Die Macht der Suggestion 216
  Negative Punkte vermeiden 217
  Ursache-Wirkungs-Beziehungen suggerieren . 221
  Entweder-oder-Entscheidungen 223
  Adverbiale und adjektivische Annahmen 224
  Metaphern, Analogien und Geschichten 229
  Imaginieren 231
  Visionieren 234
  Formelhaft sprechen 236
  Einverständnis schaffen 239
Die Rekapitulation 244
Fragen und Antworten zum vierten Kapitel 251

Fünftes Kapitel
Die Einwände des Kunden angemessen berück-
sichtigen 255
  Die AKZENT-Methode 255
  Die Phase des Führens 259
Zum Handeln ermutigen und Abschlüsse tätigen 264
Nach dem Verkaufsabschluß: Alle Hinweise auf-
greifen 271
  Symbole des Kontaktes 271
  Die Kaufreue 273
  Bedienungsfehler 274
  Weitere Anlässe zum Nachfassen 275
Es zählt nur, was Sie tun 278

Die Anwendungshilfe für *Beyond Selling* 278
Eine letzte Warnung 279
Fragen und Antworten zum fünften Kapitel 281

Anhang
Das Trainingskonzept *Beyond Selling* 284

Einführung

Wenn Verkaufsgespräche Anzüge wären, würden einige dem potentiellen Kunden sofort passen, weil sie bequem und elegant sind, und einige sähen aus, als ob sie von der Stange und in der falschen Größe wären. Selbst wenn beide Anzüge aus dem gleichen Material wären, zu welchem würden Sie neigen?

Ein wesentlicher Unterschied zwischen der Masse der Verkäufer und den wenigen, die dieser weit überlegen sind, liegt in den Techniken, die sie verwenden, um Einfluß auf den Kunden zu nehmen. Die meisten Verkäufer verfügen über ein relativ kleines, feststehendes Repertoire an Strategien, agieren daher in ihrem Verkaufsalltag nach der Treffer-oder-Fehlschlag-Methode, und erreichen damit einigermaßen zufriedenstellende Verkaufszahlen.

Andere scheinen jedoch schnell, wenn nicht sogar sofort zu spüren, wie ein Kunde einzuschätzen ist, und können ihre Verkaufspräsentationen auf den individuellen Einkaufsstil des Kunden zuschneiden.

In der Vergangenheit wurde diese Fähigkeit, den Kontakt zum Kunden und das Einflußnehmen auf den Kunden exakt aufeinander abzustimmen, als unerklärliche Begabung angesehen, die nur wenigen glücklichen Seelen gegeben war. Anfängliche Versuche, diese schwer faßbare Fähigkeit in den Griff zu bekommen und sie anderen zu vermitteln, basierten darauf, die Merkmale, die eine Verkäuferpersönlichkeit ausmachen, herauszufinden und zu beschreiben. Dieses Vorgehen war zum Teil erfolgreich. Andere Versuche wiederum zielten darauf ab, mit schablonenhaften

Techniken Widerstände des Käufers zu brechen und so zum Verkaufsabschluß zu kommen. Obwohl auch diese Techniken zum Teil erfolgreich waren, erzeugten sie oft zusätzlichen Widerstand, anstatt ihn zu überwinden. Sie führten selten zu langfristigen Geschäftsbeziehungen und Folgegeschäften.

Beratendes Verkaufen und Strategien, bei denen auf den Käufertyp eingegangen wird, waren Schritte in die richtige Richtung, aber für viele gingen diese Schritte noch nicht weit genug.

Vor kurzem entstanden auf der Grundlage von Verhaltenspsychologie, Linguistik und verschiedenen Kommunikationsmodellen neue Techniken, die das Aufbauen von Kontakt und Einflußnehmen auf persönlicher und zwischenmenschlicher Ebene ermöglichen. Das Ergebnis ist ein erlernbares System.

Diese sanften und wirksamen Techniken schaffen zwischen Verkäufer und Kunden eine Atmosphäre, die unmittelbar Verständnis füreinander entstehen läßt. Diese Techniken gehen über die Treffer-oder-Fehlschlag-Ansätze der Vergangenheit hinaus und beziehen sich direkt auf die Eigenschaften und Fähigkeiten, die die besten Verkäufer schon immer ausgezeichnet haben.

Die Fähigkeiten, die heute zum Erfolg führen, haben schon immer zum Erfolg geführt. Das Neue sind die Techniken, die diese Fähigkeiten beschreiben und sie so ausprägen helfen, daß Sie mit Sicherheit einen positiven Unterschied feststellen werden.

Die neuen Methoden verdeutlichen, verbessern und vertiefen die Aspekte, die schon immer ein Verkaufstraining ausgemacht haben. Sie unterstützen die schon erfolgreichen Verkäufer in ihren Bestrebungen, noch erfolgreicher zu werden, indem sie lernen, die Schlüsselelemente, die sie natürlich und unbewußt bereits einsetzen, zu verstehen, zu würdigen und weiterzuentwickeln.

Für diejenigen, die ihre Spitzenleistung noch nicht erreicht haben, geben diese Techniken Anleitungen, die sie Schritt für Schritt nachvollziehen können:

1. wie man unmittelbar Kontakt herstellt;

2. wie man erkennt, was der Kunde wirklich möchte;

3. wie man Einwände in Pluspunkte umwandeln kann, ohne aggressiv oder aufdringlich zu wirken;

4. wie man allein durch Körpersprache Probeabschlüsse machen kann;

5. wie man lernt, die persönlichen Einkaufstaktiken des Kunden durch einfache Fragetechniken zu entschlüsseln;

6. wie man Suggestionen und Anweisungen verwenden kann, um zu einem Abschluß zu kommen, und vieles mehr.

Solche Lernprogramme verlangen natürlich auch einen Rahmen, anhand dessen man dies lernt, versteht und im Gedächtnis behält. Allzu oft sind Verkaufsmodelle so kompliziert, daß sie dort unwirksam sind, wo sie am meisten gebraucht werden – im Tätigkeitsfeld selbst.

Die Strategien und Ansätze, die Sie hier lernen werden, sind wissenschaftlich fundiert, in der Praxis bewiesen, intuitiv verständlich und leicht abrufbar. Da viele Bücher und Programme zu allgemein gehalten sind und Ratschläge geben wie „Versuchen Sie, sofort mit Ihrem Kunden in Kontakt zu kommen ...", geben wir Ihnen außerdem eine Anleitung, die Ihnen Schritt für Schritt zeigt, wie Sie Kontakt herstellen können.

Das Modell besteht aus zehn Elementen:

1. Kontakt aufbauen

2. Bedürfnisse ermitteln

3. Kriterien erkennen

4. Bestrebungen bekräftigen

5. Kontakt überprüfen

6. Konzeption anbieten

7. Einwände sammeln

8. Angemessen darauf eingehen

9. Zum Handeln ermutigen

10. Alle Hinweise aufgreifen

Diese zehn Schritte bilden den einfachen Rahmen, und Sie können sich die zehn Komponenten sogar noch einfacher merken, nachdem wir sie in fünf logische, leicht abrufbare und überschaubare Segmente zusammengefaßt haben. Es sind dies:

1. KABEL (Kontakt Aufbauen, Bedürfnisse ErmitteLn)

2. KERBE (Kriterien ERkennen, Bestrebungen bEkräftigen)

3. KONÜ KONA (KONtakt Überprüfen, KONzeption Anbieten)

4. ES GEDEIHE (Einwände Sammeln, anGEmessen Darauf EIngehen, zum Handeln Ermutigen)

5. AHA (Alle Hinweise Aufgreifen)

Vieles von dem, was wir Ihnen hier vorstellen, werden Sie sofort verstehen und nachvollziehen können. Sie werden sich in ähnlichen Situationen sehen und zu sich sagen hören: „Ja, das ist richtig. Es entspricht dem, was ich erlebt habe."

Nach dem Lesen anderer Abschnitte hingegen werden Sie erst einmal pausieren müssen. Es werden Fragen auftreten, inwieweit diese Aussagen zu Ihren Erfahrungen passen. Sie werden nicht sofort etwas mit ihnen anfangen können, und während Sie darüber nachdenken, werden Sie prüfen, ob sie wirklich für Sie und Ihre individuelle Verkaufssituation gelten. Einige Augenblicke später wird Ihnen plötzlich aufgehen, daß diese Punkte auch auf Sie zutreffen, und nachdem Ihnen Anwendung und Nutzen klar geworden sind, werden Sie wieder zustimmen.

Wenn dieses Buch aber zu einem wahren Lernerlebnis werden und Ihrer Weiterentwicklung dienen soll, dann wird es noch andere Phasen geben. Während Sie sich mit dem Konzept auseinandersetzen und ver-

suchen, sich in solche Szenarien hineinzuversetzen,
werden Sie diese Abschnitte anfänglich in Frage stellen und stark bezweifeln, ja sogar im Geiste verwerfen.
Etwas später jedoch – Sie fahren vielleicht auf der
Autobahn und Ihre Gedanken schweifen ab in Welten
voller neuer Gedanken und innovativer Ideen – und
während der Rhythmus der Straße die Minuten ver-
streichen läßt, haben Sie plötzlich einen Geistesblitz.
Sie erkennen in dem Moment, wie Sie ein Verkaufs-
problem angehen müssen, mit dem Sie schon lange
gerungen haben. Und während Sie sich selbst zu diesem ausgezeichneten Plan gratulieren, der Ihnen
plötzlich in den Sinn gekommen ist, erinnern Sie sich
vielleicht noch nicht einmal daran, daß jemand das
Samenkorn für diese neue Blume vorher gelegt hat.

Zum besseren Verständnis und um die Anwendung
der hier vorgestellten Konzepte zu erleichtern, geben
wir die unterschiedlichsten Beispiele aus vielen geschäftlichen und privaten Situationen. Am Ende jedes
Kapitels finden Sie zusätzlich unsere Antworten auf
Fragen, die uns manchmal in unseren Seminaren gestellt werden.

Wenn Sie sich aktiv mit den Methoden auseinandersetzen, sich in dieses Buch hineindenken und wirklich
anwenden, was Sie hier lernen, werden Sie enorme
zusätzliche Impulse erhalten. Sie werden mehr Freude
an Ihren Geschäftsbeziehungen, privaten Beziehungen und vielen anderen Begegnungen gewinnen, in
denen Überzeugungskraft und persönliche Ausstrahlung wichtig sind.

Viel Glück bei diesem Abenteuer, DIE NEUE DIMEN-
SION IM VERKAUF zu erforschen.

Erstes Kapitel

Die Welt des Verkäufers verändert sich

Haben Sie bemerkt, daß Verkaufen heutzutage anders ist als in den vergangenen Jahren? So viele manipulative Techniken der Vergangenheit, wie z.B. starken Druck auszuüben, um zu schnellen Abschlüssen zu gelangen, sind in der Geschäftswelt von heute nicht mehr angebracht. Die Konsumenten und Käufer werden anspruchsvoller. Sie stellen höhere Anforderungen an den Verkäufer und sprechen nicht mehr auf die altbewährten Abschlußtechniken an. Und in demselben Maße, wie sich die Kunden verändern, müssen sich auch unsere Methoden des Umgangs mit diesen Kunden und Klienten weiterentwickeln. Da die Menschen anspruchsvoller werden, müssen diejenigen von uns, zu deren Tätigkeit es gehört, Einfluß zu nehmen, ebenfalls sachkundiger und flexibler werden. Wir müssen unseren Kunden größere Aufmerksamkeit schenken, um sicherzustellen, daß wir verstehen, was sie auf vielen Ebenen brauchen, bevor wir versuchen, auf die Kaufentscheidungen Einfluß zu nehmen.

Die Antwort auf diese Entwicklung heißt nicht einfach, besser zu verkaufen, die Antwort heißt: *mehr tun als nur verkaufen.*

Um auf Kaufentscheidungen Einfluß nehmen zu können, reicht es nicht aus, Produkte und Dienstleistungen in sauberen kleinen Bedürfnis-Befriedigungs-Paketen anzubieten. Wir müssen auf mehr eingehen, als nur auf die Art und Weise, wie Menschen kaufen. Wir müssen auf ihre unterschiedlichen Kommunikations-

und Denkmuster eingehen. Wenn wir das tun, können wir unseren eigenen Erfolg bestimmen und steigern.

Es ist an der Zeit, die Barrieren abzubauen zwischen Käufern und Verkäufern, zwischen denen, die Einfluß nehmen, und denen, auf die Einfluß genommen wird. Diese Barrieren wurden durch kurzfristig wirksame, manipulative Techniken errichtet. Sie brachten kurzfristige Vorteile und stellten hauptsächlich die Bedürfnisse des Verkäufers in den Mittelpunkt, anstatt die Bedürfnisse des Käufers zu befriedigen.

In seinem Buch *Megatrends* widmet John Naisbitt ein ganzes Kapitel dem Thema „Langfristige kontra kurzfristige Vorteile in den Bereichen Management und Firmenphilosophie". Dasselbe gilt für Verkauf und Marketing. Zum überwiegenden Teil gründet sich der Geschäftserfolg heute auf die langfristige Zufriedenheit des Kunden, was zu Empfehlungen und erneuten Geschäftsabschlüssen führt, selbst wenn der Kaufzyklus länger wird.

Um ein Beispiel zu geben: Vor einiger Zeit suchte ich nach einem guten, zuverlässigen Wagen. Ich fand einen teuren amerikanischen Wagen der Luxusklasse mit Dieselmotor. Der Verkäufer schilderte mir das Fahrzeug als äußerst zuverlässig. Ich könne mit dem Motor 240.000 km fahren, und die Reparaturen würden minimal sein. Nach vierzehn Werkstattbesuchen innerhalb des ersten Jahres (einschließlich viermaligen Abschleppens) wurde deutlich, daß der Wagen nicht zuverlässig war. Bei jedem Werkstattbesuch vervielfachte sich meine Wut auf den Verkäufer und den Händler, bis ich schließlich meinen gegenwärtigen, leistungsstarken Wagen in einem anderen Betrieb kaufte.

Der Inhaber dieser Firma verwandte viel Zeit darauf, mit mir zu sprechen, und stellte fest, daß ich nicht nur auf Zuverlässigkeit Wert lege, sondern auch auf Luxus und hohe Motorleistung. Ich hatte mir ein gebrauchtes, leistungsstarkes Modell mit aufwendigem Sicherheitssystem ausgesucht. Der Verkäufer erklärte mir, daß ich bei sportlicher Fahrweise mit mehreren Werkstattbesuchen rechnen müsse. Trotzdem kaufte ich den Wagen. Seine Aussagen bewahrheiteten sich. Im ersten Jahr war der Wagen mehrmals in der Werkstatt. Aber diesmal bekräftigte die Werkstatt bei jedem Besuch, daß sie nur so die Sicherheit und Leistungsstärke des Wagens aufrechterhalten könne. Aufgrund dieser Behandlung fühlte ich mich gut betreut. Ich habe immer noch meinen Spaß an dem Wagen und schätze den Händler.

Nun, was meinen Sie, welcher dieser beiden Händler erhält meine Referenz und wird in Zukunft an mir verdienen?

Ein sehr gutes Beispiel dafür, wie wichtig es ist, Kunden langfristig zufriedenzustellen, ist die Erfolgsgeschichte von McDonald's. Ray Kroc errichtete sein McDonald's-Imperium auf der Grundlage von Qualität, gutem Service, Sauberkeit und Güte – alles Langzeitattribute. Wenn eine Portion Pommes frites zu lange frittiert worden war oder ein Brötchen einen Daumenabdruck hatte, wurde es nicht serviert. Ihm war klar, daß ein McDonald's-Hamburger, der in Newark serviert wurde, seine Organisation auf der ganzen Welt widerspiegelt. Sein Marketing-Horizont ging weit über den Verkauf eines Hamburgers mit Pommes frites, der heute an einen Kunden verkauft wird, hinaus.

Vielleicht haben Sie einmal die Erfahrung gemacht, daß Sie ein Restaurant betraten, um dort zu Abend zu essen, und die Kellnerin Sie herablassend fragte: „Ein Tisch nur für eine Person?" Wenn ja, wie fühlten Sie sich in diesem Moment? Willkommen? Freuten Sie sich darauf, bald mit ein paar Freunden wieder hierher zu kommen? Wäre dies ein Lokal, in das Sie gerne einmal Kunden mitnehemen würden? Wahrscheinlich nicht. In diesem Fall hat die kurzsichtige Einschätzung der Kellnerin bezüglich Ihres wirtschaftlichen Wertes die Basis für ein weiteres Geschäft untergraben.

Diese drei Beispiele verdeutlichen ein Problem im Verkaufsgeschäft. Es gilt, kurzfristige in langfristige Perspektiven umzuwandeln.

Die Techniken, Strategien und Einsichten, die in diesem Buch dargelegt werden, können bei der Entwicklung Ihrer persönlichen Fähigkeit, Einfluß auf andere zu nehmen, außerordentlich hilfreich sein. Ihnen liegen Theorien aus der Soziologie und der Psychologie zugrunde, und sie wurden dort erprobt, wo es für Sie am meisten zählt, in der Geschäftswelt. Einige Verkaufsfachleute haben intuitiv Fertigkeiten und Techniken entwickelt und sind durch Versuch und Irrtum zu Meistern geworden. Eine weitaus größere Anzahl von Verkaufsfachleuten haben sie sich jedoch systematisch durch Ausbildung, Training und Praxis angeeignet.

Was wir Ihnen bieten, ist die Ausbildung und das Training. Was Sie einbringen, sind Ihre persönlichen Erfahrungen.

Was wir hier vorstellen, geht weit über das hinaus, was die meisten bisher unter Verkaufen verstanden haben. Was Sie hier lernen, wird nicht nur drastisch

Ihre Fähigkeit steigern, auf andere Einfluß zu nehmen, sondern es wird Sie auch als Verkäuferpersönlichkeit ansprechen.

Wenn Sie sich bereits zu den ersten 2 % der Topverkäufer zählen, werden Sie vieles von dem, was wir hier vorstellen, wiedererkennen. Und Sie werden das, was Sie so erfolgreich macht, mehr schätzen und verstehen lernen.

Wenn Sie sich unter den 20 % der sehr guten Verkäufer befinden, wird das, was wir hier präsentieren, nicht nur das bestätigen, was Sie bereits gut machen. Es wird Ihnen außerdem einige zusätzliche Einsichten vermitteln, die Sie vielleicht intuitiv bereits erfaßt hatten, Ihnen aber als Konzept noch nicht bewußt waren. Wenn Sie diese Einsichten anwenden, wird Ihre Leistung in die Höhe schnellen, als ob ein Turbolader in Ihr Erfolgsvehikel eingebaut worden wäre.

Wenn Sie zu den 50 % der guten Verkäufer gehören, haben Sie sich wahrscheinlich schon eine ziemlich solide Grundlage erarbeitet. Während vieles noch nach der Treffer-oder-Fehlschlag-Methode abläuft, befinden Sie sich auf dem besten Weg, größere Sprünge nach vorne zu machen, um die Ziele zu erreichen, die in der Ferne bereits winken. Was Sie lernen werden, wird gut zu dem passen, was Sie bereits wissen. Und doch werden Sie Dimensionen von Einflußnahme und Erfolg kennenlernen, die bisher anscheinend nur anderen Menschen vorbehalten waren.

Wenn Sie noch nicht zu den erwähnten 50 % gehören, haben Sie von allen das größte Potential für eine völlige Umwälzung. Vermutlich machen Sie eine Reihe von Dingen bereits richtig, aber die Wahrscheinlichkeit ist hoch, daß Sie andererseits Dinge tun, die Ihre Entwicklung hemmen. „Halte durch, mein Freund", um den Philosophen William James zu zitieren, „es gibt nur winzige Unterschiede zwischen zwei Menschen, aber das wenige, das da unterschiedlich ist, kann sehr wichtig sein."

Wir beschäftigen uns mit den Unterschieden, die den Unterschied ausmachen. Wenn Sie die Konzepte, die hier präsentiert werden, lernen, anwenden und üben, wird das den Erfolg, so wie Sie ihn bisher kannten, bei weitem übertreffen. Was wir Ihnen vorstellen, ist eine Strategie, wie Sie Ihre persönliche Fähigkeit, Einfluß zu nehmen, voll entfalten können.

Persönliche Ziele sinnesspezifisch beschreiben

Zuerst müssen Sie sich entscheiden, was Sie wirklich wollen. Sicher, Sie wollen Erfolg haben, aber das ist zu vage. Wenn Sie formulieren, was Sie anstreben, müssen Sie es in sinnesspezifische Begriffe fassen, so daß Sie es sehen, hören, fühlen, schmecken, anfassen, riechen oder zählen können. In anderen Worten, das Ergebnis muß meßbar sein.

Haben Sie schon einmal eine ähnliche Unterhaltung mit einem Freund geführt?

„Auf was hast du Appetit?"

„Auf nichts Bestimmtes, mir ist alles recht."

„Gut. Wie wäre es mit chinesischem Essen?"

„Nee, ich habe keine Lust auf chinesisches Essen."

„Wie wäre es dann mit mexikanischem Essen?"

„Wir wollen diesmal nicht dorthin gehen."

„Okay, was schlägst du dann vor?"

„Ist mir egal. Hauptsache, es ist gut."

Sie sehen, wie der Mangel an sinnesspezifischer Information hinderlich dabei ist, ein zufriedenstellendes Ergebnis zu erreichen. Um das zu erreichen, was Sie wollen, müssen Sie eben präzise werden.

Die Kraft der positiven Vorstellung nutzen

Der nächste Schritt ist, daß Sie das angestrebte Ziel positiv formulieren. „Ich möchte nicht mehr rauchen" ist z.B. kein gut formuliertes Ziel. Der Grund dafür ist einfach. Es ist fast unmöglich für den Verstand, sich effektiv auf das Gegenteil einer Idee zu konzentrieren. Um an das Nicht-Rauchen zu denken, müssen Sie zuerst an das Rauchen denken. Um an das Nicht-Essen zu denken, müssen Sie zuerst an das Essen denken. Wenn Sie jemals versucht haben abzunehmen, indem Sie zu sich selbst sagten: „Ich esse nicht, ich werde nicht essen, ich bin nicht hungrig, ich esse nicht", haben Sie wahrscheinlich bemerkt, daß Ihre Worte umso stärkere Hungergefühle hervorgerufen haben. Viele Menschen, die diese Technik ausprobiert haben, fanden heraus, daß sie tatsächlich zugenommen haben, weil sie so von dem Gedanken beherrscht waren, nicht zu essen, daß ihre Gedanken ständig um das Essen kreisten.

Unsere Vorstellungskraft ist um vieles stärker, als es unsere Disziplin je sein kann. Der Schlüssel liegt darin, daß wir lernen, unsere Gedanken zu kontrollieren. In diesem Buch werden Sie geeignete Methoden finden. Sind Sie skeptisch? Versuchen Sie einmal folgendes: Sie haben wahrscheinlich bis zu diesem Zeitpunkt nicht an einen Elefanten gedacht. Ich bitte Sie jetzt, in den nächsten drei Minuten diesen Elefanten völlig aus Ihren Gedanken zu verbannen. Bringen Sie so viel Disziplin auf, wie Sie nur können, aber lassen Sie auf keinen Fall das Bild von einem Elefanten vor Ihrem geistigen Auge auftauchen. Während Sie das Bild von dem Elefanten völlig aus Ihren Gedanken verbannen, setzen Sie um Himmels willen keinen Affen auf dessen Rücken, der Ihnen zuwinkt. Und während Sie nicht zulassen, daß der kleine Affe auf dem Rücken des Elefanten reitet, vergewissern Sie sich, daß Sie dem kleinen Affen, an den Sie nicht denken, keinen gelben Hut auf den Kopf setzen.

Wie Sie leicht sehen können, rufe ich durch Suggestion genau das hervor, was ich eigentlich nicht will. Was ich damit verdeutlichen möchte ist, daß Sie sich darauf konzentrieren müssen, was Sie wollen und nicht darauf, was Sie nicht wollen. Im Falle des Nicht-Rauchens liegt der Schlüssel darin, sich auf saubere, gesunde Lungen zu konzentrieren, auf das Frei-atmen-Können, auf das Gefühl, sehr viel Energie zu haben, auf Ihre Familie und Freunde, die wegen Ihres gesunden Lebensstiles stolz auf Sie sind.

Haben Sie schon einmal zu einem Kunden gesagt: „Ich möchte nicht, daß Sie sich um die Auslieferung

Sorgen machen", mit dem Ergebnis, daß es gerade wegen der Auslieferung Diskussionen gab? Oder Sie haben sich darauf konzentriert, nicht nervös zu klingen, mit dem Ergebnis, daß Ihre Stimme anfing zu zittern? Haben Sie sich schon einmal vorgenommen, nicht auf die Sie irritierenden und ablenkenden persönlichen Eigenarten eines Kunden zu achten, mit dem Ergebnis, daß sich Ihre gesamte Aufmerksamkeit darauf konzentrierte? Dann verstehen Sie, was ich meine.

Gedanklich den Erfolg kontrollieren

Nachdem Sie Ihre gewünschten Ergebnisse in positiven Begriffen formuliert haben, brauchen Sie eine Möglichkeit der Kontrolle. Um es anders auszudrükken: Wie werden Sie wissen, wann Sie Ihr persönliches Ziel erreicht haben? Was werden Sie sehen? Was werden Sie hören? Was werden Sie fühlen? Wenn Ihr sinnesspezifisches Ziel ist, finanziell erfolgreich zu sein, und Sie wissen, Sie haben es erreicht, wenn Sie DM 200.000 im Jahr verdienen, dann müssen Sie dieses Ziel auf mehreren Ebenen zum Leben erwecken. Sehen Sie die Summe? Was sehen Sie außerdem? Sehen Sie, daß die Menschen Sie mit anderen Augen betrachten? Sehen Sie sich in einem anderen Wagen? Was hören Sie? Was werden Sie zu sich selbst sagen? Was werden die anderen zu Ihnen sagen? Was werden die anderen über Sie sagen? Wie werden Sie sich fühlen? Lassen Sie Ihrer Phantasie einen Moment lang freien Lauf. Stellen Sie sich vor, wie Sie die Straße entlanggehen und sich so fühlen, wie Sie sich fühlen werden, wenn Sie Ihr Erfolgsziel erreicht haben. Welche Kleidung tragen Sie? Geht

jemand neben Ihnen? Wohin gehen Sie? Erwecken
Sie wiederum alles auf möglichst vielen Ebenen zum
Leben.

Widersprüchliche Erfolgsziele auf Vereinbarkeit prüfen

Bei Ihrer Entscheidung darüber, was Sie wirklich wollen, sollten Sie sich vergewissern, daß Ihre Ziele stim-
mig sind. Prüfen Sie, ob sie zu dem passen, was Sie
sich wünschen *sollten*. Wenn es da eine Stimme in Ihrem Inneren gibt, die sagt: „Nein, dann wäre ich nicht
mehr ich selbst", dann müssen Sie dem etwas weiter
nachgehen. Was steht bei Ihnen an erster Stelle? Vielleicht, mehr Zeit für die Familie zu haben oder etwas
mehr Freizeit zu haben? Sie müssen sich ehrlich entscheiden, was Sie wirklich und wahrhaftig wollen.
Sonst werden Sie endlos Spielchen mit sich selbst
spielen, zuerst ein wenig die eine Richtung einschlagen und dann ein wenig die andere.

Lassen Sie uns auf das Ziel eines Jahreseinkommens
von DM 200.000 zurückkommen. Sie werden einsehen, daß ein solcher Sprung nach vorne einiges an Risikobereitschaft und Mehrarbeit verlangt, wie z. B. anspruchsvolle Präsentationen auf höchstem Niveau. An
eben dieser Stelle setzt eventuell ein Zögern ein, da
die Zeit für solche Verpflichtungen sehr wahrscheinlich von Ihrer Freizeit abgehen wird. Wenn Sie nicht
ehrlich damit umgehen, werden diese Unstimmigkei-
ten zu einer Arena endloser Spiele, in der Sie Ihre
Energien und Gedanken in gegensätzlichen Richtun-
gen verschwenden.

Viele Verkaufsleiter haben dieses Problem der Unvereinbarkeit erwähnt. Die Auswirkungen sind z.B. Verzögerungen und niedrigere Provisionen. Es wurde tatsächlich immer wieder als die eigentliche Ursache für die Unfähigkeit eines Vertriebsmitarbeiters genannt, die Leiter weiter emporzuklettern.

Sicher haben Sie schon einmal Kommentare wie diese gehört: „Er scheint mit seinem Kopf ganz woanders zu sein" oder „Er scheint in Gedanken mehr bei seinem nächsten Urlaub zu sein, als bei der Vollendung dieses Projektes." oder „Sie verbringt mehr Zeit damit, sich über allerlei Probleme Sorgen zu machen, anstatt sie zu lösen."

Integre Strategien der Einflußnahme entwickeln

Integrität ist unglaublich wichtig, wenn Sie die Ebenen des Einflußnehmens erreichen, die Sie zum Ziel Ihrer Träume führen können. Integrität bedeutet mehr, als nur im Bereich der Gesetzesvorschriften zu bleiben. Integrität bedeutet mehr, als sich nur innerhalb der Gebote der Ehrlichkeit zu bewegen. Integrität ist mehr, als nur andere Menschen nicht zu belügen. Integrität beinhaltet, daß uns andere Menschen wichtig genug sind, um ihre Wünsche und Ziele kennenzulernen und zu verstehen, bevor wir auf sie Einfluß nehmen, damit sie uns helfen, *unsere* Ziele, Ergebnisse und Wünsche zu erreichen.

Der Gesichtspunkt der Integrität ist der kreative Teil beim Verkaufen und Einflußnehmen, da Integrität Sieger-Sieger-Szenarien kreieren kann statt Sieger-Verlierer-Szenarien. Wir haben dies immer und immer wieder bei unseren landesweiten Befragungen von Spitzenverkäufern feststellen können. Es ist typisch für sie, daß sie aus der „Du-Perspektive" heraus verkaufen. Ihr gedanklicher Rahmen baut auf dem auf, was ihr Gegenüber möchte. Dann vergleichen sie die Wunschvorstellungen ihres Kunden mit dem, was sie selber möchten. Zum Schluß verknüpfen sie einfach die zwei Zielsetzungen zu einer Sieger-Sieger-Konzeption.

Mary Kay Ashe kann uns dafür als Beispiel dienen. 1983 feierte die Firma Mary Kay Cosmetics ihr zwanzigjähriges Bestehen mit einem Jahresumsatz von über 300 Millionen $. In ihrem Buch *Mary Kay on People Management* (Warner Books, 1984) sprach sie über ihre mehr als 200.000 Kosmetikberaterinnen und sagte: „Diese bemerkenswerten Verkaufsfachleute sind nicht durch einen Wettbewerb nach dem Motto „Eine Krähe hackt der anderen das Auge aus" erfolgreich geworden, wie es in der Geschäftswelt weit verbreitet ist, sondern durch ihre Sensibilität für die Bedürfnisse anderer … Wir haben ganz absichtlich ein einmaliges Geschäftskonzept entwickelt, das auf Fairneß in der Geschäftswelt baut."

Bei Mary Kay Ashe oder Mo Siegel, Gründer und treibende Kraft hinter Celestial Seasonings, einer amerikanischen Teefirma, bis hin zu Lee Iacocca von Chrysler, finden wir harte, aber faire Strategien des Einflußnehmens, die zulassen, daß beide an dem Geschäftsabkommen beteiligten Seiten gewinnbringenden Nutzen daraus ziehen.

Natürlich ist nicht jeder, der wirtschaftlich und sozial durch Einflußnahme erfolgreich geworden ist, schon ein guter Kerl. Aber im Laufe der Zeit schafft es die

Gesellschaft, die Schwindler zu entlarven, Gaunern das Wasser abzugraben und diejenigen energie- und kräftemäßig zu erschöpfen, die ihr Reich so aufgebaut haben, daß sie keinem um sich herum mehr trauen können. Al Capp ließ gerne durch seine Zeichentrickfigur Mammy Yokum Bemerkungen fallen wie: „Das Gute ist besser als das Böse, weil es viel netter ist." Und auf dem Gebiet der wirkungsvollen Techniken des Einflußnehmens bedeutet es auch, gute Geschäfte zu machen.

Durch Informationssammlung der Realität näherkommen

Das Verhalten einer Person ist Ausdruck ihrer Wertvorstellungen, Anschauungen, Bedürfnisse und Gewohnheiten. Wenn Sie die Wertvorstellungen, Anschauungen, Bedürfnisse und Gewohnheiten eines Menschen verstehen, werden Sie bestimmte Muster darin erkennen. Wenn Sie diese Muster verstehen, erkennen Sie die inneren Prozesse dieser Wertvorstellungen, Anschauungen, Bedürfnisse und Gewohnheiten. In Wahrheit *zeigen uns* diese Wertvorstellungen, Anschauungen, Bedürfnisse und Gewohnheiten nicht wirklich die Realität, vielmehr *kreieren* sie die Realität.

Betrachten Sie einmal folgendes Beispiel: Es ist Winter und Sie sind erkältet. Ihr Kopf und Ihre Glieder schmerzen. In Ihrem Medizinschrank finden Sie keine entsprechenden Medikamente. Mit laufender Nase setzen Sie sich in Ihren Wagen und fahren durch den Schneematsch zum nächsten Einkaufszentrum. Sie können Ihr Glück kaum fassen. Direkt vor der Apotheke sind zwei Parkplätze frei. Während Sie auf diese

zusteuern, prescht ein Wagen an Ihnen vorbei,
schwenkt diagonal ein und blockiert beide Plätze. Der
Fahrer springt aus dem Wagen und rennt in die Apotheke.

Welche Empfindungen hegen Sie in diesem Moment
dem anderen gegenüber? Was würden Sie gerne mit
diesem Menschen machen? Was würden Sie ihm
gerne sagen? Was für ein Mensch ist das, der Ihnen
so etwas antut?

Sie finden schließlich einen Parkplatz ungefähr 22
Plätze weiter. Es ist ein so scheußliches Wetter draußen, daß Sie sich schütteln bei dem Gedanken, so
weit zur Apotheke rennen zu müssen. Aber Sie machen es trotzdem. Als Sie an die Stelle kommen, wo
der Wagen sich quergestellt hatte, sehen Sie, daß in
der Zeit, in der Sie einen anderen Parkplatz suchen
mußten, der andere schon seine Erledigung gemacht
hat und bereits wieder weggefahren ist. Welche Empfindungen hegen Sie nun diesem Menschen gegenüber? Und jetzt wissen Sie wahrscheinlich nicht nur,
was für eine Sorte von Mensch der andere ist, sondern auch, welcher Herkunft er oder sie ist.

Sie betreten die Apotheke und bemerken, daß der
Apotheker erschüttert und bleich aussieht. Sie gehen
auf ihn zu, fragen ihn, was los ist, und der Apotheker
antwortet: „Oh, ein Mann kam vorhin hereingestürzt
und benutzte das Telefon, um den Rettungswagen
herbeizurufen. Anscheinend hat sich ein schrecklicher
Unfall auf der Straße nicht weit von hier ereignet, und
er wählte den Notruf, um Hilfe herbeizuholen. Er raste
zurück, um zu sehen, ob er zusätzlich Erste Hilfe leisten könne. Er hatte Angst, jemand würde sterben,
bevor der Krankenwagen da ist."

Was empfinden Sie jetzt diesem Menschen gegenüber? Was hat sich verändert? Sie haben einfach nur zusätzliche Informationen erhalten und mehr Einblick. Wir kreieren unsere Realität aufgrund mangelnder Informationen. Wenn uns jemand im Straßenverkehr schneidet, reagieren wir oft so, als ob derjenige an diesem Morgen aufgestanden wäre, um uns den Tag zu verderben. Wenn ein Kunde kurz angebunden ist, meinen wir, er sei ein schlechter Mensch, anstatt ihn wie jemanden zu behandeln, der einfach einen schlechten Tag hat.

Um ein Beispiel zu geben: Einer unserer Klienten hatte eine wichtige Verkaufspräsentation von speziell gefertigten Werbeuhren mit dem Gefühl abgeschlossen, dies könnte zur größten Bestellung des Jahres führen. Nach einer Woche jedoch hatte er noch immer keine Bestellung erhalten. Er rief wiederholt dort an, wurde aber nie zurückgerufen. Er schrieb einen freundlichen Brief, erhielt aber keine Antwort. Drei Wochen vergingen und Panik erfaßte ihn.

„Ich muß den Kunden irgendwie verärgert haben", vertraute er uns an. „Glauben Sie, ich sollte mich entschuldigen und nach dem Grund fragen? Immerhin handelt es sich hier um eine beträchtliche Bestellung." „Vielleicht will es der Kunde nur hinausziehen?" antworteten wir. „Ich bin mir nicht sicher, aber warum ruft er nicht wenigstens kurz zurück, wenn er nicht verärgert ist?" fragte unser Klient.

Wir brachten unseren Klienten dazu, sich ins Flugzeug zu setzen und ohne vorherige Terminabsprache im Büro zu erscheinen unter dem Vorwand, daß er für einen Tag in der Stadt sei und nur zehn Minuten bräuchte, um die Bestellung aufzunehmen. Als der

Klient ihn sah, hieß er ihn sofort willkommen und ent-
schuldigte sich aufrichtig für die Verzögerung. Er hatte
es tatsächlich hinausgeschoben und war jetzt bereit,
die Bestellung aufzugeben.

Einfluß nehmen auf die eigene Motivation

Bevor Sie auf andere Einfluß nehmen, müssen Sie
auch auf sich selbst Einfluß nehmen können. Gehen
Sie davon aus, daß Sie an Ihrer inneren Einstellung arbeiten müssen, wenn Sie erfolgreich sein wollen. Motivation geschieht in Ihrem Kopf.

Vor etlichen Jahren sahen wir ein T-Shirt mit dem Auf-
druck: „Ich habe meine Suche nach der Realität aufge-
geben und bin jetzt mit einer schönen Vorstellung zufrieden." Inzwischen sind wir zu der Erkenntnis gekommen, daß diese Aussage nicht nur humorvoll ist,
sondern daß sich auch eine tiefgreifende Wahrheit da-
hinter verbirgt. Da wir nämlich unsere eigene Realität
auf der Grundlage unserer eigenen Wertvorstellungen,
Anschauungen, Bedürfnisse und Gewohnheiten
schaffen, basiert unsere Realität gewissermaßen auf
unserer Vorstellung. Wir bewegen uns oft im Rahmen
von Vorstellungen. Diese Vorstellungen wollen wir
funktionelle Vorstellungen nennen, im Gegensatz zu
den nichtfunktionellen. Wir bezeichnen sie deshalb
nicht als feststehende Regeln oder Gesetze, weil wir
nicht sicher sind, ob sie in jedem Falle und für jedermann stimmen. Was wir jedoch bemerkt haben, ist
dies: daß es gewisse Anschauungen gibt, die bei fast
allen Spitzenleuten anzutreffen sind.

An diesem Punkt wird offensichtlich, daß das Sammeln von sinnesspezifischen Informationen Ihnen den absoluten Vorteil verschafft, mehr über Ihre Kunden und deren Bedürfnisse in Erfahrung bringen zu können und dadurch weniger Gedanken lesen bzw. Mutmaßungen anstellen zu müssen.

Darüber stolpern ab und zu selbst die Menschen, die im Einflußnehmen Experten sind, wenn sie Gedanken lesen, ohne sie auf ihre Richtigkeit hin zu überprüfen. Ohne sinnesspezifische Informationen, die uns Fakten über unseren potentiellen Käufer liefern, können wir nur raten, wo wir am besten ansetzen, um Einfluß zu nehmen.

Wir haben bereits fünf sehr wichtige Wertvorstellungen behandelt, die Spitzenleute im Verkauf normalerweise vertreten: 1. langfristige Perspektiven statt kurzfristiger, 2. positiv formulierte Ziele, 3. klare Kontrollmöglichkeit, 4. Integrität, 5. Fähigkeit zur Informationssammlung.
Wir wollen nun einige spezifische Thesen untersuchen, die wir „funktionelle Vorstellungen" nennen. Die Mehrzahl der erfolgreichen Geschäftsleute teilt unsere Auffassung diesbezüglich vielleicht nicht in allen Punkten, aber doch in den meisten.

Sieben funktionelle Vorstellungen als Grundlage Ihres Handelns

Alles, was wert ist, getan zu werden, ist wert, ... getan zu werden. Was würden Sie dort einfügen?
Die Wahrscheinlichkeit ist hoch, daß Sie so etwas wie

„gut" eingefügt haben. Und das ist es auch, was die meisten Menschen, einschließlich der Spitzenleute, glauben. Die andere Seite der Medaille jedoch verdeutlicht den wirklich interessanten Punkt, nämlich die erste funktionelle Vorstellung:

Alles, was wert ist, getan zu werden, ist wert, schlecht getan zu werden.

War es der Mühe wert, laufen zu lernen? Ich hoffe sehr. Als Sie laufen lernten, lernten Sie es schnell oder fielen Sie einmal hin? Oder fielen Sie zweimal hin? Oder fielen Sie Dutzende und Dutzende und Dutzende Male hin, bevor Sie erfolgreich einmal auf wakkeligen Beinen quer durch den Raum laufen konnten? Eindeutig gilt, daß alles, was wert ist ausgeführt zu werden, wert ist, schlecht ausgeführt zu werden, bis wir lernen, es gut auszuführen.

Vor kurzem begann eine unserer Bekannten, als Innenausstatterin zu arbeiten. Sie hatte bereits bei sieben Firmen erfolglos vorgesprochen. Wir hatten die Möglichkeit, mit einem der Kunden, der sie abgewiesen hatte, zu sprechen. Er berichtete, daß unsere Bekannte einige Male unbewußt ihr Gesicht verzogen hätte, als er ihr voller Stolz seine künstlichen Pflanzen zeigen wollte.

Als wir ihr dies erzählten, reagierte sie zuerst überrascht und ungläubig und sagte: „Oh, ich mache so etwas nicht." Einige Minuten später gab sie dann zu: „Vielleicht habe ich es wirklich getan und war mir dessen nicht bewußt." Nach ein paar weiteren Minuten entschloß sie sich zurückzugehen, um die künstlichen Pflanzen zu bewundern. Seitdem hat sie künstliche

Pflanzen als Teil einer Innendekoration schätzenge-
lernt. Innerhalb von sechs Monaten verachtfachten
sich ihre Verkaufsabschlüsse. In diesem Fall haben
Rückschläge zu wertvollen Einsichten verholfen.

Denken Sie an Ihre eigenen Mißerfolge. Gab es
schon einmal eine Situation, in der Sie ein Geschäft verpatzten, weil Sie nicht sorgfältig genug
vorgingen? Gab es jemals eine Situation, in der
Sie mit dem Ärger eines Klienten nicht richtig um-
gingen? Gab es jemals eine Situation, in der Sie
die Vorstellungen eines potentiellen Käufers falsch
einschätzten, wodurch Ihnen ein Geschäft durch
die Lappen ging?

Die Schule der harten Schläge hat strenge, aber effektive Lehrer. Was haben Sie also aus diesen Rück-
schlägen gelernt? Wissen Sie nun, wie man erfolgreicher abschließt? Haben Sie noch einmal darüber
nachgedacht, wie man besser mit dem Ärger eines
Kunden umgeht? Achten Sie jetzt intensiver auf die
Stichworte, die Ihnen Aufschluß über die Vorstellungen Ihres potentiellen Käufers geben können?

Wenn Sie auf diese Fragen mit ja antworten, dann er-
zielen Ihre Erfolgsmechanismen inzwischen eine grö-
ßere Wirkung. Die Rückschläge dienten Ihnen als
Rückkopplung, um es in Zukunft besser zu machen.
Mit anderen Worten, die Einsichten, die Sie bei einem
Rückschlag gewinnen, helfen Ihnen dabei, in anderen
Situationen siegreich zu sein. Es gibt keine Fehl-
schläge, es gibt nur Rückkopplungen.

Denken Sie einmal darüber nach: Wenn Sie aufmerksam Ihre Fehler überdenken und aus ihnen lernen,
dann macht Sie das Nichterreichen eines Zieles nicht

zu einem Versager, genausowenig wie Sie das Karot-
tenessen zu einem Kaninchen macht.

Die zweite funktionelle Vorstellung lautet:

Ich bin selbst verantwortlich für meine Ergebnisse.

Zum Beispiel: Ich bin selbst verantwortlich für mein
Glück, ich bin selbst verantwortlich für meinen Erfolg,
ich bin selbst verantwortlich für meinen inneren Seelenfrieden. Ist das wahr? Lassen Sie es uns eine funktionelle Vorstellung nennen. Aber wenn Sie daran
glauben, werden Sie sich nie mehr wie ein ertrinken-
des Opfer in einem Meer von Umständen sehen.

Vor kurzem war ich in San Francisco und besuchte einige Freunde. Eines schönen Morgens fuhren wir im
Auto spazieren. Da wir tanken mußten, fuhren wir zu
einer der kleinen Tankstellen in dieser Gegend. Als
meine Bekannte in die Tankstelle einbog, bemerkte
ich eine unsympathisch wirkende Frau, die augen-
scheinlich Groll gegen die ganze Welt hegte. Meine
Bekannte fuhr um den Wagen dieser Frau herum,
setzte zurück und begann zu tanken. Unterdessen
hatte die Dame getankt, bezahlt, war in ihren Wagen
gestiegen und wollte an uns vorbeifahren. Als ihr dies
nicht gelang, stieg sie aus und rief: „Hey, Sie müssen
Ihren Wagen weiter nach links fahren, Sie versperren
mir den Weg!" Offen gesagt, sie hatte genügend Platz,
um an uns vorbeizukommen, aber meine Bekannte lächelte und sagte: „Es tut mir leid, daß ich Ihnen den
Weg versperrt habe", fuhr den Wagen etwas näher an
die Tanksäule heran und tankte weiter. Als sich die
Frau mit unsäglich langsamen Kurbelbewegungen an
uns vorbeimanövrierte, war zwischen unseren Wagen

so viel Platz, daß ich sehen konnte: Sie hatte beim Einsteigen ihren Mantel eingeklemmt, und dieser schleifte am Boden. Als sie so an uns vorbeifuhr, sagte ich einfach: „Entschuldigen Sie bitte, aber Ihr Mantel schleift über den Boden. Sie werden ihn beschädigen, wenn Sie ihn nicht aus der Tür ziehen." Sie schaute mich finster an, als ob sie sagen wollte: „Was geht Sie das an?" Dann öffnete sie ihre Tür, zog ihren Mantel hinein und nahm ihr langsames, unerträgliches Herummanövrieren um unseren Wagen wieder auf. Just in diesem Moment bemerkte ich, daß sie ihren Tankverschluß auf dem Kofferraumdeckel vergessen hatte.

Jetzt befand ich mich in einer Zwickmühle. Diese Frau hatte mich in zweifacher Hinsicht beleidigt; zum einen durch ihre bloße Existenz auf Erden, was an ihrer schrecklichen Ausstrahlung lag, und zum anderen hatte sie mich kurz abgefertigt, als ich versuchte, zuvorkommend zu sein. Dieses Mal mußte ich aus dem Wagen springen und ihr nachrennen, um ihr behilflich zu sein. Ich stand also vor einer Entscheidung.

Wie hätten Sie in dieser Situation gehandelt? Ich wünschte, ich könnte sagen, es war völliger Altruismus, der mich aus dem Wagen springen und hinter ihr herrennen ließ. Aber ehrlich gesagt war es eine Mischung aus Neugierde, wie sie reagieren würde, und der blitzartigen Erkenntnis, daß ich nicht zulassen konnte, daß sie mein Verhalten beeinflußt. Ich durfte nicht zulassen, daß sie durch ihr unangenehmes Verhalten meinen Lebensstil diktierte. Ich sprang also tatsächlich aus dem Wagen, holte sie ein, bevor sie sich wieder in den Verkehr einreihen konnte und rief: „Augenblick, Sie haben Ihren Tankdeckel auf dem Kofferraum liegenlassen. Ich schraube ihn fest." Als ich mich daran machte, den Deckel festzuschrauben, stieg sie aus dem Wagen, kam zu mir, nahm mir den Deckel aus der Hand, sagte: „Ich weiß, wie es geht", und schraubte den Deckel auf. Dann drehte sie sich um, stieg wieder ein, schaute sich dabei noch einmal um und sagte mit einem wirklich herzlichen Lächeln: „Vielen Dank. Ich danke Ihnen für Ihre Hilfe." Ich lächelte zurück und war äußerst zufrieden. Aber das Wichtige dabei war nicht der Dank. Das Wichtige dabei war die Erkenntnis, wer für meinen guten Tag verantwortlich ist. Wir können es uns einfach nicht leisten zuzulassen, daß jeder verrückte Mensch, jede unerfreuliche Begegnung, jeder unhöfliche Kunde, den wir treffen, bestimmt, ob wir einen guten oder einen schlechten Tag haben. Wir müssen für unsere Ergebnisse selbst die Verantwortung übernehmen.

Einer meiner Klienten ist die Firma GE Kunststoff. In ihrer Verkaufsabteilung gibt es eine junge Frau namens Nancy. Als Auszubildende ist es ihre Aufgabe, durch Initiativanrufe um kleinere Aufträge zu werben und diese zu bearbeiten. Ein Gießer, den sie anrief, reagierte sofort feindselig. Zehn Jahre zuvor, als er gerade in seiner Gründungsphase war, hatte GE Kunststoff seine Bonität als unzureichend eingestuft und wollte nur gegen Vorauszahlung liefern. Seine Einstellung war: „Jetzt, wo ich erfolgreich bin, wollt ihr wohl mit mir ins Geschäft kommen, was?" Sie mußte ihn monatelang anrufen, um seinen zehn Jahre lang angestauten Unmut aufzutauen. Schließlich erhielt sie von ihm eine Bestellung im Wert von DM 40.000,–. Es war ein kleiner, aber guter Start.

Dann aber schlug der Blitz ein. Als die Buchhalter keine aktuellen Zahlen über den Gießer fanden, riefen sie ihn an, um ihn zu informieren, daß man ihm keinen Kredit gewähren könne, da er kein fester Kunde sei. Außer sich vor Wut machte er den Buchhaltern klar, was sie mit seiner Bestellung machen könnten, und fügte hinzu, daß er nie mehr wieder ein Geschäft mit ihrer Firma abschließen würde.

Beantworten Sie jetzt die folgende Frage: Wer war verantwortlich für die Stornierung des Auftrages – Nancy oder die Buchhaltung? Aber es geht noch weiter. Als Nancy am Nachmittag diese furchtbaren Neuigkeiten hörte, rief sie sofort den wütenden Gießer an.

„Ich rufe aus zwei Gründen an", sagte sie. „Erstens möchte ich mich für den Fehler entschuldigen und zweitens sollten Sie wissen, daß ich nach wie vor Aufträge von Ihnen erwarte." Zugegeben, in diesem Moment mußte sie einiges am Telefon einstecken. Aber einige Monate später war die Beziehung wiederhergestellt, und sie bekam schließlich Aufträge von dem Gießer. Was war der Wendepunkt gewesen? „An dem Tag, an dem ich so wütend war, verlangte sie mir wirklich Respekt ab", vertraute der Gießer später Nancys Chef an. „Ich konnte es nicht glauben, daß irgendein Vertriebsmitarbeiter den Mut haben würde, sich mir zu stellen."

Wer war verantwortlich für die Entscheidung des Klienten, Nancy oder die Buchhaltung?

In diesem Fall übernahm Nancy für sich selbst die Verantwortung, und durch ihre Entschlossenheit, zu Diensten zu sein, ging sie wieder auf den Kunden zu und kam mit ihm zu einem Geschäftsabschluß. Denken Sie nur, wie einfach es für sie gewesen wäre, sich hängenzulassen und die Buchhaltung für den verlorenen Geschäftsabschluß verantwortlich zu machen.

Sie können also sehen, daß diese zweite funktionelle
Vorstellung, Verantwortung für die eigenen Ergebnisse zu übernehmen, selbst dann angewendet werden kann, wenn die Sie-wissen-schon-was am Dampf-
fen ist.

Das führt zu der Frage, was passiert, wenn wir uns
nicht danach fühlen, in einer entscheidenden Situation
unser Bestes zu geben? Alle Menschen haben ihre
schlechten Tage, nicht wahr? Sicher. Das ändert aber
nichts an der Tatsache, daß Sie für Ihre eigenen Ergebnisse selbst verantwortlich sind.

Gibt es dafür irgendwelche Techniken? Darauf können
Sie wetten! Sie werden diese im weiteren Verlauf kennenlernen. Als Berater haben wir beide schon internationale Seminare trotz Krankheit und hohen Fiebers
gehalten, und keiner im Publikum merkte, daß wir
nicht in hundertprozentiger Verfassung waren.

Wenn Sie viel auf Reisen sind, kommen Sie
zweifelsohne in unzählige Situationen, die möglicherweise Ihren Schwung mindern – Flugzeugver-
spätungen, unbequeme Betten, Zeitverschiebung,
ein unterschiedlicher Stil, Geschäftsverhandlungen
zu führen, Wecker, die zur falschen Uhrzeit klingeln, Speisen, die Ihnen nicht bekommen, kulturelle Unterschiede und zeitliche Fehlkalkulationen,
um nur einige zu nennen.

Bei jeder dieser Widrigkeiten stehen Sie jedoch vor ei-
ner Entscheidung: Entweder Sie übernehmen die
Verantwortung für Ihr Verhalten und erzielen Ihre
gewünschten Ergebnisse, oder Sie übernehmen die
Verantwortung nicht und erlauben sich den Luxus, die
Ergebnisse nicht zu erreichen und den Umständen

oder den überall zu findenden „anderen" die Schuld zuzuschieben.

Die dritte funktionelle Vorstellung lautet:

Arbeit ist Vergnügen.

Vor kurzem war ich in Las Vegas im Hotel Bally und hielt dort drei Seminare für einige tausend Floristen der American Florist Society ab. An jenem Morgen saß ich wieder einmal um vier Uhr hellwach auf der Bettkante (eine Stunde vor meinem bestellten Weckruf), voller Erwartung auf die Herausforderungen des vor mir liegenden Tages, und stellte mir die Gruppen und ihre positiven Reaktionen auf das Seminar vor, das wir zusammen machen würden. Während ich in Gedanken meinen Präsentationen den letzten Schliff gab, wuchs meine Vorfreude. Das Frühstück um sechs Uhr war köstlich, da jeder Bissen Brennstoff für meinen Schwung an diesem Tag zu sein schien. Um sieben Uhr, als ich zum letzten Mal den Bühnenaufbau kontrollierte, war das mir vertraute Gefühl, wenn ich unter Hochspannung stehe, in vollem Maße da. Als es acht Uhr war, hatte ich alles nachgeprüft, eingestellt und nochmals überprüft, und die Herausforderung bestand nun darin, meine Erregung mit meiner Präsentation und dem Publikum im Gleichgewicht zu halten.

Ungefähr eine Stunde vor Seminarbeginn näherte sich mir einer der Bühnentechniker und sagte: „Ich nehme an, Sie sind ziemlich froh, wenn dies alles hier vorbei ist und Sie wegkönnen, um das zu machen, was Ihnen Spaß macht."

„Was ist das für eine überraschende Einstellung!"
dachte ich. Hier, inmitten einer Situation voller Aufregung und Spannung, mit der Chance, erfolgreich zu
sein oder zu versagen, mit der Chance, meine Klienten dabei zu unterstützen, die zuvor bestimmten wertvollen Ziele zu erreichen, mit der Chance, auf das Leben anderer Menschen positiv einzuwirken, und das
alles in einem Spiel mit hohem Einsatz, wo es um
Ego, Ruf und zukünftige finanzielle und persönliche Erfolge geht. In dieser Situation spricht jemand mich
darauf an, ob ich froh wäre wegzukönnen, um das zu
machen, was mir Spaß macht!

Sein Kommentar ließ sofort die Erinnerung an eine
Zeit wach werden, an die ich schon jahrelang nicht
mehr gedacht hatte. Ich war damals sechzehn Jahre
alt und hatte in jenem Sommer zum ersten Mal mit
Verkauf zu tun. Ich arbeitete für meinen Vater und verkaufte Spezialwerbung.

Es war an einem Freitagnachmittag und ich kam nach
einer recht schwachen Woche ins Büro zurück. Ich
schlenderte in das Büro meines Vaters, ließ mich in einen Stuhl fallen und streckte meine Beine demonstra-
tiv in einer unzufriedenen Teenagerpose aus. Er saß
an seinem Schreibtisch und schloß die Schreibarbei-
ten für die vielen geschäftlichen Vorgänge ab, die er
an diesem Tage erledigt hatte. Er schaute auf und
sagte: „Weißt du, ich liebe diese Arbeit. Ich liebe es,
rauszukommen und Menschen zu treffen, viele lang-
jährige Freunde zu sehen und ihnen zu helfen. Ich
liebe die Aufregung, nicht zu wissen, wieviel ich verdienen werde, aber trotzdem zu wissen, daß ich viel
erreichen kann. Ich liebe die Möglichkeit, jeden anzurufen, den ich will, wann immer ich will, und damit
mein Tempo und meine Arbeitsstunden selbst zu

bestimmen. Und ich liebe die Gelegenheit, in meinen Werbe- und Verkaufsideen kreativ zu sein. Es ist großartig, in diesem Geschäft zu sein."

„Klar", antwortete ich, in dem Gefühl, mich verteidigen zu müssen. „Ich würde es auch mögen, wenn ich soviel Geld verdienen würde wie Du." Er lachte laut auf, schaute mir in die Augen und sagte:

„Mein Sohn, ich mochte es schon, *bevor* das Geld stimmte. *Wenn du etwas ausgesprochen gerne machst, ist das Geld nur Nebensache.*"

Es vergingen Jahre, bis ich ihn wirklich verstand und nach seinen Worten lebte. Aber hier befand ich mich also in Las Vegas, kurz davor, Tausenden von Menschen lebensverändernde Ideen vorzustellen und zu verkaufen, Ideen zur Verbesserung ihrer Fähigkeit, Produkte zu verkaufen, indem sie bestimmte Maßnahmen ergriffen. Und ich erlebte zum wiederholten Male das vertraute Herzklopfen, etwas zu tun, das ich liebte.

Nachdem ich einen Moment darüber nachgedacht hatte, grinste ich den Mann an, der angenommen hatte, daß ich wohl ziemlich froh sei, wenn die bevorstehende Sache durchgestanden wäre und ich wegkönnte, um das zu machen, was mir Spaß macht. „Sicherlich, es wird auch Spaß machen", gab ich zu, „aber *das hier* macht *jetzt* Spaß."

Joseph Brooks, der Geschäftsführer von Lord & Taylor, einem amerikanischen Kaufhaus für gehobene Ansprüche, gab einmal den Ratschlag: „Finde heraus, was dich prickeln macht." Mit anderen Worten: Ein Schlüssel zum Erfolg ist, das, was Sie machen, so zu lieben, daß Sie aus Vorfreude ein prickelndes Gefühl bekommen. Und ein Schlüssel, um das zu lieben, was Sie machen, ist, das zu tun, was Sie lieben – machen Sie das, was Sie prickeln macht.

Haben Sie Freude an neuen Errungenschaften? Mögen Sie gewinnbringendes Arbeiten? Haben Sie Freude daran, anderen zu helfen? Genießen Sie es, sich Ihre Zeit selbst einteilen zu können? Haben Sie Spaß am Wettbewerb? Haben Sie Freude daran, partnerschaftlich mit anderen Menschen zusammenzuarbeiten? Bauen Sie gerne Beziehungen auf? Haben Sie Freude daran, an Ideen zu arbeiten und Probleme zu lösen? Gefällt Ihnen die Vorstellung, gleichermaßen persönlichen Nutzen zu ziehen und anderen nutzen zu können? Mögen Sie den Siegeskitzel? Mögen Sie das Gefühl, sich verbessert zu haben? Stellen Sie sich manchmal in Ihrer Phantasie vor, wie gut Sie wären, wenn Sie im Geschäftsleben noch mehr Sie selbst sein könnten ?

Die vierte funktionelle Vorstellung, die wir normalerweise bei Spitzenleuten finden, besagt:

In jedem Mißerfolg steckt der Samen für den Erfolg.

Das bedeutet nicht nur „Jedes Unglück hat auch sein Gutes", sondern auch:

a) Herausforderung ist spannend.

b) Für jedes Hindernis können wir produktive Antworten und Einsichten finden, wenn wir kreativ und energisch nach ihnen suchen.

c) An Herausforderungen zu arbeiten, stärkt uns für größere Herausforderungen.

d) Viele Lektionen in unserem Leben lernen wir an der Universität der „harten Schläge".

e) Das Spiel ist so lange nicht vorbei, bis es vorbei ist ... und wahrscheinlich selbst dann nicht.

Lassen Sie uns kurz diese Punkte nacheinander anschauen. Herausforderungen *sind* spannend! Deshalb gehen wir zu Sportereignissen, um uns mit unserer Mannschaft zu identifizieren und sie anzufeuern. Im übrigen verlieren wir sehr schnell Interesse an Aktivitäten, die nicht herausfordernd sind.
Denken Sie einmal daran, wie oft just in dem Moment eine Welle der Aufregung Ihren Körper durchflutet, in dem Sie bereit sind, eine Herausforderung anzunehmen. Nun, wenn die gestellte Aufgabe so leicht wäre, daß jeder sie bewältigen könnte, gäbe es dann diese Aufwallung? Geben Sie es zu. Sie lieben die Aufregung! Lächeln Sie sich selbst zu, wenn das auf Sie zutrifft.

Aber Rückschläge passieren nun einmal. Sie gehören zum Spiel. Und wie Sie aus Ihrer Vergangenheit wissen, stehen Sie innerlich, wenn Sie diese durchlebt und überwunden haben, auf einer neuen Ebene von Vertrauen zu sich selbst, mit der Gewißheit, daß Sie es geschafft haben.

Selbst Katastrophen können produktiv sein. In unseren Seminaren fordern wir manchmal Teilnehmer auf, über ihre produktiven Katastrophen zu sprechen. Produktive Katastrophen sind Fehlschläge, die sich später als bedeutende positive Wendepunkte im Leben entpuppen. Manchmal erwächst Produktivität aus der Erkenntnis früherer Fehler. Manchmal entsteht sie daraus, daß man aus einer Notwendigkeit heraus in die Unternehmerrolle gerät. Manchmal entsteht sie daraus, daß man sich selbst wieder aufrappeln und die Bemühungen verdoppeln muß, was natürlich charakterstark macht.

Solch ein Mißerfolg kann weh tun, aber er legt normalerweise den Grundstein, sich in Zukunft etwas wirksamer darum zu bemühen, außergewöhnliche Dinge zu vollbringen und dadurch zu einem außergewöhnlichen Menschen zu werden. Henry Ford machte z.B. zweimal Bankrott, bevor er als Automobilmagnat einschlug. Abraham Lincoln verlor 23 von 26 Wahlen und war zeitweise suizidgefährdet. Aber seine Mißerfolge, seine Depressionen und sein Kummer machten ihn zu einem der größten Präsidenten, die Amerika je hatte.

Die fünfte funktionelle Vorstellung lautet:

Die Umstände wenden sich nicht durch Zufall zum Guten.

Sie wenden sich durch angemessenes Handeln zum Guten. Wie oft haben Sie mittelmäßige Verkäufer sagen hören: „Mensch, ich kann es nicht abwarten, bis die Zeiten besser werden" oder „Ich hoffe, diese Probleme verschwinden, sonst werde ich kein Geld mehr verdienen." Spitzenleute unternehmen die notwendigen Schritte, damit die Probleme verschwinden. Sie wissen, daß Probleme, die von alleine verschwinden, auch von alleine wieder auftauchen können.

In Sportkreisen geht die Geschichte von einem Schriftsteller um, der nach einem Besuch im Jack London Park Kenny Stabler aufsuchte, den damaligen Quarterback der Oakland Riders. (Der Quarterback hat die Aufgabe, die offensive Spielführung zu leiten.)

Der Schriftsteller wollte wissen, ob das Feuer, das in Jack Londons Herz brannte, auch bei solchen Spitzenleuten wie Stabler zu finden sei. Um dies zu erforschen, nahm er ein Zitat von Jack London und las es Stabler vor, als dieser sich nach einem Spiel umzog. Das Zitat lautete: „Ich wäre lieber Asche als Staub. Eher soll mein Funke in einer lodernden Flamme verbrennen, als durch Trockenfäule erstickt werden. Lieber wäre ich ein großartiger Meteor, in dem jedes meiner Atome wundervoll glüht, als ein schläfriger unbeständiger Planet. Die eigentliche Aufgabe des Menschen ist zu leben, nicht zu existieren. Ich werde meine Tage nicht damit verschwenden, sie zu verlängern. Ich werde meine Zeit nutzen." Nachdem er Stabler dies vorgelesen hatte, sagte er: „Ken, was bedeutet dir das?" Stabler schaute auf und sagte einfach: „Richtig zu werfen." Diese drei Worte verkörpern die Handlungsorientierung, die nötig ist, um ein Star zu werden. Wirf richtig, unternimm die angemessenen Schritte und handle!

Jetzt stellt sich die Frage: Wie wissen wir, was angemessen ist? Die Antwort lautet: Wenn die Situation für Sie nicht gut ist, ist fast alles, was Sie tun, immer noch angemessen. Untätigkeit bedeutet, nicht zu handeln. Und nicht zu handeln bedeutet: keine Änderung des derzeitigen Kurses.

Wie oft haben Sie Vertriebsmitarbeiter erlebt, die sich auf ausgefahrenen Gleisen bewegen, indem sie nur

Briefe an potentielle Käufer schreiben, statt den Telefonhörer in die Hand zu nehmen und persönlich neue
Kunden anzurufen?

Die Management-Maxime „Wenn sich nichts ändert,
werden wir dort landen, worauf wir uns gerade zubewegen" ist hier gültig. Führen Ihre Verkaufsstrategien,
-techniken und -gewohnheiten Sie in die Richtung, in
die Sie wollen? Führen diese Sie schnell genug dorthin? Verdienen Sie dabei das Geld, das Ihnen vor-
schwebt? Wenn nicht, stehen Ihnen Veränderungen
bevor.

Die sechste funktionelle Vorstellung heißt:

Engagement ist der Schlüssel zur Spitzenleistung.

Spitzenleistung beginnt damit, daß Sie wissen, wohin
Sie wollen und wie Sie dorthin gelangen. Es ist außerdem schwierig, sich auf Dauer für vage Vorstellungen
einzusetzen. Sie müssen genau formulieren, für welche Sache Sie sich engagieren wollen. Das hat sehr
viel mit Ihrem Selbstverständnis zu tun.
Führende Unternehmen wie IBM wissen dies und setzen es auch um. Die Grundausbildung im Vertrieb bei
IBM dauert 15 Monate, also über ein Jahr, um die Firmenphilosophie und die daraus abgeleiteten Strategien und Taktiken zu lernen und zu verarbeiten.

Die Aussage zum Selbstverständnis sagt Ihnen nicht
nur, wohin es geht, sondern sie legt den Grundstein,
um herauszufinden, wie Sie dorthin kommen können.
Ohne eine Aussage zum Selbstverständnis wissen wir
oft nicht, warum wir bestimmte Schritte unternehmen
sollen.

In der Vergangenheit waren z.B. die Eisenbahnen die Könige des Transportwesens in Amerika. Sie waren nicht nur die Spitze des Eisberges, sie waren der Eisberg selbst. Weil sie aus diesem Blickwinkel heraus handelten, drehten sich ihre Aussagen zum Selbstverständnis nur um Eisenbahnen. Sie nahmen nicht an der fortschreitenden Entwicklung des gesamten Transportwesens teil. Diese begrenzte Ausrichtung hinderte sie auch daran, logische Schritte zu unternehmen und in den neuen Transporttechniken richtungweisend zu sein. Heute haben Lastwagen, Flugzeuge und Schiffe in Verbindung mit Containern den Thron zerstört, auf dem der König Eisenbahn einstmals saß.

Auf der anderen Seite können sich weder Firmen noch Einzelpersonen den Versuch leisten, alles für alle Menschen in ihrer Aussage zum Selbstverständnis zu bieten.

Zum Beispiel startete vor einiger Zeit eine amerikanische Investmentbank eine neue Werbekampagne mit dem Slogan „Wir treiben Amerika voran" und zeigte in den Medien eine vorbeidonnernde Rinderherde. Aber dieser Slogan ließ die Telefone irgendwie nicht im erhofften Ausmaß klingeln. Er sollte eine ganz bestimmte Käuferschicht ansprechen, z.B. amerikanische Kapitalanleger eines bestimmten Schlages – solche, die stolz sind auf ihre Anlagewerte und ihre Individualität. Solche, die keine Herdenmenschen sind und sich in der Herde nicht wohlfühlen. Solche, die sich für einen anderen Menschenschlag halten. Das Begrenzen der Botschaft zahlte sich für die Bank aus. Jetzt konzentriert sie sich in ihrer überarbeiteten Kampagne auf den Traum dieser Zielgruppe: „Keine Grenzen kennen." Unsere Vorhersage lautet: Erfolg.

Mehrere wichtige Tatsachen zu diesem Thema möchten wir Ihnen nicht vorenthalten. Erstens ist Engagement ein von innen nach außen gerichtetes Anliegen.
Es beginnt mit dem, was für Sie wichtig ist, und baut
darauf auf. Insofern hängt es mit dem Konzept von Ar-
beit-ist-Vergnügen zusammen. Engagement beginnt
dort, wo wir ein Prickeln verspüren. Außerdem hat es
unmittelbare Auswirkungen auf Ihr Verhalten, da Sie
Ihre Wertvorstellungen, Anschauungen, Bedürfnisse
und Gewohnheiten aktivieren.

Die zweite wissenswerte Tatsache ist die, daß die
Sachlage um so schwieriger zu sein scheint, je weniger man sich für eine Sache engagiert. Man erzählt die
Geschichte von einem Mann, der zu einem Bauern
ging, um sich dessen Seil auszuleihen. Der Bauer
dachte für einen Moment nach, schüttelte seinen Kopf
und sagte: „Nein, es tut mir leid. Ich brauche mein
Seil, um die Milch zusammenzuschnüren." Der Mann
schaute verdutzt. „Sie brauchen doch kein Seil, um
Milch zusammenzuschnüren." Der Bauer schüttelte
seinen Kopf und sagte: „Nun, Tatsache ist, wenn man
etwas nicht tun will, dann ist eine Entschuldigung so
gut wie die andere." Das ist das Wesen geringen Engagements.

Der dritte Gesichtspunkt ist ebenso zutreffend. Je en-
gagierter Sie für eine Sache innerlich sind, desto einfacher scheint die Sachlage zu sein. Der impressioni-
stische Künstler Renoir war in seinen letzten Jahren
derart durch schmerzhafte Arthritis geschwächt, daß
jeder einzelne Pinselstrich, den er malte, unerträgliche
Schmerzen verursachte. Das Problem war so akut,
daß ihn sein Freund Matisse einmal fragte, warum er
dennoch male. Renoir antwortete, daß die Freude, die
er durch die Schönheit seiner Schöpfung erfuhr, bei

weitem größer sei als die Schmerzen, die er zu ertragen habe.

Als nächstes gilt, daß Engagement systematisch in uns und anderen entwickelt werden kann. Der große Tennisspieler Björn Borg drückte es vor einigen Jahren in einem Zeitungsartikel so aus: „Ich bedauere nichts in meinem Leben. Ich erinnere mich daran, wie ich jeden Tag nach der Schule in den Zug nach Stockholm stieg, um zu meinem Trainingsplatz zu kommen. All die Jahre kam ich spät abends heim, lernte, stand auf, um in die Schule zu gehen, und stieg wieder in den Zug. Es hat Resultate gebracht, aber selbst wenn es nicht so gekommen wäre, selbst wenn ich es nicht bis zum Meister gebracht hätte, ich wüßte trotzdem, daß ich mein Bestes gegeben habe. Ich versuchte es. Ich stieg in den Zug und gab mein Bestes."

Die siebte und letzte funktionelle Vorstellung heißt:

Wenn ich anderen gebe, was sie wollen und brauchen, dann werden sie mir geben, was ich will und brauche.

Vielleicht haben Sie es in anderer Form schon einmal gehört: „Wie du säst, so wirst du ernten" oder „Wie du in den Wald hineinrufst, so schallt es zurück."

In der Welt des Verkaufes, der Dienstleistungen und der Gewinne verfällt man leicht dem Irrtum, daß Geld der einzig bedeutende Beweggrund bei unseren geschäftlichen Transaktionen ist. Aber Menschen zahlen in vielerlei Formen – Geld ist nur eine davon.

Einer meiner Kollegen wurde z.B. als Berater mit einem Stundenhonorar von DM 500 in eine Anwaltskanzlei gerufen. Aufgrund der Zeitknappheit bei diesem Fall wurde er gebeten, am Samstag vorbeizukommen, um Einzelheiten zu besprechen. Er war sowieso in der Gegend und hatte deswegen vor, dieses Treffen als eine Geste der Gefälligkeit zu werten und es nicht in Rechnung zu stellen. Während des einstündigen Treffens ließ sich der Anwalt von seiner Sekretärin eine Coca-Cola bringen, ohne meinem Kollegen eine anzubieten.

Nachdem er uns dies erzählt hatte, beendete er die Geschichte mit einem Lächeln: „Wissen Sie, das ist das erste Mal, daß ich eine DM 500 teure Coca-Cola gesehen habe." Unserem Kollege ging es um die Wertschätzung. Ursprünglich war er bereit, dem Klienten eine Gefälligkeit zu erweisen, jetzt verlangte er jedoch DM 500 für diese Stunde.

Um ein positiveres Beispiel zu geben: Ich organisierte eine internationale Konferenz in Luxemburg und befand mich auf der Suche nach einem geeigneten Hotel. Zufällig war Silvesterabend und die Restaurants des Hotels, in dem wir übernachteten, waren zum Bersten voll. Der stellvertretende Manager des Hotels Intercontinental Luxemburg erkannte, daß wir keinen Platz zum Essen oder Feiern finden würden, da wir nicht vorbestellt hatten. Als er unsere Enttäuschung sah, nahm er die Sache persönlich in die Hand und reservierte einen Tisch für sechs Personen in seinem besten Restaurant. Diese persönliche Aufmerksamkeit war maßgebend dafür, daß wir dieses Hotel für meine Konferenz auswählten. Immerhin waren persönliche Aufmerksamkeit und besonderer Service zwei unserer Hotelauswahlkriterien für die Konferenz. Das führt uns genau zu dem Punkt zurück, an dem wir begannen. Als erstes definieren Sie, was Sie wollen und brauchen, und dann passen Sie es ein, verknüpfen es mit dem, was Ihr Kunde will und braucht, und lassen damit alles in einer energiereichen Erfolgsspirale aus Helfen und Gewinnen zusammenfließen.

Lassen Sie uns jetzt der Argumentation wegen das Gegenteil all dieser funktionellen Vorstellungen nehmen und schauen, ob es vertraut klingt. „Alles, was wert ist, getan zu werden, ist wert, schlecht getan zu werden." Das Gegenteil davon ist: „Wenn es Ihnen beim ersten Mal nicht gelingt, geben Sie auf." Bei „Ich bin verantwortlich für meine eigenen Ergebnisse" wäre das Gegenteil: „Andere sind verantwortlich für mein Glück oder Pech. Ich bin einfach nur Opfer der Umstände." Drittens: „Arbeit ist Vergnügen." Das Gegenteil davon ist: „Wir müssen die Arbeit bis zum Urlaub ertragen." Viertens: „In jedem Mißerfolg steckt der Samen für den Erfolg." Das Gegenteil ist: „Mißerfolge sind ein Wink, daß Sie dabei sind zu verlieren." Fünftens: „Die Umstände wenden sich nicht durch Zufall zum Guten, sondern durch angemessene Maßnahmen." Das Gegenteil davon ist: „Entweder man hat Glück oder man hat keines. Einige werden damit geboren, andere nicht." (Übrigens, die einzigen Menschen, die so etwas sagen, sind die, die damit andeuten wollen, daß sie kein Glück haben.) Sechstens: „Engagement ist der Schlüssel zur Spitzenleistung." Das Gegenteil davon ist: „Engagiert für eine Sache einzutreten, schränkt mich zu sehr ein." Und zu guter Letzt: „Wenn ich anderen gebe, was sie wollen und brauchen, dann werden sie mir geben, was ich will und brauche." Das Gegenteil davon ist: „Erst wenn der andere mir gibt, was ich will und brauche, werde ich ihm helfen."

Sie haben wahrscheinlich inzwischen bemerkt, daß das Gegenteil von allen funktionellen Vorstellungen vertraut klingt. Warum ist das so? Weil es mehr Menschen gibt, die Entschuldigungen dafür haben, warum sie nicht gewinnen, als Menschen, die die Früchte des Erfolges genießen. Es ist deswegen so wichtig, die funktionellen Vorstellungen zu besprechen, bevor wir in das eigentliche Programm dieses Buches einsteigen, weil man offen gesagt einige Dinge einfach glauben muß, um sie erleben zu können. Und ob Sie glauben, daß Sie etwas können, oder glauben, daß Sie etwas nicht können. Meistens erhalten Sie eine Bestätigung dafür.

Unser Gehirn arbeitet in etwa wie ein Computer. Wir geben ständig Daten über unsere fünf Sinne ein – Sehen, Hören, Fühlen, Tasten und Riechen. Die Daten werden visuell und akustisch ähnlich wie bei einem Videorecorder aufgezeichnet. Diese Töne und Bilder werden dann in unserem Gehirn für spätere Abrufe gespeichert.

Einer unserer vorrangigen Abrufmechanismen ist der Gebrauch von Fragen. Sie stellen sich z.B. folgende Frage: „Was habe ich heute morgen zum Frühstück gegessen?" Erscheint vor Ihrem geistigen Auge ein Bild oder ein Film? Mit oder ohne Ton?

Fragen Sie sich jetzt: „Was würde ich gerne das nächste Mal essen?" Beobachten Sie, wie Ihr Gehirn auf diese Frage antwortet, indem es Ihnen eine visuelle und/oder akustische Information liefert. Es ist so, wie wenn man die richtige Taste am Computer drückt, woraufhin die Daten automatisch auf dem Bildschirm erscheinen.

Da das Gehirn automatisch auf Fragen reagiert, können Sie sich die Belastung vorstellen, wenn Sie es mit Fragen wie den folgenden bombardieren: „Warum kann ich dieser Person nichts verkaufen?" oder „Was ist falsch an meinen Präsentationen?" und „Warum mache ich immer wieder Fehler?" Ihr Gehirn wird automatisch Worte, Bilder und sogar Gefühle produzieren, die negative Gefühle und Versagen im voraus annehmen. Dasselbe gilt für negative Affirmationen wie „ich kann nicht". Wenn solche Feststellungen gemacht werden, wird das Gehirn in ähnlicher Weise auf Erfahrungen zurückgreifen, die diese negativen Affirmationen bestärken und unterstützen. Deswegen passiert es, daß wir in gewohnte Muster zurückfallen, die uns dort halten, wo wir sind, anstatt die nächste Ebene zu erreichen.

Die Alternative ist, Ihre gewünschten Ergebnisse im Geiste zu proben – das, was Sie wollen, und nicht das, was Ihnen den Weg verbaut. In diesem Sinne schreibt Dr. Charles Garfiel in seinem Buch *Peak Performers: The New Heroes of American Business*, daß Spitzenleute „eine hoch entwickelte Fähigkeit aufweisen, sich Bilder von erfolgreichen Maßnahmen im Geiste einzuprägen. Sie üben im Geiste bestimmte Fertigkeiten und Verhaltensweisen, die zu bestimmten Ergebnissen und Leistungen führen, die sie letztendlich dann erreichen". (S. 146)

Ob wir eine positive oder negative Einstellung zu unseren Ergebnissen haben, unser Gehirn versorgt uns mit Filtern und Strategien, die die Informationen, die dazu passen, einlassen und die Informationen, die nicht kongruent sind, ausschließen.

Um uns im Einklang mit uns selbst zu halten, gebrauchen wir selektive Wahrnehmungsfilter. Die drei
Hauptfilter sind: selektive Wahrnehmung, bei der wir
dazu neigen, das zu sehen, was wir erwarten; selektive Erinnerung, bei der wir dazu tendieren, uns an das
zu erinnern, was unseren Neigungen entspricht; selektive Öffnung, bei der wir uns entscheiden, welchen
Situationen wir uns aussetzen wollen.

Vor Jahren wohnte ich in einer Stadt, die – so glaubte
ich – die schlechtesten Autofahrer von ganz Amerika
hatte. Sie fuhren Stoßstange an Stoßstange und blink-
ten so unregelmäßig, daß ich zu glauben anfing, Blin-
ker gehörten zur zusätzlichen Ausstattung eines Neu-
wagens. Können Sie die Vorurteile heraushören, die
ich gegen diese Stadt hegte? Tatsächlich waren die
Menschen sehr freundlich und angenehm, aber durch
meine selektive Wahrnehmung war der Straßenverkehr fürchterlich. Wenn ich also auf einer Hauptver-
kehrsader fuhr, neigte ich dazu, nur die schlechten
Fahrer wahrzunehmen. Wenn mich jemand schnitt und
dann im Schleichtempo vor mir herfuhr, schrie ich:
„Siehst du, so fahren sie *alle*." Dabei war ich natürlich
allen guten Fahrern gegenüber an diesem Tag blind
gewesen.

Um mein Glaubenssystem zu bestätigen, erinnerte ich
mich jeweils an einen Fahrer in der letzten Woche, der
dies gemacht hatte, und an einen Fahrer im letzten
Monat, der jenes gemacht hatte, und so ging ich
buchstäblich Jahre zurück in die Vergangenheit. Das
nennt man selektive Erinnerung.

Der dritte Filter, die selektive Öffnung, hat mehr mit fol-
gendem Wortspiel zu tun: „Ich habe so viel über die
Gefahren des Rauchens und Trinkens gelesen, daß

ich mich endlich entschlossen habe, ganz mit dem Lesen aufzuhören." Im allgemeinen versuchen wir uns eben nur solchen Situationen auszusetzen, die unseren grundsätzlichen Neigungen entsprechen. Durch den Gebrauch dieser Filter definieren wir unsere Umwelt und uns selbst. Wir nähern uns Herausforderungen und Hindernissen mit unserer völlig intakten Wahrnehmung und passen unbewußt unsere Verhaltensweisen so an, daß wir im gewohnten Sinne diszipliniert bleiben. Wenn Sie z.B. zufällig Golf spielen, gab es vielleicht einmal einen Tag, an dem Sie bei den ersten neun Löchern besonders gute Schläge erzielten. Vielleicht sagten sie am zehnten Loch zu sich: „Mensch, ich spiele ja weit über meine Grenzen. Das kenne ich gar nicht von mir." Wenn das passiert ist, hat Ihr Glaubenssystem sich wahrscheinlich wieder eingeschaltet, und es ist anzunehmen, daß bei den nächsten neun Löchern Ihr Spiel anfängt auseinanderzufallen, als ob das Gesetz der Durchschnittlichkeit Sie plötzlich verhaftet und unter Anklage gestellt hätte, weil Sie sich als Profi-Golfspieler ausgegeben haben.

Selbstgespräche wie „Das kenne ich gar nicht von mir" und „Ich spiele weit über meine Grenzen" sind ein bedeutender Faktor, wenn eine Vorwärtsbewegung gestoppt oder verlangsamt wird. Wollen wir nun einmal annehmen, Sie hätten bei den ersten neun Löchern auf demselben Golfplatz fürchterliche Schläge gehabt. An diesem Punkt haben Sie die Wahl. Sie können sagen: „Das kenne ich gar nicht von mir." Wenn Ihr Glaubenssystem Ihnen das abnimmt, dann werden Sie normalerweise Ihre Punkte bei den nächsten neun verbessern. Oder Ihr Wahrnehmungsfilter sagt vielleicht ganz einfach: „Oh je, ich habe heute wieder einen schlechten Tag. Wenn ich die ersten neun schon so verpatze, kann ich Gift darauf nehmen,

daß es bei den restlichen genauso danebengeht."
Wenn das Ihrem Glaubenssystem entspricht, dann
werden Sie aller Wahrscheinlichkeit nach weiter das
Spiel verpatzen.

Diese Reaktion wird von einem Programm in unserem
Kopf ausgelöst, das uns sagt, wie die „Realität" auszusehen hat. Wenn uns irgend etwas warnt, unsere Realität sei vom Weg abgekommen, dann fängt unser Un-
terbewußtsein sofort an zu arbeiten, um die Dinge wieder in den Griff zu bekommen.

Wenn Sie zufällig ein Tennisspieler sind, erlebten Sie
vielleicht schon einmal folgende Situation: Angenommen, Sie spielen gegen jemanden, der viel besser ist
als Sie. Aber im ersten Satz spielen Sie in Ihrer
Höchstform, so daß Sie 6:2 gewinnen. Dann plötzlich
am Anfang des zweiten Satzes sagen Sie zu sich
selbst: „Mensch, ich spiele ja weit über meine Grenzen, das kenne ich gar nicht von mir." Der Spieler, der
besser ist als Sie, denkt vielleicht Ähnliches: „Ich weiß
nicht, was gerade los ist, aber das kenne ich gar nicht
von mir. Ich muß zu meinem Spiel zurückfinden."
Wenn in Ihren Köpfen wirklich diese Gedanken vor-
herrschen, dann ist das Ergebnis der nächsten Sätze
vorhersehbar. Sie werden beide der Richtung ihres
Glaubenssystems folgen. Ihre Wahrnehmungsfilter
werden ihre Welt völlig intakt und sie selbst an Ihrem
„angemessenen" Platz halten.

Dies wollen wir jetzt auf die Geschäftswelt übertragen.
Eine übliche Blockade, auf die wir gestoßen sind,
wenn wir Selbständige im Verkauf beobachten, ist der
Widerwille, sich aufzuraffen und bei größeren Firmen
vorzusprechen. Wir finden z.B. in der Werbebranche
viele qualifizierte, ideenreiche Verkäufer, die die

Gewohnheit entwickelt haben, ihre Werbeideen und -artikel an Familienbetriebe zu verkaufen anstatt an größere Unternehmen, die offensichtlich in der Lage wären, viel mehr zu kaufen.

Wenn man sie nach dem Grund fragt, antworten diese Verkäufer oft, daß sie sich „noch nicht sicher genug" fühlten, an größere Firmen zu verkaufen. Das ist ein weit verbreitetes Das-kenne-ich-gar-nicht-von-mir-Muster, das auf begrenzter Selbstwahrnehmung und ständig wiederholten Selbstgesprächen beruht, anstatt auf ergebnisorientierter Logik.

Zum Beispiel: An wen kann man leichter verkaufen, an jemanden, der kein Geld zum Ausgeben hat oder an jemanden, der das Geld zum Ausgeben hat? Richtig – an jemanden, der das Geld zum Ausgeben hat. Zweitens: An wen kann man leichter verkaufen, an jemanden, der das hartverdiente Geld eines anderen ausgibt oder an jemanden, der sein eigenes ausgibt? Wieder richtig – an jemanden, der das hartverdiente Geld eines anderen ausgibt. Welches davon ist der Familienbetrieb und welches das größere Unternehmen?

Der Zweck dieses gesamten *Mehr-als-nur-Verkaufen*-Programmes ist zu lernen, Ihre Wahrnehmungen, Verarbeitungsprozesse, Handlungen und Gewohnheiten so zu gestalten, *daß Sie durch konzentrierte, in sich schlüssige, überzeugende Kommunikation in Ihrem geschäftlichen und privaten Bereich ein Optimum an Erfolg erreichen.*

Wenn Sie sich angewöhnen, das Muster zu lernen, es anzuwenden, es zu üben und dann den Kreis zu schließen, indem Sie zurückgehen, um nochmals zu lernen, nochmals anzuwenden und nochmals alles zu üben, dann werden Sie mit Hilfe dieser Methoden sowohl Ihre Freude am Verkaufen als auch Ihren finanziellen Erfolg steigern. Sie werden auch bemerken, daß Sie diese Konzepte in Ihrem Privatleben anwenden, in Ihrer Beziehung zu Ihrer Familie und zu Ihren Freunden.

Sie werden bemerken, daß wir einen Systemansatz vertreten, der alle Bereiche Ihres privaten und geschäftlichen Lebens umfaßt. Deshalb nehmen persönliche Wertvorstellungen und Integrität einen so wichtigen Platz in diesem Programm ein.

Im nächsten Abschnitt werden wir Sie in einige grundlegende Konzepte einführen. Danach werden wir ein *leicht zu benutzendes, leicht zu merkendes* System entwickeln, wie Sie an Verkaufssituationen herangehen können. Wir werden jeden Schritt detailliert darstellen und werden alles zusammen am Ende zu einem Paket verschnüren. Das Abenteuer hat bereits begonnen. Lassen Sie uns vorwärts gehen.

Fragen und Antworten zum ersten Kapitel

Frage: *Haben die Ideen, die Sie hier präsentieren, eine theoretische Grundlage?*

Antwort: Was hier präsentiert wird, hat eine theoretische und eine praktische Grundlage. Die Theorien basieren größtenteils auf Studien zur Einflußnahme und Überzeugung aus den Bereichen Soziologie und Psychologie sowie auf einem relativ neuen Zweig der angewandten Psychologie, dem Neuro-Linguistischen

Programmieren (NLP), das gemeinsam von Richard Bandler und John Grinder entwickelt wurde. Der praktische Teil basiert sowohl auf persönlicher Erfahrung im Verkauf und Verkaufsmanagement als auch auf Seminaren zu den Themen „Verbesserung der Beratung und des Verkaufs" mit Tausenden von Menschen in nationalen und internationalen Gruppen.

Frage: *Soll dieses Programm das ersetzen, was wir bisher gemacht haben?*

Antwort: Nein. Es soll Ihre Leistung verbessern und klären, welche von den Dingen, die Sie bereits tun, in Ihrem Interesse sind und welche nicht. Wenn Sie nicht gerade mit harten Verkaufs- und Zwangsmanipulationen arbeiten, werden Sie sehen, daß das, was Sie hier kennenlernen, nicht nur ziemlich gut zu dem paßt, was Sie bereits wissen und machen, sondern es wird Ihnen neue Dimensionen öffnen und herausfinden helfen, wie gut Sie es machen. Wir bezwecken hier, mit gewissen Einsichten, Vorgängen und Beispielen auf dem aufzubauen, was Sie bereits gut machen.

Frage: *Muß man an die funktionellen Vorstellungen glauben, damit Ihr Programm funktioniert?*

Antwort: Nein. Deswegen nennen wir sie ja Vorstellungen und nicht Gesetze. Glauben Sie nur an das, was Sie möchten, und benützen Sie nur das, was zu Ihnen, Ihren Bedürfnissen und Ihrer spezifischen Situation paßt. Wenn das, woran Sie glauben und das was Sie tun, Ihnen gute Dienste leistet, dann bleiben Sie unbedingt dabei. Wenn es das nicht tut, dann wollen Sie sich vielleicht andere angemessene Schritte überlegen.

Unserer Erfahrung nach glauben die Spitzenleute, denen wir in den letzten Jahren begegnet sind, an alle
oder an die meisten der sieben funktionellen Vorstellungen. Natürlich ist das Glauben an die funktionellen
Vorstellungen ein guter Start, aber es ist nicht zwin-
gend erforderlich, um den Verkaufserfolg sicherzustellen. Das hängt mehr von den Schritten ab, die Sie unternehmen und um die es in den folgenden Kapiteln
geht.

Zweites Kapitel

Den Kontakt zum Kunden aufbauen

Kontakt bildet die Grundlage für das Einflußnehmen auf den Kunden. Sie würden auch nicht erwägen, ein großes Gebäude zu errichten, ohne zuerst ein festes Fundament zu legen, oder? Dasselbe gilt für die Kontaktaufnahme. Alles, was Sie in den Bereichen Verkauf und Einflußnahme unternehmen, hängt von Ihrer Fähigkeit ab, zuerst einen starken, beständigen Kontakt mit Ausrichtung auf Ihr gewünschtes Ziel hin herzustellen.

Der Grad an Kontakt, den Sie mit einem potentiellen Käufer aufbauen, wird von Ihrer Fähigkeit bestimmt, sich dem möglichen Kunden anzugleichen. Angleichen bedeutet, mit ihm auf möglichst vielen Ebenen in einen Rhythmus zu kommen und in die Ebbe und Flut seiner Gedanken, Handlungen und Verarbeitungsprozesse einzutauchen.

Wenn Sie auf diesen potentiellen Käufer in der Weise eingehen, daß Sie ungefähr so sprechen, so sitzen, sich so bewegen wie er oder sie; wenn Sie in ähnlichem Rhythmus atmen und die gleichen Wertvorstellungen zu haben scheinen, dann gleichen Sie sich ihm an und bauen damit das Fundament für Ihren Kontakt.

Vor vielen Jahren dachte man, daß Kontakt aufgrund einer Art Anziehungskraft entsteht. Einige nannten es animalischen Magnetismus und glaubten, daß bestimmte Menschen andere durch mystische oder hypnotische Kräfte an sich binden können.

Wie bei vielen alten Konzepten ist darin ein Funken Wahrheit enthalten, aber es handelt sich nicht um Magnetismus. Es handelt sich um ein unbewußtes oder bewußtes Angleichen, d. h. Verhaltens- und Denkmuster werden in Übereinstimmung gebracht

Da das Angleichen der erste Schritt zur Kontaktaufnahme und guter Kontakt der Schlüssel zu den höchsten Ebenen zwischenmenschlicher Einflußnahme ist, wollen wir bestimmte Formen des Angleichens untersuchen.

Erinnern Sie sich an Ihre allererste Tanzstunde? Vielleicht waren Sie damals noch Schüler. Ihr Tanzlehrer sagte Ihnen wahrscheinlich, daß die Jungen führen und die Mädchen sich führen lassen. Das war die Regel, die wir lernten. Die Männer führen und die Frauen lassen sich führen. Für mich persönlich heißt das, ich führe und meine Frau läßt sich führen. Ich habe jedoch mit den Jahren bemerkt, daß jedes Mal, wenn meine Frau in der Nähe eines anderen Paares tanzen möchte, wir schließlich auch in deren Umgebung tanzen. Wenn sie der schönen Aussicht oder des Luftzuges wegen beim Fenster tanzen möchte, endet es immer damit, daß wir schließlich dort tanzen. Und doch bin ich derjenige, der führt! Wie kann das sein? Meine Frau ist nicht stark genug, um mich mit physischer Kraft in die Ecke zu schieben, in der unsere Freunde stehen oder tanzen. Es wäre weder ihr Stil noch in ihrem Interesse, zu mir zu sagen: „Hör zu, Schwachkopf, entweder du bewegst dich dort hinüber und tanzt mit mir, wohin ich will, oder ich gehe."

Was also macht sie? Sie gleicht sich meinem Rhythmus an. Wenn sie einmal in meinem Rhythmus ist, kann sie mich langsam und unauffällig, jedoch bestimmt überall hinführen. Nicht nur, daß ich mir dessen nicht bewußt bin, ich genieße es sogar, geführt zu werden.

Dasselbe geschieht auch beim Verkauf. Wir nehmen den Rhythmus des Kunden an, wir *tanzen* mit ihm.

Wir benutzen eben nicht die traditionellen Bedrängungsmethoden, die Widerstand oder Fluchtreaktionen auslösen. Wir üben keinen Druck oder Zwang aus, schüchtern den Kunden nicht ein und täuschen ihn nicht, um Zustimmung zu erreichen. Diese Techniken sind passé. Wir ziehen uns auch nicht ängstlich zurück und sagen: „Wenn Sie nicht mitspielen, werde ich einfach an einen anderen verkaufen." Nein, es gibt eine Alternative. Sie heißt Angleichen – kommen Sie in den Rhythmus des Kunden. Und wenn Sie einmal in diesem Rhythmus sind, führen Sie den Kunden.

Studien haben gezeigt, daß der wesentliche Unterschied zwischen den äußerst erfolgreichen Verkäufern und den mittelmäßigen Verkäufern darin liegt, daß die mittelmäßigen Verkäufer nur einen schwachen Kontakt herstellen und dann gleich zu den Strategien des Einflußnehmens übergehen.

Im Gegensatz dazu stellen die erfolgreichen Verkäufer zuerst eine starke Kontaktgrundlage auf mehreren Ebenen her und wenden dann erst die Strategien des Einflußnehmens an. Das bedeutet jedoch nicht, daß Sie sehr viel Zeit aufwenden müssen, den Kontakt aufzubauen – das kann in weniger als drei Minuten geschehen. In Kontakt sein heißt, sich auf mehreren

Ebenen anzugleichen. Viele Geschäfte mit möglichen Kunden kommen deshalb nicht zustande, weil die Verkäufer beim Verkaufsgespräch von den eigenen Mustern ausgehen, anstatt von den Mustern des potentiellen Käufers. Es ist eben wichtig zu wissen, wie man sich angleicht und wie man wirksam die Muster des potentiellen Käufers spiegelt.

Das emotionale Angleichen

Beim emotionalen Angleichen versuchen wir den Kunden dort abzuholen, wo er oder sie emotional gerade ist. Meistens verhalten sich die Leute ziemlich neutral oder geschäftsmäßig. Um sie in ihren emotionalen Mustern abholen zu können, müssen wir also ihr geschäftsmäßiges Verhalten widerspiegeln. Wenn sie formell mit uns sprechen, müssen wir formell antworten.

Manchmal treffen wir auf einen Kunden, der offensichtlich niedergeschlagen ist. Sicherlich waren auch Sie schon einmal deprimiert, enttäuscht oder frustriert. Welche Ursache es auch hatte, Sie waren eben niedergeschlagen. Nehmen wir an, in einem solchen Moment spricht ein Vertriebsmitarbeiter bei Ihnen vor. Nehmen wir weiter an, daß dieser Vertriebsmitarbeiter vor guter Laune sprüht und voller Energie ist: „Hallo, Wie geht es Ihnen? Schön, Sie zu sehen. Ist das nicht ein schöner Tag heute? Menschenskind, Sie sehen aber niedergeschlagen aus! Was ist los? Kopf hoch! Die Sonne scheint und die Vögel zwitschern."

Was würden Sie dem Vertriebsmitarbeiter gegenüber empfinden? Sie würden ihn ja wohl am liebsten aus

Ihrem Büro werfen, wenn nicht noch Schlimmeres mit ihm machen. Die alten burschikos-hemdsärmeligen Formen des Geschäftemachens sind vorbei. Auf der Skala der Wirksamkeit befinden Sie sich mit einem solchen Geschäftsgebaren zwischen „wirkungslos" und „destruktiv".

Sicherlich wollen Sie unterhaltsam sein, aber seien Sie nicht so unterhaltsam, daß Sie ein Tänzchen wagen und Ihr Partner stolpert hinter Ihnen her.

Hier ist ein weiteres Beispiel: Angenommen, Sie sind vergnügt, frohgemut, fröhlich, freundlich. Alles läuft gut und Sie sind in Hochstimmung. Sie fühlen sich zum Bersten vor Tatendrang, und herein kommt ein Vertriebsmitarbeiter, der einen schlechten Tag hat. Er wirkt bedrückt und spricht vielleicht von Dingen, die Sie hören wollen, aber mit dem Unterton: „Ich bin müde und nur noch oberflächlich bei der Sache." In einem solchen Fall haben Sie wahrscheinlich das Gefühl, der andere zieht Sie herunter, indem er negative Gewichte an Ihre Hochstimmung hängt. Sie wollen den Verkäufer so schnell wie möglich loswerden, um wieder in Ihren positiven Gefühlen schwelgen zu können.

Wenn ein Freund, ein Kunde, der Lebensgefährte oder ein Familienmitglied emotional niedergeschlagen ist, sollten Sie das respektieren. Ehrlich gesagt haben Sie kaum eine andere Wahl, als dies zu respektieren, wenn Sie den anderen darin unterstützen wollen, aus dieser Stimmung wieder herauszukommen. Auf der ersten Ebene des Angleichens deuten Sie damit an: „Ich erkenne dich an." Auf einer weiteren Ebene vermitteln Sie dem anderen: „Ich verstehe dich", und darüber hinaus: „Ich akzeptiere dich." Daraus entwickelt sich eine Andeutung von: „Ich mag dich", „ich respektiere dich", „ich vertraue dir". Die höchste Stufe beim Angleichen – vorausgesetzt die anderen Ebenen wurden hergestellt – ist: „Ich bin wie du. Wir sind uns ähnlich."

Matthew Matlock, einer unserer Freunde und Klienten, erzählt gerne die Lieblingsgeschichte seines verstorbenen Vaters, die das verdeutlicht. Sein Vater war ein Superstar im Verkaufen. In den schlimmsten Zeiten der Rezession verdiente er mehr als tausend Dollar pro Woche, während andere zwanzig Dollar pro Woche als angemessen empfanden.

Er verkaufte Ausrüstungen für Ölbohrungen und sprach eines Tages unangemeldet bei einem mürrischen Mann vor, der dafür bekannt war, daß er mit jedem Handelsvertreter, der ins Haus kam, ausgesprochen hart umging. Als Matthews Vater das Büro betrat, schaute der Ölbohrer auf und herrschte ihn an: „Nun, was zum Teufel kann ich für Sie tun?"

Ohne zu zögern knurrte Matlock zurück: „Sie können verdammt noch mal nichts für mich tun; ich bin hergekommen, um etwas für Sie zu tun." Er verließ das Haus an diesem Tag mit einer großen Bestellung und hatte Kontakt zu einem Mann hergestellt, mit dem ihn bis zu seinem Tod über Jahrzehnte hinweg gute geschäftliche Beziehungen und eine enge Freundschaft verbanden.

Achten Sie einmal auf folgende Hinweise, wenn Sie mit einem Kunden sprechen. Sagt er zu Ihnen: „Wissen Sie, Sie und ich sind uns in vielem ähnlich", dann haben Sie eines der größten Komplimente erhalten in Bezug auf Ihre Fähigkeit, Kontakt aufzubauen. Je besser Sie das Angleichen beherrschen, desto öfter werden Sie Menschen sagen hören: „Ja, Sie und ich denken ähnlich darüber", „Wir sind uns sehr ähnlich darin", oder „Sie verstehen meine Gefühle", was wiederum zur Folge hat, daß sich Ihre Geschäftsbeziehungen verbessern und Sie beide mehr Erfolg haben werden.

Stellen Sie sich folgende Szene vor: Sie besuchen einen Kunden. Dieser Kunde ist ärgerlich, gereizt und aufgebracht und empfängt Sie mit den folgenden Worten: „Oh nein! Sie sind es schon wieder! Heute geht alles schief!"

In diesem Fall sollten Sie sich ihm in Tonfall und Sprechtempo angleichen und etwa sagen: „Was um alles in der Welt ist denn geschehen?" Das Wichtige beim emotionalen Angleichen ist, den anderen mit der Emotion anzunehmen, die er in diesem Moment zeigt. Wenn es sich um Frustration, Gereiztheit oder Ärger handelt, dann erleben Sie diese Stimmungen *mit* ihm und ärgern Sie sich *nicht über* ihn. Das ist ein wichtiger Schlüssel. Ihre emotionale Angleichung an die Frustration oder den Ärger muß der Situation gelten und darf sich nicht gegen die Person richten. Vielleicht möchte der andere zu diesem Zeitpunkt noch etwas mehr loswerden, und Sie können ihm dann angemessen beipflichten.

Wenn Sie auf emotionaler Ebene Kontakt hergestellt haben, werden Sie überrascht sein, wie oft Ihnen Menschen Informationen und Einsichten mitteilen, die sie sonst zurückgehalten hätten.

Ich wollte z.B. vor kurzem mit meiner Frau nach Nassau fliegen. Als wir an Bord gingen, war eine der Stewardessen ganz offensichtlich aufgewühlt und nervös.

Ich nahm an, der Grund sei vielleicht die Stornierung eines vorhergegangenen Fluges, und sie fürchtete nun den Ansturm gereizter Passagiere auf den jetzt überbuchten Flug.

Nachdem wir unsere Sitze in der ersten Klasse eingenommen hatten, waren noch ein paar Minuten Zeit, um sich zu unterhalten. Also glich ich mich ihr emotional an und bemerkte: „Es scheint so, als ob wir bald eine Flugzeugladung voller verärgerter Passagiere an Bord haben werden."

„Ja", seufzte die Stewardeß, „heute kommt alles zusammen."

„Was ist denn passiert?" fragte ich sie freundlich.

Daraufhin erzählte sie die Geschichte dieses unerfreulichen Tages und schloß mit der Information: „Und um das Maß voll zu machen, sind zwei Motoren dieses Flugzeuges heute eingebaut und noch nicht einmal fluggetestet worden! Das ist illegal, verstehen Sie?"

Meine Frau und ich konnten es kaum fassen, daß sie ihren Arbeitsplatz riskierte, um uns das zu erzählen. Einige Minuten später, als die Fluglinie nochmals dringend die Passagiere bat, auf ihre Plätze zu verzichten und einen Gutschein für eine spätere Maschine zu akzeptieren, verabschiedeten sich meine Frau und ich schnell von unserer neuen Bekannten, gaben unsere Tickets zurück und nahmen das *nächste* Flugzeug nach Nassau.

Vielleicht haben Sie schon einmal ein Stammtischgespräch mitbekommen, bei dem dieser Vorgang des emotionalen Angleichens durchgespielt wurde.

Jemand, der mit Vergnügen „Ist es nicht schlimm…"
spielt, beginnt mit einer Beschwerde über die Regierung. Daraufhin stimmt der nächste ein und murrt über
eine weitere Unzulänglichkeit der Regierung. Während
sich beide gegenseitig bedauern, sind sie in einem
nahezu vollkommenen emotionalen Gleichklang. Und
wenn ihr Ziel ist, einfach die Zeit totzuschlagen und
Spaß daran zu haben, sich über die Regierung zu be-
schweren, dann werden beide ihr Ziel mit Erfolg erreichen. Wenn nun Ihr persönliches Ziel ist, mit den beiden über Verkauf zu sprechen, dann wird die beste
Strategie sein, die beiden dort abzuholen, wo sie
emotional sind, um dann eine Überbrückungstaktik zu
benutzen, indem Sie z.B. dieses Gespräch mit dem
Verkaufsgespräch koppeln.

Sich nicht dem anderen anzugleichen bedeutet, nicht
genug in Kontakt zu sein, um die emotionale Richtung
zu bestimmen. Direkte Abweisung oder Widerspruch
zwingen den Kunden, entweder seine Gefühle zu verteidigen oder Ihre Vorschläge zurückzuweisen.

Versuchen Sie einmal folgendes: Falten Sie Ihre
Hände vor dem Körper und drücken Sie mit Ihrer rechten Hand gegen Ihre Linke. Verstärken Sie den Druck
jetzt ein wenig und drücken Sie noch fester. Drücken
Sie mit Ihrer rechten Hand noch etwas stärker, und
jetzt noch stärker. Was macht Ihre linke Hand? Richtig,
sie drückt zurück. Das ist das Wesen menschlicher Interaktion, und um so wichtiger ist die Kraft des Angleichens.

Anstatt zu drücken und den anderen zu zwingen, sich
zu wehren (und damit ein Messen der Willensstärke
hervorzurufen), müssen wir uns dem anderen angleichen und mit fließender Leichtigkeit und nicht mit

brutaler Kraft die Energie sinnvoll in Richtung unseres Zieles lenken.

Um ein Beispiel zu geben: Vor kurzem besuchte unser Freund John einen besonders erfolgreichen Gastrono-men. Als John eintrat, war dieser aufgebracht und ge-reizt. „Ich habe im Moment nur Personalprobleme im Kopf. Sie können von mir nicht erwarten, daß ich jetzt eine Entscheidung bezüglich der neuen Biersorte treffe!" fuhr er ihn an.

„Oh!" sagte John, „Sie haben auch Schwierigkeiten mit dem Personal? Wir mußten drei Auslieferer in die-sem Monat entlassen, weil sie einfach nicht zur Arbeit erschienen sind." Das führte zu einem etwa fünfminüti-gen Gedankenaustausch darüber, „wie schwierig es heutzutage ist, gute Kräfte zu bekommen".

Als der emotionale Kontakt gefestigt war, mußte John nur noch erwähnen: „Ich sehe, daß Sie heute viel um die Ohren haben. Ich lasse Ihnen einfach ein halbes Dutzend Kästen Bier probeweise da und wir sehen uns nächste Woche wieder, um weiteres zu bespre-chen." Das führte dazu, daß im Laufe des Monats Johns importiertes Bier dort eingeführt wurde.

Das emotionale Angleichen läßt Sie mit dieser Strate-gie in die Realität anderer eintreten – in die Welt Ihres Kunden oder Ihrer Kundin – und läßt Sie Dinge aus deren Perspektive sehen, fühlen und hören. Das wie-derum wird Ihnen dabei helfen, Ihren Verkaufsansatz besser mit den Bedürfnissen und Vorstellungen des Kunden in Einklang zu bringen. Folglich wird der Kunde auch eher bereit sein, Ihre Realität zu akzeptie-ren.

Das Angleichen über Einverständnis

Lassen Sie uns das Angleichen über Einverständnis mit einem alten Konzept in Zusammenhang bringen, das nach der Treffer-oder-Fehlschlag-Methode funktionierte. Sie erinnern sich vielleicht an den Verkaufsspruch: „Bringen Sie den Kunden dazu, ‚ja, ja' zu sagen." Nun gut, wenn der Kunde bei *bestimmten* Themen sagt: „Ja, ja, einverstanden, ich verstehe, ich habe das auch schon erlebt", dann hat das System funktioniert. Aber wenn die Themen in dieser Verkaufssituation nicht relevant sind, dann erzielen Sie *keine* positiven Ergebnisse.

Wenn Sie z.B. sagen: „Herr Braun, ich sehe, Sie tragen heute einen blauen Anzug, und ich sehe, Sie haben eine Krawattennadel angesteckt, und Sie tragen neue Schuhe usw., „kaufen Sie deshalb bitteschön mein Produkt", dann führt dieses Vorgehen höchstwahrscheinlich nirgendwo hin.

Unsere Erfahrung hat gezeigt: Wenn Sie Menschen nacheinander sieben relevante Dinge sagen, die sie kennen oder an die sie glauben, dann akzeptieren sie den achten Punkt, den Sie ihnen vorstellen, meistens ungeprüft. Das ist wert, wiederholt zu werden.

Wenn Sie im Verlaufe Ihres Geschäftsgespräches Ihrem Geschäftspartner *sieben relevante* Dinge sagen, die er *kennt oder an die er glaubt*, dann wird er den *achten* Punkt, den Sie anführen, *meistens akzeptieren, ohne weitere Fragen zu stellen*. Das ist die Kraft des Angleichens über Einverständnis. Aber ein solches Angleichen muß ganz natürlich verlaufen und darf nicht gezwungen wirken. Das erfordert selbstverständlich einen gewissen Grad an Vertrautheit mit dem

anderen, um zu wissen, was er kennt und an was er
glaubt. Glücklicherweise liefern Ihnen die meisten
Menschen – sofern Sie ein aufmerksamer Zuhörer
sind – bereits beim ersten oder zweiten Treffen genügend Informationen über sich selbst, so daß Sie im
Geist deren Vorstellungen und Wünsche auflisten
können. Wenn Sie das machen, tun Sie mehr, als nur
Fakten zu sammeln. Achten Sie besonders auf In-
dizien ihrer persönlichen Lebensphilosophie bezüglich Wertvorstellungen, Kosten, Risikobereitschaft,
Glaube, Probleme, günstige Gelegenheiten und bezüglich der menschlichen Natur. Wenn wir später in
diesem Kapitel zum Angleichen über Wertvorstellungen und Anschauungen kommen, werden Sie die
Wichtigkeit dieses Vorgehens noch besser erkennen.

Ein Beispiel für das Angleichen über Einverständnis
wäre, in einem Laden auf ein Paar zuzugehen, das
sich gerade Stereoanlagen anschaut, und zu sagen:
„Ich sehe, Sie schauen sich unsere Stereoanlagen an"
und auf eine Antwort zu warten. Wenn Sie in die Realität dieses Paares eintreten, werden die beiden sicherlich nicht antworten: „Nein, wir schauen uns nicht Ihre
Stereoanlagen an." Aber auf Ihre voreilige Frage:
„Kann ich Ihnen helfen?" könnte das Paar leicht mit einem „Nein" antworten. Sie warten deshalb auf eine
Antwort, weil Sie dann wissen, wie Sie weiter vorgehen müssen. Wenn die beiden sagen: „Ja, wir
schauen uns nur um", dann sollten Sie sagen: „Gut."
Holen Sie sie dort ab, wo sie sind. Stimmen Sie ihnen
zu, indem Sie sagen: „Schauen Sie sich nur um und
lassen Sie mich bitte wissen, wenn ich Ihnen irgendwie behilflich sein kann." Dann ziehen Sie sich zurück.
Bleiben Sie aber unbedingt in Reichweite und halten
Sie Augenkontakt, damit Sie sofort zu ihnen zurückgehen können, falls Interesse signalisiert wird.

Wenn die Interessenten kein Signal geben, dann gehen Sie wieder auf sie zu und sagen: „Ich sehe, Sie schauen sich noch um. Kennen Sie den Klang unserer Anlagen?" Oder: „Wie sind diese Anlagen im Vergleich zu denen, die Sie sich bereits angeschaut haben?" Egal, welche Richtung Sie einschlagen, Sie werden sehen, daß Sie Aufschluß über deren Erfahrungen, Gedanken und Meinung bekommen werden. Es ist auch besser, als sich eine Abweisung mit der Frage „Kann ich Ihnen behilflich sein?" einzuhandeln, da die Antwort darauf meistens „Nein" lauten wird, es sei denn, die Kunden sind wirklich bereit, eine Kaufentscheidung zu treffen.

Beachten Sie, daß wir davon sprechen, wie es Ihrem Verkaufsergebnis und Ihrer Einflußnahme nützt, wenn Sie die Strategie der Angleichung über Einverständnis oder Gefühl einsetzen. Kontakt ist immer abhängig vom Kontext. Sie können in manchen Situationen Kontakt herstellen, in anderen nicht. Lassen Sie uns als Beispiel das emotionale Angleichen und das Angleichen über Einverständnis miteinander verbinden. Stellen Sie sich vor, Sie sind bei einer Sportveranstaltung und feuern Ihre Lieblingsmannschaft an. Die Leute, die neben Ihnen sitzen, unterscheiden sich gänzlich von Ihnen. Sie sind anders angezogen, sie sprechen anders, sie gehören einer anderen sozialen Schicht an. Und doch beobachten sie dasselbe Spiel und jubeln denselben Abläufen, Spielvorgängen und -zügen zu wie Sie. Obwohl diese Leute vollkommen anders sind als Sie, haben Sie zu ihnen während dieser Sportveranstaltung Kontakt, außer sie würden eine Ihrer wichtigsten Wertvorstellungen angreifen. Das heißt aber noch nicht, daß Sie sich einfach zu ihnen umdrehen und Versicherungen verkaufen können.

Gleich und gleich gesellt sich gern. Wir mögen Menschen, die so sind wie wir. Wir identifizieren uns mit ihnen. Wir fahren die gleiche Automarke, wir gehören den gleichen Vereinen an, wir sehen uns die gleichen Fernsehprogramme an, wir mögen vielleicht die gleiche Musik. Wenn Menschen die gleichen Dinge wie wir mögen, ist das ein gutes Fundament für Kontakt. Aber in Kontakt zu sein ist mehr, als sich nur einfach zu mögen. Sie erinnern sich, daß Kontakt genauso Anerkennung des anderen, Verständnis, Akzeptanz, Zuneigung, Respekt und Vertrauen umfaßt.

Das Angleichen der Haltung

Das Angleichen der Haltung kann auch als Angleichen über die Körpersprache bezeichnet werden. Wenn Sie in der Öffentlichkeit immer wieder die verschiedenen Ebenen von Kontakt über die Körpersprache beobachten, werden Sie den Wert dieses speziellen Angleichungsstils wirklich schätzenlernen.

Stellen Sie sich zwei Freunde vor, die sich an einem kleinen Tisch im Restaurant gegenübersitzen und intensiv miteinander sprechen. Können Sie sich ihre Körperhaltung vorstellen? Sie halten Augenkontakt, sie nicken gleichzeitig, ihre Köpfe bewegen sich in ähnlicher Weise, ihre Schultern haben ungefähr den gleichen Winkel, und vielleicht haben sie auch ihre Beine auf ähnliche Weise übereinandergeschlagen.

Sie haben dies sicher schon einmal gesehen und wahrscheinlich auch wahrgenommen. Sie können dieses Angleichen der Haltung auch bei geschäftlichen Sitzungen beobachten. Sehr oft wird die Körpersprache des Vorsitzenden am Ende des Konferenztisches bewußt oder unbewußt von allen am Tisch nachgemacht. Die gefalteten Hände vor dem Bauch, während man auf das Eintreffen der letzten Mitarbeiter wartet, werden vielleicht in der ganzen Runde zu sehen sein. Der strenge Ausdruck, die aufrechte Körperhaltung, das Schauen von einer Seite zur anderen kann vielleicht bei all denen beobachtet werden, die sehr auf den Chef fixiert sind.

Beim Angleichen der Haltung geschieht vieles vom Kinn aufwärts. Wenn der Kunde Ihnen etwas erzählt und dabei die Augen zusammenkneift und die Augenbrauen runzelt, dann kneifen Sie Ihre Augen ebenso zusammen und runzeln die Brauen. Wenn eine Freundin Ihnen eine traurige Geschichte erzählt und dabei den Kopf schüttelt, dann ertappen Sie sich dabei, daß Sie als Reaktion ebenfalls Ihren Kopf schütteln; oder jemand lacht aus vollem Hals, und Sie hören sich selbst auch laut lachen. Wenn diese Person sich vor Lachen auf die Knie schlägt, dann können auch Sie sich lachend auf die Knie schlagen oder in die Hände klatschen. Das Angleichen der Haltung darf nicht eine Widerspiegelung des anderen sein, indem der eine ganz genau dasselbe macht wie der andere, nur in spiegelverkehrter Form. Und es sollte unbedingt vermieden werden, den anderen nachzuäffen. Es geht vielmehr darum, den anderen durch Übung so natürlich zu spiegeln (obwohl Sie es anfänglich bewußt machen), daß Sie sich mit ihm im körpersprachlichen Gleichklang befinden.

Das bedeutet nicht, daß Sie anfangen zu zucken, wenn er zuckt. Das bedeutet nicht, daß Sie sich auch am Kopf kratzen oder Ihren kleinen Finger ins Ohr stecken, um den anderen genau zu spiegeln, wenn

der andere die komische Gewohnheit hat, sich am
Kopf zu kratzen oder seinen kleinen Finger ins Ohr zu
stecken.

Aber es gibt etwas, das körpersprachlich ausgeführt
werden kann und wirkt, ohne daß sich der andere dessen bewußt ist. Man nennt es kreuzweises Spiegeln.
Angenommen, jemand hat die seltsame Angewohn-
heit, sich am Kopf zu kratzen, während er nachdenkt.
Statt nach oben zu fassen, um sich am Kopf zu kratzen, können Sie (wie unbewußt) nach unten fassen
und sich am Knie kratzen oder reiben. Der Schlüssel
ist, die Bewegung zufällig, aber nach ähnlichem Muster auszuführen. Wenn der Kunde die Gewohnheit
hat, seinen kleinen Finger ins Ohr zu stecken und ihn
dort hin- und herzubewegen, dann projizieren Sie ein
ähnliches Muster, indem Sie sich nach unten beugen
und an Ihrem Bein kratzen oder nach hinten fassen
und sich am Nacken kratzen und sich so dem Muster
des anderen anpassen. In einigen Situationen mag
das ziemlich komisch wirken, wenn Sie sich wie in einem Film kneifen und kratzen und sich bewegen sehen, aber Sie machen es ja auch nicht vollständig
nach. Es genügt, wenn Sie 50 % bis 80 % der Bewegungen auszuführen – vor allem was Gesichtsausdruck, Schulterhaltung und Kopfnicken betrifft.

In einem Sitzungsraum nehmen Verbündete oft eine
ganz ähnliche Haltung ein, während diejenigen, die
nicht zustimmen, in anderer Haltung dasitzen. Sie können durch diese ungezwungene Körpersprache feststellen, ob jemand aufmerksam zuhört und beispielsweise gleichzeitig mit dem Redner nickt. Diese Hinweise zeigen Ihnen, ob Zuhörer und Redner der gleichen Anschauung sind oder nicht.

Das hat jedoch nichts mit Gedankenlesen zu tun, es sind einfach Hinweise für ein gewisses Maß an Kontakt in diesem Moment. In einem Vakuum kann kein Kontakt entstehen. Es hängt mit dem Thema zusammen, das besprochen wird, ob Wertvorstellungen geteilt werden oder emotionale Übereinstimmung besteht.

Vor einiger Zeit hatte ich die Möglichkeit, ohne jede verbale Interaktion das Angleichen der Haltung und teilweise das emotionale Angleichen zu üben. Ich arbeitete für einen großen Kunststofffabrikanten und sollte seine Verkaufsmannschaft motivieren. Als Teil der Hintergrundarbeit begleitete ich als Beobachter die Vertriebsmitarbeiter bei ihrer Außendiensttätigkeit. Es war weder meine Absicht noch mein Ziel, in der Verkaufssituation irgendwelche hilfreiche oder schadende Bemerkungen beizusteuern. Ich war einfach zur Beobachtung dabei, um nachher meine Beurteilung zu geben und um die gewonnenen Erkenntnisse als motivierende und leistungsfördernde Schritte für die gesamte Verkaufsorganisation in das Training mit einzubauen.

An jenem Tag statteten der Vertriebsmitarbeiter und ich einem Kunststoffgießer, der sehr unzufrieden war, einen Schlichtungsbesuch ab. Aus seiner Sicht war der gelieferte Rohstoff nicht in Ordnung. Aus der Sicht des Kunststoffherstellers jedoch hatte er die technischen Instruktionen nicht richtig befolgt. Als wir in die Fabrik kamen, fanden wir einen aufgebrachten, feindseligen, mürrischen alten Individualisten vor, der das Gefühl hatte, geschädigt worden zu sein. Ich wurde als ein Geschäftsführer der Firma vorgestellt, der einfach dabei war, um den Vertriebsmitarbeiter an diesem Tag bei seiner Arbeit zu beobachten. Ich wurde

nicht als ein außenstehender Berater vorgestellt, so
daß ich aus der Perspektive des Gießers Teil der
Firma war, über die er sich so geärgert hatte.

Der Wortwechsel des Gießers mit dem Vertriebsmitarbeiter verlief sehr heftig. Er konfrontierte den Verkäufer
mit einer Flut von Forderungen, eiskalten Blicken und
schweren Seufzern. Ohne ein Wort von mir zu geben,
glich ich mich ihm an – und zwar immer, wenn er seine
Augenbrauen runzelte, mit den Zähnen knirschte und
den Vertriebsmitarbeiter mit Fragen bombardierte. Ich
spiegelte sein Verhalten wider. Wenn sich der Gießer
eine Antwort anhörte und sich mit verschränkten Armen zurücklehnte, entspannte ich mich ebenfalls in
dieser Position. Im Verlaufe des Gesprächs fing der
Gießer an, sich zu beruhigen. Er spannte seine Kinn-
lade weniger an und lächelte sogar ein- oder zweimal.
Als er sich wieder entspannte, tat ich es ebenfalls. Als
er lächelte, lächelte ich auch.

Wir haben uns die ganze Zeit, während wir das machten, nie direkt angesehen, aber der Rhythmus war ent-
schieden da. Ich wollte ihn nicht offensichtlich spiegeln, und er hat vielleicht nicht einmal bewußt gemerkt, daß ich es tat. Ich gab nicht im geringsten zu
erkennen, daß ich mich ihm emotional anglich und
seine Gesten spiegelte. Als wir uns nach ungefähr
fünfundvierzig Minuten von ihm verabschiedeten, war
er wieder in seine ursprüngliche mürrische Rolle des
Ekels zurückgefallen und sagte zu dem Vertriebsmitarbeiter: „Hören Sie, wenn Sie sich nicht an die Vereinbarung halten, die wir gerade getroffen haben, und
wenn Sie sich nicht innerhalb von zwei Wochen mit einer befriedigenden Antwort bei mir melden, werde ich
Ihnen das Fell abziehen, und Sie werden keinen Pfen-
nig mehr an mir verdienen." Dann drehte er sich zu mir

um und blinzelte mir wie zum Zeichen des Einverständnisses zu, als ob er sagen wollte: „Sie und ich wissen, wie das Spiel gespielt wird."

Durch nichts anderes als Kontaktaufnahme auf körpersprachlicher und zu einem gewissen Grad auch auf emotionaler Ebene hatten er und ich durch die Strategie des Angleichens eine Verbindung geknüpft. Das wurde durch sein Blinzeln am Schluß deutlich. Während er es dem Vertreter sehr schwer machte, wußten wir beide, wie das Ergebnis wirklich aussehen würde. Und ich war auf seiner Seite, obwohl ich als Mitglied des anderen Unternehmens vorgestellt worden war.

Sie sind vielleicht vertraut mit der Tatsache, daß in verschiedenen Teilen unseres Landes unterschiedliche Arten der körpersprachlichen Kontaktaufnahme üblich sind. Es gibt z.B. einige Gegenden in den Vereinigten Staaten, wo sich die Menschen nicht direkt in die Augen sehen, wenn sie miteinander sprechen. Ich befand mich im ländlichen Süden in Verkaufssituationen, in denen es schien, als ob wir uns nicht miteinander unterhielten, sondern während unserer Unterhaltung zu einem imaginären Punkt auf dem Boden sprächen. Hätte ich in jenen Situationen von diesem Punkt aufgeschaut und versucht, direkten Augenkontakt aufzunehmen, wäre der Kontakt abgebrochen. Es wäre eine Kommunikationsbarriere entstanden, die den Gesprächsfluß unterbrochen oder beeinträchtigt hätte.

Durch die Haltung in Kontakt zu sein ist sehr wichtig, ob Sie nun Augenkontakt aufnehmen, die Sitzhaltung oder gar die Atmung angleichen.

Die Atmung anzugleichen ist schwierig. Wenn jemand frustriert ist, äußert sich das oft durch lautes Seufzen.

Obgleich Sie wissen, daß ein Seufzer Ausdruck eines
Gefühles ist, wissen Sie nicht genau, wie groß das
Ausmaß der Frustration ist, ob es Ihnen gilt, der Verkaufssituation oder etwas anderem. Aber die Strategien der Kontaktaufnahme über die Atmung beinhalten, daß das Anheben der Brust und das Ein- und
Ausatmen bis zu einem gewissen Grad von Ihnen wiederholt werden sollte. „Ich fühle genauso wie Sie. Ich
verstehe Sie. Wir sind darin beide gleich", das ist die
Botschaft, die dabei ausgetauscht wird.

Haben Sie vielleicht schon einmal an Kursen über Körpersprache teilgenommen oder in Büchern gelesen,
was die einzelnen Haltungen bedeuten? Dann haben
Sie sich unnötig mit dem Versuch belastet, die Körpersprache zu interpretieren, als sei es eine normale
Sprache wie das Spanische, Französische oder Deutsche. Ehrlich gesagt, es ist keine Sprache wie das
Spanische, Französische oder Deutsche. Man kann
einen anderen Menschen nicht lesen wie ein Buch.
Man kann jedoch aufschlußreiche Hinweise erhalten.
Die Probleme entstehen dann, wenn wir versuchen zu
interpretieren. Zum Beispiel haben die meisten Leute
gehört, daß es ein Zeichen von Widerstand sei, wenn
jemand mit verschränkten Armen und Beinen vor ihnen sitzt.

Es *kann* ein Zeichen von Widerstand sein, es kann
aber auch bedeuten, daß demjenigen etwas kühl ist.
Es kann bedeuten, daß der Betreffende gerne seine
Arme verschränkt, weil sein Rücken dadurch gestreckt
wird. Vielleicht fühlt er sich an diesem Tag zu dick.
Manche Menschen neigen dazu, mit verschränkten Armen dazusitzen, wenn sie das Gefühl haben, ihr
Bauch drücke sich zu sehr heraus. Vielleicht fühlt er
sich nicht wohl in seiner Kleidung. Der springende

Punkt ist, *wir wissen nicht, was eine Körperhaltung genau bedeutet.* Alles, was wir wissen, ist das, was wir sehen können. Alles darüber hinaus ist ein Raten. Und wenn wir raten, sind wir in Gefahr, in eine falsche Richtung abzugleiten. Das Angleichen bewahrt uns vor einem solchen Abgleiten.

Wenn ein Kunde mit verschränkten Armen und Beinen vor Ihnen sitzt und mit Ihnen spricht, kann das tatsächlich Widerstand bedeuten. Und wenn dem so ist, dann wäre das Schlimmste, was Sie machen könnten, zu versuchen, diese Barriere zu durchbrechen, indem Sie sich nach vorne lehnen und noch unnachgiebiger, vehementer, enthusiastischer oder liebenswürdiger werden. Was würde er daraufhin machen? Er würde das machen, was Ihre linke Hand zu Beginn dieses Kapitels gemacht hat, nämlich noch mehr Widerstand leisten. Angenommen, die ursprüngliche Wahrnehmung von Widerstand war korrekt, dann wäre es die schlechteste Strategie, dem körpersprachlichen Kontakt ein Ende zu setzen, indem Sie vorwärts drängen, obwohl Ihr Gesprächspartner sich Ihnen verschließt. Er wird sich einfach noch mehr verschließen. Aber durch Angleichen und Spiegeln werden Sie sich ganz natürlich zurückziehen und Ihre Konzeption mit verschränkten Armen und gekreuzten Beinen besprechen, als ob auch Sie Schutz bräuchten bei so schnell nacheinander auf Sie zukommenden Herausforderungen. Der Kontakt über die Körpersprache läßt Ihren Kunden sich entspannen und weniger defensiv werden.

Angenommen, seine „verschlossene" Körpersprache beruht darauf, daß er manchmal gerne so dasitzt. Sie handeln wie zuvor. Durch Ihre Haltung nehmen Sie Kontakt mit ihm auf und stellen dadurch eine andere

Ebene der Identifikation her – Sie mögen es beide, in dieser Haltung zusammenzusitzen.

Angenommen, Ihr Klient fühlt sich unwohl wegen seines Aussehens, und er hat Angst, Sie säßen da und beurteilten ihn. Wieder setzen Sie sich in ähnlicher Weise hin wie er. Wahrscheinlich nicht bewußt, sondern unbewußt wird er dazu tendieren, sich etwas zu entspannen, da Sie in Ihrem nonverbalen Verhalten weder aggressiv noch urteilend sind. Sie haben etwas gemeinsam.

All diese Dinge wissen Sie bereits instinktiv. Wenn z.B. ein kleines Kind im Raum ist und Sie mit ihm Kontakt aufnehmen wollen, stellen Sie sich groß vor das Kind hin und schauen von oben herab oder beugen Sie sich hinunter, bis Sie mit dem Kind auf gleicher Höhe sind, und sprechen dann mit ihm? Wenn ein Säugling strampelt, gluckst und lacht und Sie wollen sich mit dem Kind daran freuen, ertappen Sie sich dann dabei, daß Sie Babysprache sprechen und lustige Grimassen schneiden? Natürlich machen Sie das. Sie holen das Kind dort ab, wo es ist.

Wenn ein Kleinkind weint, beugen Sie sich dann nicht zu ihm hinunter und machen ein trauriges Gesicht, während Sie Ihre Arme nach ihm ausstrecken? Natürlich machen Sie das.

Hier ist ein Beispiel dafür, wie weit der natürliche Hang, sich anzugleichen, gehen kann. In Indian Rocks Beach, Florida, gibt es eine kleine Kneipe mit dem Namen „P.J.'s", benannt nach einem farbenprächtigen Papagei, der in einem großen Käfig am Ende der Theke hockt. P.J. ist normalerweise ziemlich ruhig, aber wenn er spricht (wie man so sagt), hören die

Leute zu. Sie machen sogar mehr, als nur zuzuhören. Sie versuchen, P.J. dazu zu bringen, noch mehr zu reden. Wie? Sie haben es erraten! Es ist nichts Ungewöhnliches, einige Stammkunden dabei zu beobachten, daß sie wie P.J. krächzen und sprechen, um ihm noch mehr Papageiengeschwätz zu entlocken − und P.J. geht darauf ein.

Sie sehen, wenn wir mit einem Säugling, einem Kleinkind oder gar mit einem Papagei sprechen, verhalten wir uns instinktiv. Wenn wir aber mit Kunden umgehen, beginnen wir Spiele zu spielen. Wir fangen an, irreführende Spiele hinzuzufügen. Wir fangen an, die wirklichen Gefühle zu verstecken und die Realität zu deformieren.

Wie wichtig ist die Kontaktaufnahme über die Haltung? Wir vermuten, daß es kein Zufall ist, wenn beim Militär die Vorschrift gilt, wonach Untergebene im Gleichschritt mit dem ranghöheren Offizier gehen müssen, selbst wenn sie nur den Appellplatz überqueren.

Vielleicht ist das Tanzen die komprimierteste Form der Kontaktaufnahme über Haltung. Wahrscheinlich haben Sie selbst schon einmal erlebt, wie eine Beziehung zu blühen begann und Gefühle geweckt wurden, als Sie mit jemandem tanzten. Es hat etwas sehr Anziehendes, sogar Verführerisches, den eigenen Körper in Harmonie mit dem Ihres Partners zu bringen. Es ist sicherlich kein Zufall, daß einige fundamentalistische Religionsgemeinschaften diese körperliche Abstimmung als eine bedrohliche Verführung empfinden. Deswegen sind viele radikale Fundamentalisten gegen das Tanzen, weil es ihrer Auffassung nach Menschen dazu verleiten könnte, sich regelwidrig zu verhalten.

Bei Sportveranstaltungen werden körperliches Angleichen und emotionale Kontaktaufnahme regelmäßig
von den Cheerleadern (weibliche Anfeuerer. Anmerk.
d. Übers.) und der Band vorgeführt. Durch gut ge-
probte Anfeuerungsrufe, Lieder, Händeklatschen und
synchrone Bewegungen steigern sie die Spannung
und Freude am Spiel – was sich auf Zuschauer und
Spieler gleichermaßen auswirkt –, und die Stimmung
steigt wie in eine sich emporschraubende emotionale
Spirale. Damit sind wir bei der Kontaktaufnahme über
Tonfall und Tempo.

Das Angleichen von Tonfall und Tempo

Tonfall und Tempo, mit dem Sie sprechen, sind eine
weitere Ebene des Angleichens, um Kontakt herzustellen. Tonfall und Tempo bestimmen Ihre Art zu
sprechen. Es geht dabei nicht um das, was Sie sagen,
sondern darum, wie Sie es sagen. Es geht dabei
um Geschwindigkeit, Lautstärke, Betonung und
Rhythmus. Ungeachtet Ihrer Worte sind Tonfall und
Tempo akustische Fingerabdrücke des Menschen,
der Sie in diesem Moment sind.

Jeder von uns neigt dazu, in dem Tempo zu sprechen,
in dem er selbst gerne zuhört. Die Sprechgeschwin-
digkeit ist von Mensch zu Mensch verschieden und
variiert auch innerhalb einer Sprachgemeinschaft.

Wenn Sie zufällig aus dem Nordosten der USA kommen (nehmen wir an aus New York City) und mit Menschen aus den Südstaaten sprechen, dann meinen
Sie, Sie würden alt werden und sterben, bevor diese
ihre Sätze zu Ende gebracht haben. Vielleicht ertap-

pen Sie sich dabei, wie Sie unbewußt oder auch bewußt deren Sätze zu Ende sprechen und sich wünschten, sie würden sich beeilen.

Wenn Sie zufällig in den Südstaaten zuhause sind (nehmen wir an in Biloxi, Mississippi), krümmen Sie sich vielleicht vor Unbehagen über die Art und Weise, wie Menschen aus dem Norden sprechen, und setzen es mit Schroffheit, mangelndem Mitgefühl, mangelndem Auskosten jeden Augenblicks einer Unterhaltung und sogar mit Unhöflichkeit gleich. Ein ähnliches Unbehagen überkommt uns bei jeglichem Tonfall und Tempo, dem wir nicht gerne zuhören.

Wenn Sie Tonfall und Tempo angleichen, sollten Sie besonders darauf achten, daß Sie nicht den Akzent des anderen imitieren. Für die meisten Menschen aus den Südstaaten wäre es beleidigend, wenn jemand mit einem New Yorker Akzent ihren Akzent nachahmte, um dadurch zu versuchen, Kontakt aufzubauen. In ähnlicher Weise wird jemand aus den Südstaaten wohl kaum erfolgreich Kontakt aufbauen können, wenn er den New Yorker Akzent nachahmt. Trotzdem können Sie sich dem anderen in Tonfall und Tempo angleichen. Je besser Sie darin werden, desto besser werden Sie in Kontakt sein. Das Angleichen sollte so natürlich geschehen, daß weder Sie noch Ihr Gegenüber bemerken, daß Sie sich seiner oder ihrer Art zu sprechen angenähert haben. Das ist gewissermaßen ein stimmlicher Chamäleoneffekt. Ein guter Gesprächspartner vollzieht den Wechsel, ohne darüber nachzudenken. Die Geschwindigkeit, mit der er oder sie spricht, paßt sich bereits nach wenigen Worten der des anderen an.

Ist das ein natürlicher Vorgang? Ja, unbedingt. Europäische Kinder, die mehrere Sprachen fließend beherrschen, schalten automatisch von einer Sprache in die andere um. Wenn sie mit Fremden sprechen, wechseln sie einfach die Sprache und merken das kaum. Noch interessanter ist folgende Beobachtung: Fragt man sie nachher, welche Sprache sie gesprochen haben, wissen dies die Kinder oft nicht, weil sie sich so natürlich von einer Sprache in die andere versetzen können.

Im Gegensatz dazu versuchen wir Amerikaner manchmal bei einem Fremden, der unsere Sprache nicht spricht, unseren Worten Lautstärke und Dringlichkeit zu geben, um zu kommunizieren. Wir waren Zeugen, wie amerikanische Touristen in Europa nachdrücklich das Wort „bathroom" schrien in ihrem vergeblichem Versuch, sich besser verständlich zu machen. Eine naive Seele sahen wir sogar das Wort buchstabieren.

Wenn Sie sich fragen, wie gut das Angleichen von Tonfall und Tempo wirklich funktioniert, dann geht es Ihnen wie einigen Teilnehmern in einem meiner letzten Seminare. Als ich diese Punkte einer Gruppe von etwa dreißig Leuten vorstellte, unterbrach mich ein Lateinamerikaner namens Joe. Mit seinem lateinamerikanischen Tonfall und Tempo war er eine Ausnahme in der Gruppe.

„Einen Moment", sagte er in seiner abgehackten Ausdrucksweise.
„Ja, Joe", antwortete ich in der gleichen Ausdrucksweise, „was gibt's?"
„Wollen Sie mir sagen, wenn ich genauso spreche wie der andere, merkt es derjenige nicht?"
„Das ist richtig, Joe. Wenn Sie so sprechen, wie Ihr

Gegenüber spricht, wird er es nicht merken", antwortete ich ihm in seiner abgehackten Ausdrucksweise.

In diesem Moment fing Ralf, ein Mann aus den Südstaaten, laut zu lachen an. Ich drehte mich zu Ralf und sagte zu ihm in seiner langsamen südlichen Ausdrucksweise „Was gibt's, Ralf?"
„Na, er weiß noch nicht einmal, daß Sie es gerade bei ihm machen, nicht wahr?" sagte er langgezogen.
„Nein, Ralf", sagte ich langgezogen, „er weiß es noch nicht einmal, nicht wahr?"
Nun fing Joe an zu lachen. Er hatte erkannt, daß Ralf zwar den Unterschied bemerkte, sobald ich mit ihm (Joe) sprach, aber nicht, wenn ich Ralfs eigene Sprechweise gebrauchte.

Wenn wir uns dem Tonfall und Tempo unseres Gesprächspartners so weit wie möglich angleichen, ohne ihn nachzumachen, dann werden wir sehr viel stärker in Kontakt sein. Das ist der springende Punkt. Um ein einfaches Beispiel zu geben: Es gibt Menschen, die in einer normalen Unterhaltung mit gesenkter Stimme sprechen. Sie sprechen leise, und in ihren Worten schwingt so etwas wie Traurigkeit mit. Wenn Sie zu einem solchen Menschen mit freudiger, unterhaltsamer, wohlmodulierter Stimme sprechen, werden Sie den Kontakt abbrechen. Auf der anderen Seite lieben es manche Menschen, in einer sprudelnden Art zu sprechen. Aus jedem ihrer Worte scheinen sich Ballons, Papierschlangen und Schmetterlinge zu entfalten. Diese Menschen mögen es, wenn man im gleichen Tonfall und Tempo, mit Schwung, Begeisterung und Freude mit ihnen spricht.

Können Sie sich an das Unbehagen erinnern, das Sie empfanden, als Sie jemandem mit gesenkter Stimme etwas ins Ohr flüsterten und dieser mit einem lauten „Wie bitte?" antwortete? Sie können sich wahrscheinlich auch an eine Situation erinnern, in der Sie mit einigen Freunden eine lebhafte Diskussion führten, und jemand fing an, in einem wesentlich langsameren, schleppenden Tempo zu sprechen, was den augenblicklichen Rhythmus zu unterbrechen schien. Wenn Sie sich an Ihr Unbehagen in einer dieser Situationen erinnern können, dann wissen Sie intuitiv bereits um die Wichtigkeit des Angleichens von Tonfall und Tempo.

Das Angleichen in der Sprache

Das Angleichen in der Sprache umfaßt zwei wesentliche Bestandteile: Da ist zum einen die *Wortwahl,* zum anderen das *Sprachmuster.* Unter dem Begriff Wortwahl meinen wir Fachausdrücke des Unternehmens und die Fachsprache. Diese Fachausdrücke sind oft Hinweise, die den anderen wissen lassen, daß der Sprecher den neuesten Artikel oder das neueste Buch gelesen oder mit kompetenten Leuten gesprochen hat. Der Gebrauch dieses „Fachjargons" läßt erkennen, wer auf dem neuesten Stand ist und wer nicht. Deswegen ist es sehr wichtig, die richtigen Fachausdrücke zu benutzen, zuzuhören und die zu klären, mit denen man nicht vertraut ist. Wenn jemand einen Fachausdruck gebraucht, den Sie noch nicht kennen, sollten Sie den anderen unterbrechen und um eine Erklärung bitten? Die Antwort lautet: Ja. Sie können beispielsweise sagen: „Wenn Sie den Ausdruck ‚geeignete korporative Kultur' verwenden, was genau meinen Sie damit?" Indem Sie diese Worte aufgreifen, lernen Sie dazu und haben dadurch außerdem die

Möglichkeit, seine oder ihre individuelle Interpretation des Begriffes herauszufinden. Das kann Ihnen gleichzeitig sinnesspezifische Antworten einbringen und Auskunft darüber geben, wie Ihr Gegenüber normalerweise komplizierte Zusammenhänge beschreibt.

Wir nehmen an, daß Sie die allgemein üblichen Begriffe in Ihrem Arbeitsbereich kennen. Es wird also nur sehr wenige dieser Fachausdrücke geben, die Sie nicht aus dem Zusammenhang deuten können. Wenn Sie sicher sind, daß Sie einen Fachausdruck verstanden haben, gebrauchen Sie dieses neue Wort unbedingt als Rückkopplung für Ihren Gesprächspartner. Wenn Sie sich nicht sicher sind oder keinerlei Anhaltspunkt dafür haben, was dieser Fachausdruck bedeutet, fragen Sie zuversichtlich und direkt nach. Es wird Ihrer Glaubwürdigkeit und Ihrem Wissen zugute kommen, und Sie werden Ihre neu gelernten Wörter in Zukunft bei vielen anderen Gesprächspartnern anwenden können.

Das Angleichen in der Wortwahl kann den Kontakt in hohem Maße aufbauen oder ebensogut stören, falls diese Art der Kontaktaufnahme nicht richtig angewandt wird.

Der andere Bestandteil der Sprachabstimmung ist, Ihre Worte in die Denk- und Sprechmuster des anderen zu fassen. Das ist viel einfacher, als es den Anschein hat. Da wir dazu neigen, nach Mustern zu handeln, neigen wir auch dazu, in Mustern zu denken und zu sprechen. Als Muster gibt es den visuellen, den akustischen, den gefühlsorientierten und den geruchs-/geschmacksorientierten Typ. Der erste und sicherlich der am häufigsten vorkommende Modus ist der visuelle Modus. Unsere Sprache ist voller solcher

Beispiele. Wenn Sie *sehen*, was wir aussagen wollen, wird sich eine *klare Perspektive* für Sie eröffnen und wir werden dieselbe *Ansicht* teilen. Sehen Sie, was wir meinen?

Visuell orientierte Menschen wollen, daß Sie *fokussieren*, damit sie vollen *Einblick* in die Situationen *erhalten*. Sie wollen, daß Sie ihre *glänzenden* Ideen und *farbenprächtigen* Visionen bemerken. Sie wollen einen *klaren Überblick* haben, da für diese Menschen gilt, zu *sehen* heißt zu glauben.

Während wir alle bis zu einem gewissen Grad jeden der vier Verarbeitungsmodi verwenden, steht der akustische Modus an zweithäufigster Stelle. Sie hören den akustischen Modus, wenn Menschen zu Ihnen sagen: „*Hören* Sie, was ich Ihnen zu *sagen* habe", „Ich *höre* was Sie *sagen*" und „Wir wollen darüber *diskutieren*, bis es sich gut *anhört*."

Diese Menschen achten besonders darauf, ihre *Ohren offen zu halten* für das, was richtig *klingt*. Ihre wohlgesetzten Worte sind für diese Menschen *Musik in ihren Ohren*.

An dritthäufigster Stelle steht das gefühlsorientierte Muster. Gefühlsorientierte Menschen *verarbeiten* am besten, indem sie Worte *fühlen*. Ihre Worte können sie *beruhigen* oder *gehen ihnen gegen den Strich*. Wenn sie *begreifen* können, was Sie ihnen *mitteilen* wollen, *fühlen sie sich glücklich*. Ideen *packen* sie und geben ihnen ein *gutes Gefühl im Bauch*. Sie hoffen, daß Sie mit ihnen *in Verbindung* bleiben werden.

Das vierte und am wenigsten verbreitete verbale Muster ist das geruchs- und geschmacksorientierte.

Diese Menschen reden davon, „Möglichkeiten *auszu-schnüffeln*" oder „jemanden *seine eigene Medizin schmecken zu lassen*". Wenn das Geschäft schlecht geht, „*stinkt es zum Himmel*", möglicherweise weil sie „*Saupech*" hatten, was ihnen natürlich *zuwider* ist.

Wenn ein Mensch zu einem bestimmten verbalen Muster neigt, müssen Sie in dem entsprechenden Stil antworten. Das ist wichtig, da er oder sie nach diesem Muster Gedanken verarbeitet und sich so seine oder ihre individuelle Realität schafft. Wir bekamen z.B. vor kurzem Besuch von einem Ehepaar. Dieses Ehepaar war in den letzten Jahren finanziell ziemlich erfolgreich gewesen, und der Mann genoß es sichtlich, von dem neuen Mercedes zu erzählen, den sie sich gerade gekauft hatten. Während er darüber sprach, wie das Auto aussehe und daß es seinem Image entspräche, wurde seine Frau etwas unruhig und sagte dann gereizt: „Wissen Sie, alles läuft sehr gut jetzt, und wir haben uns so viele schöne Dinge angeschafft. Trotzdem habe ich manchmal das Gefühl, daß doch nicht alles so glatt läuft wie früher."

Das traf offensichtlich einen wunden Punkt bei ihm, da er sofort gereizt reagierte. „Sie kann einfach nicht den Wald vor lauter Bäumen sehen", unterbrach er sie, „sie braucht sich nur umzuschauen, um zu sehen, wie wichtig sie mir ist."
„Ich weiß", konterte sie, „aber manchmal ist das Gefühl einfach nicht mehr so, wie es früher war. Ich kann einfach nicht genau sagen, woran es liegt, aber irgendwie ist es …"
In dem Gefühl, sich verteidigen zu müssen (so denke ich), unterbrach er sie wieder. „Sehen Sie, wie ich ihr zeige, daß sie mir wichtig ist – die Juwelen, die ich ihr kaufe, das Haus, die Autos. Wenn sie aus all dem

nicht sehen kann, daß ich sie liebe, muß sie blind sein."

Die Frau war so typisch gefühlsorientiert und der Mann so typisch visuell orientiert, daß ich es einfach nicht sein lassen konnte, noch etwas weiter zu gehen. Ich fragte sie: „Was müßte geschehen, damit Sie sich wieder wirklich gut *fühlen,* so wie früher?" Sie dachte einen Moment nach, wand sich ein bißchen, lächelte verträumt und sagte: „Ich würde es genießen, wenn wir uns öfter an den Händen halten würden..., wenn er mich ab und zu in der Öffentlichkeit berühren würde..., wenn er z.B im Kino den Arm um mich legen würde." Ihr Lächeln und der verträumte Blick in ihren Augen bestätigten, daß sie das schön fände.

„Können Sie sich vorstellen, daß Sie das tun?" fragte ich den Ehemann. Er schaute gedankenverloren in die Ferne und sagte: „Sicherlich kann ich mir das vorstellen."
Ich wandte mich wieder ihr zu. „Wie würden Sie sich dann fühlen?"
„Wundervoll!" sagte sie.

Meine Absicht war, nur eine höfliche Unterhaltung zu führen und nicht eine Eheberatung zu machen, deswegen schlug ich ihm einfach vor: „Ich glaube, die Perspektive Ihrer Frau würde sich durch häufigere Umarmungen und Berührungen erhellen."
„Ich würde mich wirklich gut fühlen", fügte sie hinzu, und wir gingen in unserer Unterhaltung zu weniger persönlichen Angelegenheiten über.

Die beiden unterhielten sich nicht nur in zwei vollkommen verschiedenen Sprachen (sie sprach davon, was ihr wichtig sei, um sich „gut zu fühlen", er davon, was

„gut aussähe"), der Unterschied zeigte sich auch in ihren Wertvorstellungen. *Ihre* Wertkriterien drehten sich nicht um schöne Gegenstände, obwohl sie diese sicherlich auch mochte und schätzte. Das für sie Wertvollste spiegelte sich in ihrer Sprache. Was ihr lieb und teuer war, waren Berührungen und das Gefühl der Zusammengehörigkeit.

Ihn jedoch, da visuell orientiert, beeindruckte vielmehr das Optische, wie die neuen Geschenke glänzten und wie sie beide als Paar aussahen. Obwohl sie sich höchstwahrscheinlich liebten, zeigten und erlebten sie ihre Liebe unterschiedlich. Es geht hier nicht um ein gutes oder ein schlechtes Muster, sondern nur um unterschiedliche Muster.

Das soll aber nicht heißen, daß Menschen nicht manchmal in ihren Mustern variieren, ganz sicherlich tun sie es (manche mehr als andere). Aber es gibt trotzdem den berühmten „roten Faden". Einem Menschen in dem Muster zu antworten, das er oder sie in dem Moment benutzt, kann den Ausschlag geben, ob die Kommunikationsstile zusammenpassen oder nicht.

Durch Nachprüfungen stellten wir fest, daß Menschen hauptsächlich (aber nicht ausschließlich) visuell, akustisch, gefühlsorientiert oder geruchs-/geschmacksorientiert denken. Vielleicht ist es jetzt an der Zeit, daß Sie *Ihr* vorherrschendes Sprach und Denkmuster herausfinden.

Sind Sie ein visueller Typ? Neigen Sie dazu, im Geiste Bilder zu sehen? Läuft vor Ihrem geistigen Auge des öfteren ein Film ab über Ereignisse, die geschehen sind oder vielleicht geschehen werden? Können Sie leicht visualisieren, wie Dinge sein sollten oder sein könnten? Wenn dem so ist, wird Ihnen auffallen, daß Sie auch eine bildhafte Ausdrucksweise haben, wenn Sie auf vergangene Unterhaltungen zurückblicken.

Oder sind Sie vielleicht ein überwiegend akustischer Typ? Können Sie sich am ehesten an Ereignisse erinnern, wenn Sie im Geist eine Unterhaltung rekapitulieren? Hören Sie Ihre Stimme und die Ihres Gesprächspartners, oder hören Sie vielleicht Ihre Stimme beide Rollen sprechen? Entdecken Sie manchmal, daß Ihre Gedankenmuster durch Laute unterbrochen werden, die andere Menschen nicht wahrzunehmen scheinen? Wenn das zutrifft, dann können Sie durch diese Hinweise erkennen, daß Ihre Sprach- und Gedankenverarbeitungsmuster vorwiegend akustischer Natur sind, da die Beispiele, die Sie hier gelesen haben, richtig für Sie klingen.

Oder fühlen Sie, daß Sie eher gefühlsorientiert sind? Fällen Sie Entscheidungen, indem Sie sich in die Situation einfühlen? Erinnern Sie sich oft an Dinge, indem Sie den Bewegungsablauf nachvollziehen? Wenn Sie Ihre Schlüssel verloren haben, gehen Sie den Weg noch einmal ab und fassen Sie die Gegenstände an, mit denen Sie vorher in Berührung gekommen sind, um sich besser erinnern zu können, wo Sie sie liegengelassen haben? Wenn das zutrifft, dann haben Sie bereits ein starkes Gefühl, daß Sie gefühlsorientiert sind, da sich Ihr Erfassen der Realität so anfühlt.

In den Vereinigten Staaten werden die geruchs- und geschmacksorientierten Modi nicht favorisiert, im Gegenteil. Fast unsere gesamte Werbung zielt darauf ab, uns der Gerüche zu entledigen. Andere Sprachen verfügen über einen wesentlich größeren Reichtum an

Wörtern und unterschiedlichen Begriffen für Gerüche und Geschmacksempfindungen, die es in der englischen Sprache noch nicht einmal gibt. Doch sowohl Geruch als auch Geschmack können sehr stimulierend wirken, was auch kürzlich bei Immobilienfachseminaren vermittelt wurde, in denen man die Makler anwies, vor dem Hausbesichtigungstermin des angenehmen Duftes und der anheimelnden Atmosphäre wegen Schokoladenkekse im Ofen backen zu lassen.

Wenn Sie vorwiegend geruchs- und geschmacksorientiert sind, dann werden Sie bemerken, daß Sie Ereignisse im Geiste rekapitulieren, indem Sie sich an Gerüche und Geschmackseindrücke erinnern, die Sie damit assoziieren. Bekommen Sie vielleicht einen schlechten Geschmack im Mund, wenn unerfreuliche Begebenheiten wachgerufen werden? Oder wenn Sie sich bestimmte Mahlzeiten ins Gedächtnis zurückrufen, können Sie sich leicht an den Geschmack und Geruch der verschiedenen Speisen auf dem Tisch erinnern? Wenn das zutrifft, dann genießen Sie das Festessen des Lebens als geruchs-/geschmacksorientierter Mensch.

Nun wollen wir uns einmal drei Sportwagen vorstellen, – einen davon möchten Sie kaufen.

Der erste Wagen ist hochglanzpoliert und hat eine schnittige Karosserie. Er ist ausgesprochen attraktiv, ohne übertrieben aufgemacht zu sein. Sie können seine aerodynamische Form an der abgeschrägten Motorhaube und dem hochgezogenen Kofferraum erkennen. Seine Polster sind farblich auf die Lackierung abgestimmt. Das Dach kann zurückgefaltet werden und verschwindet unter einer Abdeckung, so daß man bei geöffnetem Verdeck keine unförmige Haube sehen

kann. Stellen Sie sich vor, wie Sie an einem Frühlings-
tag mit diesem Kabriolett durch die Stadt fahren. Können Sie die bewundernden Blicke der Leute sehen,
die sich nach Wagen und Fahrer umdrehen?

Wenn die Tür beim zweiten Wagen ins Schloß fällt,
können Sie seine Gediegenheit hören. Während Sie
den Motor anlassen und ihn im Leerlauf auf Touren
bringen, können Sie die gewaltige Kraft unter der Motorhaube hören, die von den Krümmern aufgenommen
und zu den Auspufftöpfen geleitet wird. Sie stellen
sich vor, wie Sie auf der Autobahn fahren und dabei
die Stereoanlage aufdrehen. Das Erlebnis wird noch
gesteigert durch den Klang Ihrer Lieblingsmusik, das
Motorgeräusch und die Vorstellung, daß Sie nur einen
anderen Gang einlegen müssen, um den Motor zum
Aufheulen zu bringen.

Im dritten Wagen zu sitzen bedeutet, von Luxus umgeben zu sein. Die Sitze passen sich völlig Ihrem Körper
an. Das Leder ist weich und geschmeidig und lädt Sie
dazu ein, es anzufassen und die Qualität zu spüren.
Das Armaturenbrett ist aus feinen Hölzern gearbeitet,
meisterhaft weich geschmirgelt und poliert. Während
Sie den Motor anlassen und auf die Straße hinausfah-
ren, durchströmt Sie ein Gefühl von Schnelligkeit, Sicherheit und Dynamik. Und während Sie beschleuni-
gen und die erste Kurve nehmen, fühlen Sie, wie gut
der Wagen auf der Straße liegt, und Sie haben das
Gefühl, Wagen und Fahrer verschmelzen zu einer Einheit.

Welcher dieser drei Wagen lockt Sie am meisten? Für
welchen würden Sie sich entscheiden?

Wenn Sie ein sehr visueller Mensch sind, sieht der erste Wagen für Ihr Empfinden am besten aus. Wenn Sie akustisch veranlagt sind, dann hört sich höchstwahrscheinlich der zweite Wagen nach der besten Wahl an. Sind Sie aber stark gefühlsorientiert, können Sie aller Wahrscheinlichkeit nach kaum die Hände vom dritten Wagen lassen.

In Wahrheit waren alle drei Beschreibungen für ein und denselben Wagen. Wir betonten dabei einfach die unterschiedlichen Vorzüge, die von visuell, akustisch und gefühlsorientierten Menschen geschätzt werden.

Deswegen müssen Sie wissen, wenn Sie es mit einem Kunden zu tun haben, der extrem visuell orientiert ist, daß für diesen Menschentyp gilt: „zu sehen heißt zu glauben". Sie sollten ihm aufzeigen, wie etwas aussehen wird. Sie sollten in bildhaften Worten mit ihm sprechen und eine klare Darstellung des gesamten Bildes entwerfen.

Wenn Ihr Gesprächspartner akustisch veranlagt ist, sollten Sie über Dinge sprechen, die logisch klingen und ihn selbst vielleicht schon beschäftigt haben. Ihr Kunde möchte eventuell seine Ideen mit anderen Leuten besprechen oder laut darüber nachdenken. Er bietet Ihnen möglicherweise an, alle Details zu diskutieren, bis sie völlig in Einklang mit seinen Vorstellungen sind.

Wenn Sie an jemanden verkaufen, der vorwiegend gefühlsorientiert ist, sollten Sie in einer Weise sprechen, daß er oder sie ein Gefühl für die Sache bekommt, die maßgeblichen Gesichtspunkte begreifen und die richtige Richtung einschlagen kann.

Wenn Sie hingegen an jemanden verkaufen, der mehr den geruchs- und geschmacksorientierten Modus gebraucht, sollten Sie ihm einen Plan machen, an dem er zu beißen hat. Lassen Sie ihn an Problemen kauen, schnüffeln Sie die Probleme aus und finden Sie eine schmackhafte Lösung für alle Beteiligten.

Wenn Sie sich nicht ganz sicher sind oder zu einer Gruppe sprechen, dann sollten Sie die Modi vermischen und kombinieren, mit einer leichten Bevorzugung des Visuellen. Die meisten Menschen bewegen sich vorwiegend im visuellen Modus. Tatsächlich sind meiner Erfahrung nach drei von vier Menschen vorwiegend visuell, wobei viele von ihnen den visuellen Modus mit einem anderen Modus in ihrer Ausdrucksweise kombinieren. Eine Kombination aus visuellem und akustischem Modus finden Sie in Ausdrücken wie: „Ich glaube, Sie können sich vorstellen, was ich hier sage." Wenn Sie eine solche Kombination verwenden oder andere wie „den Beweis *hören*" und „sich sicher *fühlen*" oder „alle Punkte *berühren*", um etwas *klar*zumachen, dann bewegen Sie sich in der goldenen Mitte.

Außerdem gibt es neben den gerade besprochenen, auf Sinneswahrnehmung beruhenden Verben eine Reihe von Verben, die bezüglich der Sinne unbestimmt sind. Verben wie verstehen, erinnern, erwägen, wissen, glauben, verändern, geben und denken (um nur einige zu nennen) sind wie Joker. Sie passen aufgrund ihrer allgemeinen, unbestimmten Natur zu jedem dieser Muster.

Zusammenfassend kann man sagen, daß Sie ungewisse Situationen am besten bestehen, wenn Sie sich einfach Ihrem Publikum angleichen und in dem Stil antworten, in dem sie angesprochen wurden. Wenn z.B. ein Kunde bei einer Gruppenbesprechung sagt: „Ich kann wirklich nicht sehen, worauf Sie hinauswollen", dann sagen Sie: „Lassen Sie es mich in ein klares Licht rücken. Schauen Sie es sich einmal unter diesem Aspekt an."

Wenn ein anderer Kunde sagt: „Ja, aber es klingt immer noch nicht richtig", dann sagen Sie: „Ich höre, was Sie sagen. Welcher Teil hört sich immer noch nicht richtig an?" Der springende Punkt ist, daß Sie einfach in der derselben Sprache antworten, in der der Gesprächspartner seinen Einwand, seine Frage oder seine Meinung geäußert hat. Wenn Sie Zweifel haben, gebrauchen Sie die Aussagekombinationen und die unbestimmten Verben, wie oben erklärt.

Um die Wirkung ganz zu verstehen, die im Angleichen der Muster steckt, versuchen Sie doch folgendes Experiment: Suchen Sie eine unverfängliche Situation, z. B. im Café oder Flughafen, um mit jemandem, den Sie nicht kennen, ins Gespräch zu kommen. Identifizieren Sie das Muster, das die Person vorwiegend gebraucht – visuell, akustisch oder gefühlsorientiert –, und gehen Sie mit Absicht nicht auf seine oder ihre Verben ein. Wenn er oder sie visuelle Verben gebraucht, verwenden Sie nur akustische oder gefühlsorientierte. Wenn er oder sie akustische Verben verwendet, benutzen Sie nur visuelle oder bewegungsorientierte usw. Sie werden beobachten, daß der Kontakt schnell abbrechen wird. Wenn Sie sehen, wie stark das in dieser Situation mit geringem Engagement und geringen Erfolgsaussichten zum Tragen kommt, dann werden Sie erst richtig zu schätzen wissen, welches Gewicht und welche Wirkung das Angleichen und Fehlangleichen der Verben hat, wenn es sich um

Situationen handelt, die mit hohem Engagement und
großen Erfolgsaussichten verbunden sind, wie es bei
Verkauf und Beziehungsmanagement der Fall ist.

Das Angleichen über Wertvorstellungen und Anschauungen

Über die Wertvorstellungen und Anschauungen anzugleichen bedeutet, die Wertvorstellungen und Anschauungen des Gesprächspartners nicht mit Füßen
zu treten. Je höher er seine Anschauungen oder Wertvorstellungen achtet, desto wichtiger ist es, ihm Wertschätzung entgegenzubringen. Um es anders auszu-
drücken: „Hüten Sie sich davor, sich die Nase in das
Taschentuch eines anderen zu schneuzen."

In einigen Verkaufssituationen kann das schwierig
sein, da wir es manchmal mit Geschäftsleuten zu tun
haben, die ihre persönlichen Wertigkeiten vollkommen
anders setzen als wir. Hin und wieder sprechen wir
bei Leuten vor, deren Wertsystem unserem so diame-
tral gegenübersteht, daß wir uns auf unsere eigenen
Werte besinnen und uns fragen müssen, ob wir überhaupt mit ihnen ins Geschäft kommen möchten.

An dieser Stelle reden wir nur über Menschen, mit denen wir Geschäfte abwickeln wollen und deswegen ist
es in unserem eigenen Interesse, zusätzlich zu den
anderen Ebenen der Kontaktaufnahme ein gewisses
Maß an Kontakt zu schaffen, das auf Werten und Anschauungen beruht. Ist Kontakt auf der Ebene von
Wertvorstellungen und Anschauungen wichtig? Nehmen wir einmal an, Sie haben einen Geschäftsfreund
zu sich nach Hause zum Abendessen eingeladen. Sie

servieren zu diesem Anlaß ein ungewöhnliches Nudel-gericht mit einer Muschelsoße. Nehmen wir weiterhin an, daß dies eine Ihrer Lieblingsspeisen ist und Sie sehr, sehr stolz auf das Rezept sind, das sie von einer Urlaubsreise mitgebracht haben. Während Sie das Abendessen servieren, sagt er: „Es tut mir wirklich leid, aber ich mache mir nichts aus Meeresfrüchten. Aber lassen Sie sich nicht stören, ich bin wirklich nicht hungrig." Was fühlen Sie in diesem Moment? Ob-gleich Sie verärgert, traurig oder peinlich berührt sind, nehmen Sie wahr, daß in diesem Moment kaum Kon-takt vorhanden ist.

Angenommen, eine Bekannte kommt bei Ihnen zu-hause vorbei, schaut sich Ihr Bücherregal an, dreht sich zu Ihnen um und sagt: „Ich sehe, Du besitzt gar keinen der derzeitigen Bestseller." Und es stimmt, Sie besitzen keinen einzigen Bestseller. Sie deutete damit also an, was sie von Ihnen erwartet hätte. Und jetzt stehen Sie da und haben keinen einzigen. Was sagt Ihnen Ihr Gefühl – ist der Kontakt gut oder weniger gut?

Glücklicherweise ist es möglich, gute Unterhaltungen, eine gute geschäftliche Zusammenarbeit und gute Be-ziehungen mit Menschen zu pflegen, die Anschauun-gen vertreten, welche von unseren eigenen stark ab-weichen. Gott sei Dank ist das wahr, denn sonst gäbe es niemals kulturelle Harmonie auf unserer Erdkugel.

Dies vorausgesetzt, müssen wir, um Angleichung und Kontakt in dieser Hinsicht zu vertiefen, sogenannte *Einverständnisebenen* herstellen. Das Wichtige daran ist eine *Einverständniskarikatur*. Genauso wie die Kari-katur bestimmte Merkmale eines Gesichtes betont und andere vernachlässigt, so heben Einverständnis-

karikaturen ebenfalls verschiedene Punkte hervor und
unterdrücken gleichzeitig andere. Bei Einverständniskarikaturen betonen oder beleuchten wir die Punkte, in
denen Einverständnis vorhanden ist, und vernachläs-
sigen oder ignorieren solche Punkte, die für unsere
Einverständnisebenen unwichtig sind.

Vor kurzem kam ein Klient mit dem Problem auf mich
zu, daß die Produktivität eines seiner Spitzenvertriebs-
mitarbeiter im Außendienst rapide abgenommen hatte.
Als ich mit dem Mitarbeiter sprach, erzählte er mir, daß
er ernsthaft über eine Scheidung nachdenke und nicht
mehr konzentriert genug sei, um weiterhin seine äußerst komplexen Verkaufspräsentationen auszuarbeiten. Im Verlauf des Gespräches wurde offensichtlich,
daß er innerlich zerrissen war, weil er seine Frau sehr
liebte und stark an Treue in der Ehe glaubte. Aber er
war in Versuchung geraten.

Es stellte sich heraus, daß er die Einverständniskarikatur umgekehrt benutzte! Im Außendienst begegnete
er vielen Geschäftsfrauen, und irgendwann begann er
sich zu fragen: „Was hat diese Frau, was meine Frau
nicht hat?" Nach einer Woche im Außendienst hatte er
eine lange Liste von Eigenschaften zusammengetra-
gen, die seine Frau nicht hatte. Folglich entwickelte er
ihr gegenüber ein immer stärker werdendes negatives
Gefühl.

Der Schlüssel zum Erfolg bei ihm war, ihm dabei zu
helfen, seinen Bezugsrahmen zu verändern. Anstatt
sich die Frage zu stellen: „Was hat diese Frau, was
meine Frau nicht hat?", begann er sich zu fragen:
„Was hat meine Frau, was diese Frau nicht hat?" Dann
machte er eine Liste von positiven Eigenschaften, die
seine Frau hatte und die andere Frau nicht. Und so

baute er seine positiven Gefühle für sie langsam wieder auf. (Dieses Beispiel kann genauso leicht umgedreht werden, wenn es um eine Frau im Außendienst geht, die ihren Mann mit den Geschäftsleuten vergleicht, die sie bei der Ausübung ihres Jobs trifft.)

Wie Sie sehen können, ist die Einverständniskarikatur ein wichtiges Instrument, um Kontakt auf der Ebene von Anschauungen und Werten aufzubauen. Egal, welche Punkte in der Karikatur beleuchtet werden sollen, das Ziel muß immer Verständigung und Harmonie sein.

Haben Sie sich schon einmal dabei ertappt, daß sie Zwiesprache mit sich hielten und sich fragten, warum Sie gewisse Eigenschaften oder Eigenarten mancher Kunden nicht mögen? Wenn ja, dann haben Sie bemerkt, wie leicht es ist, eine negative Karikatur aufzubauen, bis es zu einem Punkt kommt, an dem gute Kommunikation und gute Geschäftsbeziehungen unmöglich gemacht werden. Wenn das geschehen ist, sollten Sie versuchen, den Prozeß umzukehren und sich auf die Dinge zu konzentrieren, die gut laufen und den negativen Aspekt aufwiegen. Zugegeben, es ist oft nicht leicht, diesen Umschwung zu vollziehen, aber es zahlt sich aus. Außer der Ausrichtung von Einverständniskarikaturen hin zum Positiven gibt es noch andere nützliche Strategien. Wir können z.B. in vielen Fällen zwar mit der Ansicht eines anderen übereinstimmen, nicht aber mit seinen Methoden, so wie wir das Bedürfnis mancher Menschen nach Anerkennung verstehen können, nicht jedoch ihr Verhalten, das um Anerkennung heischt.
Bei der Kontaktaufnahme über Wertvorstellungen und Anschauungen können Sie alle Ebenen des Angleichens benutzen: Ich erkenne dich an, ich verstehe

dich, ich akzeptiere dich, ich mag dich, ich respektiere
dich und ich bin so wie du. Wenn Ihr Klient z.B. ärgerlich ist und Sie sich nicht sicher sind, ob es ge-
rechtfertigt ist, dann können Sie durchaus sagen: „Ich
respektiere Ihre Gefühle." Nachdem Sie das gesagt
haben, sollte das nächste Wort keinesfalls „aber" sein.

Vor allem in Konfliktsituationen oder wenn beide Seiten ihre Wertvorstellungen bzw. Anschauungen verteidigen, hebt das Wort „aber" alles Vorhergegangene
auf oder läßt es bestenfalls wie einen gekonnten Vor-
spann erscheinen. Beispiel: „Mir gefällt dein Kleid
sehr gut, aber gelb ist einfach nicht deine Farbe."
Durch diese Wortwahl mindert sich der Wert des Klei-
des viel stärker, als wenn man sagen würde: „Mir gefällt dein Kleid sehr gut, *und* wenn es außerdem noch
in einer anderen Farbe wäre, würde es mir noch besser gefallen". In beiden Fällen gibt der Sprecher zu
verstehen, daß ihm die gelbe Farbe nicht so gut gefällt, was bei der zweiten Aussage jedoch durch die
Einverständnisebene „und" anstelle von „aber" gemil-
dert wird. Ein weiteres Beispiel wäre: „Ich respektiere
Ihre Ansicht und ich bin sicher, Sie können auch meinen Standpunkt verstehen."

Am besten können Sie Kontakt auf der Ebene von
Werten herstellen und aufrechterhalten, wenn Sie
keine Einwände vorbringen. Aber da es in der Geschäftswelt nun einmal nicht so läuft, schlage ich
Ihnen vor, daß Sie Ihre Einwände aussprechen, ohne
unnötig an Schwung zu verlieren.

Kulturelles Angleichen

Firmenkulturelles Angleichen

Firmenkulturelles Angleichen bedeutet ein breites, übergreifendes, allumfassendes Angleichen an die verschiedenen Aspekte eines Unternehmens. Ungeachtet dessen, wie ein Mensch in seiner Freizeit handelt oder denkt, wird der Entscheidungsprozeß im geschäftlichen Bereich stark davon beeinflußt, welche Vorschriften im Unternehmen intern gelten. Die meisten Geschäftsleute tragen privat andere Kleidung als bei der Arbeit. Für die meisten von uns gilt, daß wir mit Menschen geschäftlich anders verkehren als im Privatleben, obwohl wir viele Beispiele anführen können, bei denen sich das eine mit dem anderen unglaublich stark vermischt. Sie haben vielleicht das Bild eines Offiziers vor Augen, dessen Familienleben die strikte Etikette seiner militärischen Umgebung widerspiegelt.

Beim kulturellen Angleichen müssen wir uns auf mehreren recht unterschiedlichen Ebenen angleichen. Denken Sie an die Kleidervorschriften in einer Organisation. Sie werden bemerkt haben, daß in einigen Unternehmen gestreifte Anzüge mit weißen Hemden angebracht sind, während in anderen ein offener Kragen erlaubt ist. Einige Unternehmen bevorzugen Anzüge aus Kaschmir, andere solche aus Mischgewebe. Obwohl es viele gute Bücher zum Thema Kleidung für Ihren Erfolg und gutes Verhalten in der Geschäftswelt gibt, ist es doch bemerkenswert, daß die Kleidervorschriften nicht nur regional verschieden sind, sondern auch von Branche zu Branche innerhalb einer Gegend. Obwohl der Nadelstreifenanzug im unternehmerischen Amerika normalerweise als angemessen gilt, heißt das nicht, daß er in jedem Fall passend ist. Es kommt auf die Gelegenheit an. Versuchen Sie sich vorzustellen, Sie möchten mit Arbeitern am Fließband Kontakt aufnehmen. Sie stehen am Fließband und tragen einen makellosen Nadelstreifenanzug, weißes Hemd, konservative Krawatte, elegante Schuhe, und haben einen ledernen Aktenkoffer bei sich. Werden Sie an diesem Fließband Kontakt aufbauen können? Werden die Arbeiter Ihnen ihre Bedürfnisse, Sorgen und Vorstellungen anvertrauen?

Das heißt natürlich nicht, daß ich Ihnen empfehle, sich wie ein Arbeiter anzuziehen, wenn Sie als Manager versuchen, Kontakt herzustellen und Methoden zu entwickeln, um Arbeitsgänge zu modernisieren.

Sie sollten sich so anziehen, wie man es Ihrer Rolle und der Situation entsprechend von Ihnen erwartet. An diesem Fließband wären wahrscheinlich Sicherheitshelm, weißes Hemd mit halb aufgekrempelten Ärmeln ohne Krawatte akzeptabel, wenn Sie wirklich als Vertreter des Managements kommen, der Schwierigkeiten erkennen und lösen möchte. Aller Wahrscheinlichkeit nach würde man Ihr Bemühen, sich in der Kleidung ganz den Arbeitern am Fließband anzupassen, um auszusehen wie einer von ihnen, ebenso ablehnen, wie jemanden, der an seinem ersten Arbeitstag auf einer Rinderfarm glaubt, er wäre bereits ein Cowboy.

Die Dienstkleidung ist deswegen so wichtig für das Angleichen, weil sie den anderen Menschen in Kurzfassung zeigt, wer Sie sind und um was es Ihnen geht, und sie brauchen keine Zeit, Energie oder Mühe zu verschwenden, um zu analysieren und einzuordnen, was sie wohl erwartet.

Außerdem befreit es sie davon, Sie mit anderen Menschen zu vergleichen, die in ähnlichen Rollen vor Ihnen dagewesen sind. Die Art, wie wir uns kleiden, symbolisiert, wer wir sind, und viele Menschen akzeptieren diese Tatsache, ohne weiter nachzufragen. Überlegen Sie einmal, wie viele Diebe das für sich entdeckt haben. Sie wissen, daß sie wahrscheinlich von niemandem aufgehalten werden, wenn sie im Monteuranzug mit einem Werkzeuggürtel um die Hüften in einem Kleinbus vorfahren und von Büro zu Büro gehen, um alles auszukundschaften.

Wenn wir keine Widersprüchlichkeiten ausstrahlen, dann signalisiert unsere Kleidung sehr oft unserem Gegenüber, wer wir sind. Deswegen ist die Kleidung ein so wichtiger Teil beim firmenkulturellen Angleichen. Wir wollen noch einmal betonen, daß elegante Kleidung, die dem Anlaß oder der Situation nicht angepaßt ist, den Kontakt ebenso abbrechen kann wie zu lässige Kleidung. Stellen Sie sich vor, sie besuchen einen Tante-Emma-Laden in irgendeiner ländlichen Gegend. Wenn Sie diesen betreten und wie ein Rechtsanwalt aussehen, werden voraussichtlich sofort Barrieren entstehen. Andere Strategien der Kontaktaufnahme können dieses Problem sicherlich überwinden. Aber warum sollten Sie sich ein Hindernis in den Weg legen, das wahrscheinlich Probleme verursachen wird, wenn dieses Hindernis ganz leicht vermieden werden könnte, indem Sie sich von vornherein Gedanken machen und abschätzen, was von Ihnen erwartet wird?

In den meisten Unternehmen gibt es eine Art Etikette, nach der man sich richten sollte. Diese Regeln sind für den Außenseiter oft nicht erkennbar. Deshalb kann man sehr leicht dagegen verstoßen, ohne überhaupt zu wissen, daß man sich noch in ihrem Geltungsbereich befindet.

Die Etikette besagt vielleicht, mit wem Sie zuerst zu sprechen haben, wer mit oder wer ohne Titel angeredet wird. Sie hat vielleicht auch Auswirkungen darauf, wer mit wem zu Mittag ißt, ob es gestattet ist, am Arbeitsplatz zu rauchen oder beim Mittagessen ein alkoholisches Getränk zu sich zu nehmen. Bezüglich des Rauchens und Trinkens stimmen wir der altbewährten Weisheit bei: „Wenn Ihnen irgendwelche Zweifel kommen, lassen Sie es lieber bleiben."

Selbst bei Gesten der Gastfreundschaft geraten wir oft in die seltsame Welt der unterschiedlichen Etikette. Sagen Sie „nein danke", wenn Ihnen bei einem Kundenbesuch eine Tasse Kaffee angeboten wird? Würde sich an Ihrer Antwort etwas ändern, wenn Sie wüßten, daß der Klient Gästen gegenüber besonders stolz auf die Gastfreundschaft seiner Firma ist? Würde sich an Ihrer Entscheidung etwas ändern, wenn der angebotene Kaffee von der Firma selbst hergestellt und als etwas ganz Besonderes angesehen wird? Wie reagieren Sie, wenn Ihnen ein Stück vom Geburtstagskuchen Ihres Kunden angeboten wird? Ungeachtet der strapazierten Nerven und des Taillenumfangs wäre es generell das beste, dankbar anzunehmen.

Schließlich sollte auch die Etikette im Hinblick auf Geschenke beachtet werden. Manche Firmen haben strikte Regeln, die besagen, daß keine Geschenke angenommen werden dürfen. Geschenke sollten auch dem Anlaß entsprechen und im Rahmen der laufenden Geschäftsverhandlungen sein.

Das Angleichen an eine fremde Kultur

In der heutigen Verkaufswelt überwinden Telekommunikation, Flugreisen und multinationale Unternehmen die nationalen Grenzen. Vielleicht ist das Angleichen nirgendwo wichtiger als da, wo wir mit Geschäftsleuten zu tun haben, deren Sprache, Körpersprache, Politik und Umgang mit der Zeit verschieden von unserer eigenen ist.

Wie man in Japan grüßt oder begrüßt wird, unterscheidet sich wesentlich von der Begrüßung in Frankreich. Die Etikette in bezug auf Pünktlichkeit bei Geschäften ist in Mittelamerika vollkommen anders als in Nordeuropa.

Da ich regelmäßig internationale Konferenzen leite, war ich unzählige Male Zeuge, wie mangelndes kulturelles Angleichen entweder die Verhandlungen in die Länge zog oder scheitern ließ.

Ich habe z.B. vor kurzem einen deutschen Geschäftsmann dabei beobachtet, als er versuchte, einen Vertrag für die Lieferung von Nahrungsmitteln mit einem Offizier abzuschließen, der für die Nahrungsmittelbeschaffung eines großen amerikanischen Militärstützpunktes in Deutschland verantwortlich war. Die meisten Einzelheiten des Vertrages waren bereits geregelt, und die zwei Männer hatten sich erhoben, um die letzten Details in der Hotelhalle zu besprechen. Der Deutsche kam dabei bis auf 15 cm an das Gesicht des Offiziers heran. Bei jedem Satz machte der Amerikaner einen Schritt zurück, um den für ihn angenehmen Abstand wiederzugewinnen. Und mit jedem Schritt rückwärts machte der Deutsche einen Schritt vorwärts. Es dauerte nicht lange, bis der deutsche Geschäfts-

mann den Offizier in die hinterste Ecke der Halle zu-
rückgedrängt hatte. Als ich später mit dem Amerikaner
sprach, berichtete er mir, sie seien einem Abschluß
sehr nahe gewesen bis zu dem Zeitpunkt, als er
begann, sich sehr unbehaglich zu fühlen. Aufgrund
des mangelnden Einfühlungsvermögens dieses Ge-
schäftsmannes kam es nicht zu einem Abschluß.

Das regionale Angleichen

So wie sich fremde Kulturen von unserer eigenen unterscheiden, gibt es auch regionale Unterschiede im
eigenen Land.

Sie wissen vielleicht, daß in den Südstaaten ein Geschäftsessen eher eine gesellige Angelegenheit ist als
eine geschäftliche. Tatsächlich gilt es in einigen Teilen
des Landes als unhöflich, Geschäftsverhandlungen
während eines „Geschäftsessens" zu führen. In anderen Teilen des Landes ist genau das Gegenteil der
Fall. Man verabredet sich zu einem Essen, um über
Geschäfte zu sprechen, die dann auch das einzige
Gesprächsthema während der gesamten Mahlzeit
sind. Eine Variante ist, geschäftliche Fragen zu erörtern, bis das Essen auf den Tisch kommt, um dann
zum geselligen Teil überzugehen.

Da viele Geschäftsleute per Flugzeug reisen und Geschäftsverhandlungen auf der ganzen Welt führen und
da viele Geschäftsleute von einem Ort zum anderen
versetzt werden, könnte man glauben, daß es ein ho-
mogenes Verhalten oder ähnliche Erwartungshaltun-
gen in unterschiedlichen Unternehmen gibt. Aber das
ist nicht der Fall. Wir müssen bezüglich der Etikette

beim Angleichen genauso gewandt sein wie in anderen Bereichen des Angleichens.

Zugegeben, weltweite Kommunikation und schnelle Transportmöglichkeiten lassen unterschiedliche Kulturen bis zu einem gewissen Maß zusammenwachsen. Es wäre jedoch gefährlich zu glauben, Amerikaner, Deutsche, Japaner, Südländer oder andere Völker seien einander sehr ähnlich. Die Abweichungen heben die Vereinheitlichung sofort wieder auf. Ähnlich stark unterscheiden sich Erwartungen und Etikette von einem Unternehmen zum anderen, so daß die bessere Strategie ist, Unterschiede vorherzusehen und auf diese zu achten, als Ähnlichkeiten zu erwarten und nicht sensibel genug für subtile kulturelle Unterschiede zu sein.

Ein weiterer Kernpunkt, den Sie beachten und sich merken sollten, ist der, daß Menschen, wenn sie in bestimmten Organisationen, Regionen oder Ländern sind, früher oder später die Etikette dieser Organisationen, Regionen und Länder unbewußt befolgen. Wenn Sie gegen diese Regeln verstoßen, riskieren Sie, den Kontakt auf dieser Ebene zu verlieren.

Die kulturelle Etikette könnte man mit Tischmanieren vergleichen. Sie zu verletzen kann eine Reihe von Reaktionen auslösen, vom amüsierten Lächeln bis zur Bestürzung. Sie sollten deshalb besonders auf die Etikette achten, wenn Sie Neuland betreten. Es ist jedoch nicht notwendig, sich deswegen übermäßig Sorgen zu machen. Entspannen Sie sich in der Gewißheit, daß Sie ein aufmerksamer Beobachter sind und spüren werden, wenn Sie eine Regel verletzen. An diesem Punkt können Sie dann einen Rückzieher machen, sich selber korrigieren und erneut angleichen.

Das Angleichen des Inhaltes

Ging es Ihnen schon einmal so, daß Sie jemandem unbedingt etwas erzählen wollten, aber er wollte zuerst über ein anderes Thema sprechen? Und während Sie ihm zuhörten, konnten Sie es kaum erwarten, mit dem Erzählen zu beginnen. Wieviel Aufmerksamkeit konnten Sie ihm schenken? In Verkaufssituationen ist häufig eine andere Tagesordnung angesagt als die, die wir erwarten. In diesem Fall wird uns der Kunde Hinweise geben, was er sich zuerst von der Seele reden muß oder worüber er in diesem Moment lieber sprechen möchte. Manchmal ist es nur Smalltalk, in anderen Fällen jedoch kann das Anpassen an den Gesprächsgegenstand eine sehr gute Möglichkeit sein, die Vorstellungen und Prioritäten ihres Gesprächspartners kennenzulernen.

Angleichen des Inhaltes bedeutet, Ihren Gesprächspartner dort abzuholen, wo er ist, sich einzulassen auf das, was er sagt, und dann mit Hilfe einer Überbrückungstechnik zu dem überzuleiten, worüber Sie sprechen möchten. Das passiert häufig ganz natürlich. Sie sprechen über eine bestimmte Sache und vertiefen sich darin. Das erinnert Sie an etwas und lenkt ihre Gedanken auf ein anderes Thema, das Sie wiederum an etwas völlig anderes erinnert. Es ist ein ganz natürlicher Vorgang, den Sie nachvollziehen können, indem Sie über das Angleichen des Inhaltes auf Ihr eigenes Anliegen kommen.

Bis zu diesem Punkt haben wir über acht Ebenen des Angleichens gesprochen: Emotionales Angleichen, Angleichen über Einverständnis, Angleichen der Haltung, Angleichen von Tonfall und Tempo, Angleichen in der Sprache, Angleichen über Wertvorstellungen und Anschauungen, kulturelles Angleichen und Angleichen des Inhaltes. Alles gleichzeitig durchzuführen, scheint Ihnen vielleicht ein wenig viel auf einmal zu sein. Aber seien Sie zuversichtlich, Sie machen bereits vieles davon, ohne es zu wissen.

Jetzt, da Sie die vielen Strategien des Angleichens kennengelernt haben, überlegen Sie, wie Sie diese in Ihren alltäglichen Verkaufssituationen einsetzen können. Ich schlage vor, diese Fähigkeiten zu entwickeln, indem Sie sich eine nach der anderen vornehmen. Gehen Sie Schritt für Schritt vor. Fangen Sie mit dem an, was Sie am meisten interessiert oder was Ihnen am leichtesten fallen wird. Viele finden, daß das Angleichen der Haltung oder das emotionale Angleichen ein guter Anfang ist.

Versuchen Sie, Ihren Gesprächspartner dort abzuholen, wo er ist. Beobachten Sie, wie er sich entspannt, wenn Sie in seinem Rhythmus sind. Beobachten Sie, wie leicht Sie etwas verändern können, um sich noch besser auf ihn einzustimmen. Üben Sie, haben Sie Freude daran, probieren Sie. Allein in diesen acht Fähigkeiten liegt ein Schatz verborgen, eine Kraft, die weitaus stärker ist als die, die den meisten Menschen zur Verfügung steht. Für Sie sind diese Fähigkeiten aber erst ein Anfang.

Gemeinsame Interessen

Gemeinsame Interessen können einen äußerst starken Kontakt herstellen. Die Geschichte hat uns wiederholt gezeigt, daß sogar Organisationen und Völker, die vorher im Streit miteinander lagen, sich verbünden und harmonisch zusammenarbeiten, wenn sie einen gemeinsamen Feind haben oder wenn beide an der Lösung eines bestimmten Problemes interessiert sind. Aus diesem Grund sollte man der Wertschätzung der Mitarbeiter eines Unternehmens einen hohen Stellenwert einräumen, indem man ihnen zeigt, daß man sie schätzt, und die Bereitschaft zur aktiven Mithilfe signalisiert bzw. Hindernisse beseitigt, die sich ihnen in den Weg stellen.

Wie machen Sie das? Mit Hilfe dessen, was Sie im Umfeld der Mitarbeiter und Ihrer selbst beobachten; mit der Art, wie Sie Fragen stellen und auf deren Aussagen und Fragen eingehen.

Betrachten Sie diesen Vorgang als eine Form von Verkauf, bei der Sie Untersuchungen anstellen. Tatsächlich sollte Ihr Forschergeist beim Betreten eines neuen Unternehmens vom ersten Moment an geweckt sein. Als eines der ersten Dinge wird Ihnen vielleicht auffallen, daß das Büro eine persönliche oder unpersönliche Atmosphäre ausstrahlt. Lassen Sie Ihre Blicke über die Bilder an den Wänden schweifen. Hängen dort Renoirs oder Umsatzkurven? Sehen Sie sich das Lesematerial im Besucherzimmer an. Falls firmeneigene Publikationen ausliegen, überfliegen Sie diese, wobei Sie gleichzeitig auf Hinweise achten, die für Ihr Gespräch nützlich sein könnten.

Hat das Unternehmen Probleme bezüglich der Produktivität oder der Sicherheit? Machen Sie Notizen zu den Dingen, die Sie beitragen, zu den Lösungen, die Sie vorschlagen können. Liegt das *Manager-Magazin* auf dem Tisch? Wenn ja, schauen Sie nach, wer der Abonnent ist. Höchstwahrscheinlich wird es einem bestimmten Mitarbeiter in leitender Stellung zugesandt. Ist das der Mitarbeiter, den Sie besuchen? Hat der Empfänger Entscheidungsbefugnis? Notieren Sie sich alles im Geiste. In ähnlicher Weise achten Sie auch darauf, was sich an den Wänden oder auf dem Schreibtisch des Klienten oder Kunden befindet, den Sie besuchen. Gibt es städtische Auszeichnungen? Urkunden? Auszeichnungen für bestimmte Leistungen? Wie steht es mit motivierenden Slogans?

Spiegelt die Einrichtung des Büros eine lange Geschichte wider und vermittelt dadurch ein Gefühl von Nostalgie, oder vermittelt sie den Eindruck, als ob sich der Inhaber mehr an der Zukunft als an der Vergangenheit orientiert?

Klassische Verkaufsstrategien raten, daß Sie Hinweise, die auf ein Hobby des Mitarbeiters schließen lassen (Tennispokale, Siegerurkunden usw.), beachten und im Gespräch erwähnen sollten, um die Kontaktaufnahme zu erleichtern. Aber seien Sie hier vorsichtig. Wenn Sie mechanisch darauf eingehen, können Sie beim Kunden leicht den Eindruck eines kalkulierenden, unaufrichtigen Vertriebsbeauftragten erwecken, der sich durch diese Taktik einschmeicheln möchte. Damit erzielen Sie die gleiche Wirkung wie ein Redner, der mit einem obligatorischen abgedroschenen Witz beginnt und dann mit seiner trockenen, langweiligen Rede fortfährt in der Annahme, daß Humor zu Beginn einer Rede das Publikum für ihn erwärmt.

Wenn das Kompliment mechanisch gemacht wird, dann werden Sie höchstwahrscheinlich dasselbe Thema für ein Kompliment wählen, das jeder dritte Vertriebsbeauftragte in diesem Jahr gewählt hat. In diesem Fall werden Sie dieselbe stereotype Antwort erhalten, die jeder dritte Vertriebsbeauftragte in diesem Jahr erhalten hat.

Auf der anderen Seite, wenn Sie von diesen Dingen Notiz nehmen und sie mit der Zeit in Ihre Fragen und Gesprächspunkte einweben, dann wird höchstwahrscheinlich effektiverer Kontakt hergestellt, als mit einer hohlen Schmeichelei, wie z.B. „Wie auf dem Bild hinter Ihnen zu sehen ist, haben Sie hübsche Kinder, mein Kompliment!"

Eine noch wirksamere Variante dieser Strategie ist, die Sprache auf einen interessanten Gegenstand in seinem Büro zu bringen, wenn Sie Ihren Kunden außerhalb des Büros treffen. Stellen Sie sich z.B. vor, Sie treffen ihn zufällig im Freizeitzentrum und unterhalten sich kurz mit ihm über den Vorschlag, den Sie gerade ausarbeiten. Bei dieser Gelegenheit können Sie beiläufig sagen: „Wissen Sie, seit ich die chinesische Vase, in Ihrem Büro gesehen habe, muß ich immer wieder an sie denken. Sie ist wirklich schön." Oder: „Ich glaube, was ich gerade ausarbeite, wird Ihnen gefallen, da es im höchsten Maße zielorientiert ist, und wenn ich so an Ihre Auszeichnungen an den Wänden denke, wissen Sie wirklich die Herausforderung von Arbeit und Erfolg zu schätzen."

Den Kontakt vertiefen

Die bis zu diesem Punkt besprochenen Ebenen der Kontaktaufnahme zielten vornehmlich darauf ab, einen ersten Kontakt herzustellen. Aber was ist, wenn Sie in

Ihrem Kontakt zueinander bereits auf ziemlich festem Boden stehen und diesen Kontakt vertiefen wollen? Gibt es dafür Strategien? Ja, ganz sicher gibt es diese. Wenn wir den Kontakt vertiefen, dann gehen wir gewissermaßen über die Kontaktaufnahme hinaus und nähern uns einem Bereich, der mehr mit Bindung zu tun hat.

Symbole

Eine grundlegende Strategie zur Vertiefung des Kontaktes ist der Gebrauch von Symbolen. Wie Sie wahrscheinlich bereits wissen, sind wir symbolorientierte Geschöpfe. Schauen Sie sich all die Symbole an, die Sie umgeben, die Sie benutzen, auf die Sie sich verlassen und die Sie schätzen.

Unsere Autos symbolisieren sehr oft, wer wir sind. Sie sind viel mehr als nur ein Transportmittel. Schauen Sie sich Ihre Hände an. Tragen Sie einen Freundschaftsring, einen Verlobungsring oder einen Ehering? Das sind Symbole. Wie Sie sich zur Arbeit kleiden, symbolisiert, wer Sie sind und was Sie über sich denken.

Wohin wir auch schauen, durch Symbole werden Gefühle und Erfahrungen wie in einem Brennglas gebündelt. Um ein Beispiel zu geben: Sicherlich gab es in Ihrem Leben Situationen, in denen Sie einen außerordentlich guten, motivierenden Vortrag, eine gute Predigt oder eine anregende Diskussion gehört haben. Das haben Sie wahrscheinlich unzählige Male erlebt. Nehmen Sie sich einen Moment Zeit und schreiben Sie zwölf davon auf.

Können Sie das? Wahrscheinlich nicht. Warum? Weil
es keine gedanklichen Eselsbrücken gibt. Ist Ihnen
irgendwann einmal beim Kramen in Ihrer Ramsch-
schublade, in der Sie Andenken, Souvenirs, abgeris-
sene Karten u. ä. aufbewahren, etwas in die Hände gefallen, z.b. ein Andenken, das Sie anläßlich Ihres
Schulabschlußfestes bekommen haben, oder eine
kleine Plastiktrophäe, die Ihnen in der Mittelstufe bei
einem Tanzwettbewerb überreicht wurde?

Kleine Symbole wie diese können einem in die Hände
fallen, und plötzlich erinnern wir uns lebhaft und in allen Einzelheiten an diesen Abend. In vielen Fällen
durchleben wir sogar nochmals die Gefühle, die wir
damals empfanden. Es ist so, als ob all diese Gefühle,
Erinnerungen, Klänge und Bilder aufbewahrt und irgendwie mit diesem einfachen, kleinen Symbol verknüpft oder verankert worden sind.

Können Sie diese Gefühle und Erinnerungen ohne
dieses Symbol heraufbeschwören? Sicherlich könnten Sie das. Aber aller Wahrscheinlichkeit nach wird
es nicht passieren, es sei denn irgend etwas erinnert
Sie wieder an diesen Moment in Ihrer Vergangenheit.

Darin besteht der Wert von Symbolen. Wenn ein Symbol mit einem denkwürdigen, gefühlvollen Ereignis assoziiert wird, dann scheint dieser emotionale Moment
mit diesem Symbol wie mit einem Anker verknüpft zu
sein.

Weil wir dies intuitiv wissen und danach handeln, gibt
es ganze Industriezweige, die davon leben, daß Menschen Souvenirs von Urlaubsorten kaufen. Haben Sie
sich bei Ihrem letzten Urlaub irgendein Souvenir gekauft? Haben Sie etwas aufbewahrt, um sich an die

schöne Zeit zu erinnern, die Sie dort verlebt haben? Wenn ja, dann denken Sie jetzt an das Symbol und machen sie eine kleine Reise in die Vergangenheit.

Symbole können auch im Geschäftsbereich wirkungsvoll sein. Angenommen, Sie entdecken während einer geschäftlichen Unterredung, daß Ihr Kunde gerade einen Stapel Fotos von seiner Enkelin bekommen hat. Er zeigt Ihnen die Bilder, was Ihnen Gelegenheit zu einem Gedankenaustausch gibt, wie wundervoll doch Kinder in diesem Alter sind und wie stolz er auf seine Enkelin sein müsse. Sie haben jetzt aufgrund dieser geteilten Freude einen guten Kontakt hergestellt. Können Sie sich die Wirkung vorstellen, wenn Sie einige Tage später diesem Kunden einen Satz Bilderrahmen senden mit einer Karte, auf welcher steht: „Je öfter ich an Sie und Ihre Enkelin denke, desto klarer wird mir, daß diese Bilder gerahmt und an die Wand gehören." Mit einer solchen Geste haben Sie zwei sehr wichtige Dinge getan. Sie haben erstens ein Geschenk gemacht, das mit einer angenehmen Assoziation verankert ist, und wenn er sich diese Bilder anschaut, dann besteht zweitens eine sehr große Wahrscheinlichkeit, daß er die angenehmen Gefühle, die er seiner Enkelin gegenüber hegt, und die angenehmen Gefühle, die er mit den Rahmen verbindet, auf Sie überträgt. Das Einfühlungsvermögen hat sich vertieft.

Gegenseitigkeit

Die zweite wichtige Strategie zur Vertiefung des Kontaktes hat mit Gegenseitigkeit zu tun. Im oben aufgeführten Beispiel hat das Geschenk höchstwahrscheinlich ein Schuldigkeitsvakuum erzeugt. Ein Schuldigkeitsvakuum entsteht, wenn jemand etwas Nettes für

Sie getan hat und Sie dann das Gefühl haben, Sie schulden dem anderen etwas und sollten die Leere auf Ihrer Seite der Waage der Gegenseitigkeit füllen, indem Sie etwas Nettes für ihn tun.

Es gibt wissenschaftliche Untersuchungen, die die Vermutung bestätigen, daß Gefühle der Gegenseitigkeit sowohl auf einer unbewußten als auch auf einer bewußten Ebene Einfluß darauf haben, wie wir tagtäglich in unserem Umfeld handeln. Diese ganz natürliche Tendenz haben Sie wahrscheinlich bemerkt, als Sie zwei- oder dreimal Freunde zum Essen zu sich einluden, aber keine Gegeneinladung erfolgte. Darüber waren Sie wahrscheinlich etwas verärgert. Vielleicht sehen Sie diese Leute als Schmarotzer an, die Ihre Zuneigung nicht wirklich erwidern oder nicht verstehen, daß eine gute Freundschaft aus Geben und Nehmen besteht.

Lassen Sie uns noch einen Schritt weitergehen und aufzeigen, wie man mit dieser Idee ein engagiertes Verhalten erreichen kann. Angenommen, Sie haben einen Klienten, mit dem Sie seit sechs Jahren in Geschäftsverbindung stehen. Dieser Klient ist ein guter Kunde und Sie haben bereits sehr guten Kontakt. Sehr wahrscheinlich wird dieser Kunde – gleichgültig wie zufrieden er mit Ihnen ist und ungeachtet dessen, wie gut Ihr Kontakt ist – *Sie nicht weiterempfehlen,* wenn Sie nicht das Gespräch darauf bringen. Erst dann wird er Sie gerne weiterempfehlen. Ohne dieses Gespräch bestehen nur geringe Chancen, daß er Empfehlungen ausspricht.

Wie oft erzählen Sie Ihren Bekannten, wie zufrieden Sie mit Ihrer Lieblingsboutique sind? Wann haben Sie das letzte Mal Ihren Friseur weiterempfohlen? Sind Sie mit Ihrem Arzt zufrieden? Wann haben Sie ihn zuletzt jemandem empfohlen?

Aller Wahrscheinlichkeit nach haben Sie das alles *nie* gemacht. Aber falls Sie doch Ihre Lieblingsboutique weiterempfohlen haben, geschah das, nachdem Ihnen jemand ein Kompliment über Ihre Kleidung gemacht hatte. Wenn Sie einem Bekannten gegenüber Ihren Friseur erwähnten, dann wahrscheinlich nur, weil er eine Bemerkung über Ihre Frisur machte. Wenn Sie im Gespräch Ihren Arzt erwähnten, dann vermutlich deswegen, weil jemand Hilfe brauchte. Ansonsten haben Sie wahrscheinlich nie solche Empfehlungen ausgesprochen, weil das Gespräch nicht darauf kam.

Sie können wetten, daß sich Ihre besten Klienten ähnlich verhalten. Ob Sie nun Computersysteme, Immobilien, Versicherungen, Industrieausrüstungen oder was auch immer verkaufen, aller Wahrscheinlichkeit nach bekommen Sie nicht die Empfehlungen, die Sie möglicherweise erhalten könnten, weil sich dieses Gesprächsthema nicht von alleine ergibt.

Hier möchten wir Ihnen zeigen, was Sie verändern können, damit das Gespräch auf diesen Punkt kommt. Sie können es erreichen, indem Sie Ihren Kontakt mit einer symbolischen Geste verankern und ihn mit einem Symbol verknüpfen, das der Klient benutzen wird. Wenn der Name Ihres Klienten Blome lautet, dann sagen Sie vielleicht bei Ihrem nächsten Besuch zu ihm: „Herr Blome, ich bin meine Unterlagen durchgegangen und habe bemerkt, daß wir seit mehr als sechs Jahren geschäftlich zusammenarbeiten. Wissen Sie, ich bekomme aus heiterem Himmel Anrufe von Leuten, die in einer ähnlichen Branche arbeiten wie Sie, und die mich um einen Besuch bitten. Ziemlich oft vergessen sowohl meine Sekretärin als auch ich danach zu fragen, wie sie auf mich gekommen sind. Herr Blome, ich nehme an, daß die Leute oft deswegen anrufen, weil meine guten Kunden mich im Gespräch erwähnt haben." Dann überreichen Sie Herrn Blome ein Geschenk. Dies kann ein qualitativ hochwertiger Füllfederhalter in mittlerer Preislage sein, eine Ledermappe oder etwas, das Herr Blome sehr gut gebrauchen kann oder das er sehr schätzt. Dann sagen Sie: „Herr Blome, ich möchte Ihnen dafür danken, daß Sie mich Ihren Freunden weiterempfohlen haben. Und ich möchte Ihnen dies als Zeichen meiner Wertschätzung geben, für die Hilfe, die Sie mir in der Vergangenheit gegeben haben, und für all die Empfehlungen, für die ich mich bisher noch nicht bei Ihnen bedankt habe." Geben Sie ihm die Hand, überreichen Sie ihm das Geschenk und sagen Sie: „Nochmals vielen Dank, daß Sie mich weiterempfohlen haben."

Herr Blome ist wahrscheinlich ein viel zu netter Mensch, um zu antworten: „Lieber Herr ..., liebe Frau ..., ich habe Sie nicht ein einziges Mal in meinem Leben weiterempfohlen." Herr Blome wird Ihnen wahrscheinlich auch nicht das Geschenk zurückgeben und sagen: „Ich verdiene es wirklich nicht." Nein, Herr Blome wird höchstwahrscheinlich lächeln und sagen: „Ich war bisher sehr zufrieden damit, wie Sie unsere Geschäfte abgewickelt haben, und ich bin sicher, daß es auch in der Zukunft so sein wird. Es wird mir eine Freude sein, Sie bei jeder möglichen Gelegenheit weiterzuempfehlen."

Das Symbol dient dazu, um ihn daran zu erinnern. Wird er Sie immer wieder weiterempfehlen? Es hängt davon ab, ob ihn das Symbol im richtigen Zusammenhang daran erinnert. Es wird alle positiven Gefühle und Erfahrungen aktivieren, wenn sich Gelegenheiten für eine Empfehlung bieten.

Es gibt vier Möglichkeiten, wie man das Symbol für den Empfänger besonders wertvoll oder bedeutsam machen kann. Eine Möglichkeit wäre, etwas Kostspieliges zu schenken. Aber etwas Kostspieliges muß nicht unbedingt wertvoll sein. Im Gegenteil, oft ist es keine gute Idee, ein teures Geschenk zu überreichen. Unter keinen Umständen wollen wir die Übereinkunft auf der Ebene der Wertvorstellungen brechen, wonach man sich Geschäftsabschlüsse nicht erkauft. Gefälligkeiten werden allgemein akzeptiert, Bestechungen nicht.

Die zweite Möglichkeit ist, Sie schenken etwas Einzigartiges oder Seltenes. Das kann eine Neuheit sein – etwas, das der andere noch nie gesehen hat. Wenn Ihr Klient ein Hobbykoch ist, wäre ein spezielles Gewürz ein einzigartiges und wahrscheinlich geschmackvolles Geschenk.

Die dritte Möglichkeit, um einem Geschenk Bedeutung zu geben, ist, es symbolisch für etwas Größeres stehen zu lassen. Die Zertifikate an Ihrer Wand gehören wahrscheinlich in diese Kategorie. Das Papier und der Rahmen an sich sind vermutlich nicht besonders wertvoll, aber das Ganze repräsentiert harte Arbeit und hervorragende Leistung. Preise und Urkunden fallen in diese Kategorie. Das Erinnerungsfoto von den vier Besten einer nationalen Golfmeisterschaft gehört ebenso in diese Kategorie wie ein Foto, das Sie zusammen mit Ihrem Klienten zeigt und Erinnerungen an ein bedeutungsvolles Ereignis wachruft.

Eine vierte Möglichkeit, das Geschenk wertvoll zu machen, ist, es mit einer persönlichen Inschrift zu versehen. Vielleicht haben Sie schon einmal bei einer
Messe, Konferenz oder Tagung ein schön gedrucktes
Namensschild bekommen. Weil Ihr Name so wunder-
schön gedruckt war, fiel es Ihnen schwer, dieses Namensschild wegzuwerfen. Was könnte nutzloser sein,
als ein altes Namensschild mit einem Messeaufdruck?
Da es aber mit Ihrem Namen versehen war, wurde es
für Sie wertvoll. Nun, wenn ein Namenszug ein Schild
wertvoller macht, stellen Sie sich vor, wie man damit
ein wohlüberlegtes Geschenk für eine Führungskraft
aufwerten kann. Das Symbol würde die Beziehung
aufwerten, da der Name das Symbol aufwertet.

Wir möchten noch einmal auf die Methode zurückkommen, sich für Empfehlungen zu bedanken. Nachdem
wir die verschiedenen Formen kennengelernt haben,
wie man die Bedeutung oder den Wert eines Geschenkes steigern kann, sagen Sie jetzt vielleicht:
„Nun, wenn die Leute mich jetzt weiterempfehlen,
dann machen sie nichts anderes, als eine Schuld zu
begleichen." Daran ist etwas Wahres. Doch es könnte
ebensogut sein, daß ihre Gefühle Ihnen gegenüber
aufrichtig sind und es nicht so sehr das Begleichen einer Schuld, sondern vielmehr der Ausdruck eines auf-
richtigen Gefühls ist.

Wenn letzteres stimmt, dann ist es ironischerweise so,
daß sich Ihr Geschäftspartner mit Ihnen stärker verbunden fühlt, nachdem er Sie immer wieder empfohlen hat, als wenn er es nie getan hätte. In ähnlicher
Weise wirkt eine andere Methode, um den Kontakt zu
verstärken und zu vertiefen, nämlich die, Ihren zufriedenen Kunden um einen Empfehlungsbrief zu bitten.
Das geschriebene Wort spielt dabei eine entschei-

dende Rolle und kann die Einstellung der Klienten Ihnen gegenüber positiv beeinflussen. Noch besser
wäre es, wenn Sie von Ihrem Klienten ein *persönliches* Empfehlungsschreiben bekommen könnten. Obwohl das für ihn eine Unannehmlichkeit bedeutet, wird
er diese Mühe auf sich nehmen, weil er sich sagt, daß
Sie es wirklich wert sind.

Natürlich kann Ihr Klient dies ablehnen und sagen:
„Ich bin wirklich zufrieden mit Ihnen, aber mein Terminkalender ist so voll, daß ich mir einfach nicht die
Zeit dafür nehmen kann." An diesem Punkt können
Sie einen Rückzieher machen und sagen: „Wäre es Ihnen recht, wenn ich etwas aufsetze? Wenn Sie damit
einverstanden sind, dann geben Sie es einfach Ihrer
Sekretärin zum Schreiben, und Sie unterzeichnen nur
noch." Auch das wird wertvoll sein, nicht nur als Empfehlungsschreiben, das man potentiellen Kunden zeigen kann, sondern Sie werden dadurch auch in Ihrem
Wert bei demjenigen steigen, der unterschreibt.

Wenn Sie eine doppelte Wertschätzung erreichen wollen, nachdem man Ihrer Bitte nachgekommen ist und
Ihnen diesen besonderen Gefallen getan hat, dann
geben Sie dem Kunden im Gegenzug ein symbolisches Geschenk, um diese Empfehlung mit dem Geschenk zu verankern.
Der Kontext, in dem dies geschieht, ist wichtig. Die
Andeutung sollte aber *nicht* sein: „Wenn Sie mir einen
Empfehlungsbrief schreiben, dann werde ich Ihnen ein
Geschenk machen", weil es den Anschein erweckt,
als ob das Wort Ihres Kunden mit einem Geschenk erkauft werden könnte. Der zweite Grund ist, wenn der
Kunde diesen Brief schreibt, um ein Geschenk zu bekommen, dann wird er sich innerlich weniger in Richtung einer Kontaktvertiefung bewegen, als wenn es für

eine geringe oder ohne Gegenleistung geschieht. Daraufhin können Sie den Kontakt noch weiter vertiefen, indem Sie ihn oder sie mit einem Symbol als Zeichen Ihrer Wertschätzung überraschen und damit die großartige Beziehung und die gegenseitige Bewunderung, die Sie miteinander verbindet, festigen.

Übrigens, wenn Ihre Kunden einen Empfehlungsbrief schreiben - *aus welchem Grund auch immer* – dann wird es im allgemeinen eine psychologische Wirkung auf die Verfasser haben und zwar insofern, daß sie geneigt sind, Ihnen auch künftig den Vorzug zu geben. Die Bewegung in diese Richtung ist vielleicht nur schwach, aber sie ist trotzdem vorhanden. Aus diesem Grund hat es in den letzten Jahren so viele Wettbewerbe gegeben, die darauf basierten, daß man in wenigen Worten sagen mußte, warum einem ein Produkt gefällt. Menschen, die an einem Wettbewerb teilnehmen und dem Hersteller schreiben, warum ihnen ein Produkt gefällt, identifizieren sich innerlich noch mehr mit dem Produkt. Natürlich wird nicht jeder in der gleichen Weise oder im gleichen Ausmaß davon beeinflußt, aber insgesamt gesehen wird das Vorgehen, das wir anwenden, einen Einfluß haben und die positive Einstellung verstärken.

Bis zu diesem Punkt haben wir darüber gesprochen, positive Gefühle mit greifbaren Symbolen wie Geschenken zu verankern. Es ist wichtig zu wissen, daß positive *und* negative Assoziationen mit Geschenken oder Dingen, die wir sehen, hören, fühlen, riechen oder tasten können, verknüpft sein können. Fühlen Sie sich z.B. etwas unwohl in einer Arztpraxis oder in einem Krankenhaus wegen des antiseptischen Geruchs, der in der Luft liegt? Gibt es bestimmte Lieder oder Klänge, die emotionale Reaktionen wie Freude,

Traurigkeit oder Sehnsucht in Ihnen hervorrufen? Vielleicht haben Sie kürzlich ein altes Andenken wiedergefunden, und Sie erlebten erneut die Erinnerungen und den Spaß, den Sie auf dieser Reise hatten.

Positive und negative Gefühle können mit allem, was wir über die fünf Sinne aufnehmen, verankert werden, also nicht nur durch Geschenke, die der Kunde anfassen kann. Aus diesem Grund sollten wir tunlichst vermeiden, daß unangenehme Assoziationen, die entweder mit unserer Person oder mit unserem Unternehmen und unseren Produkten zusammenhängen, verankert werden.

Haben Sie schon bemerkt, daß im Fernsehen die rosigen Nachrichten über die Regierungsarbeit immer von hochkarätigen Politikern verkündet werden, wohingegen Katastrophenmeldungen oder schlechte Nachrichten normalerweise von einem Politiker verkündet werden, der weiter unten in der Hierarchie steht? Der Grund dafür ist einfach. Politiker in Machtstellungen wollen erreichen, daß positive Nachrichten mit ihnen assoziiert werden. Sie wollen vermeiden, daß negative Nachrichten mit ihnen verknüpft werden, selbst wenn diese Nachrichten ihr eigenes Ministerium betreffen. Anstatt sich der Gefahr auszusetzen, daß ihr Gesicht, ihr Image oder ihre Stimme mit negativen Gefühlen assoziiert wird, veranlassen sie, daß ein Untergebener dies auf sich nimmt.

Man sollte möglichst vermeiden, daß starke negative Assoziationen mit Geschenken verankert werden. Wenn eine Entschuldigung angebracht erscheint, um die Wogen wieder zu glätten, können Sie das mit der symbolischen Geste eines Geschenkes verbinden. In solchen Fällen empfehlen wir Geschenke, die

konsumiert werden können. Die Einladung zu einem
Drink als Entschuldigung für eine Flugzeugverspätung,
eine Schachtel Konfekt oder ein Blumenstrauß als Entschuldigung für Unannehmlichkeiten, die man einem
Geschäftsführer bereitet hat, wären Beispiele für diese
Art von Geschenken. Obwohl ein Geschenk in vielen
Situationen ein positiver Stimulator ist, möchten Sie
nicht, daß ein langlebiges Geschenk Ihren Klienten
immer und immer wieder an ein früheres Mißgeschick
erinnert. Das ist der springende Punkt.

Bei Quiz- oder Gewinnspielsendungen, in denen die
Kandidaten Trostpreise überrreicht bekommen, wird
scheinbar das Gegenteil dieser Empfehlung prakti-
ziert. Trostpreise werden dabei hauptsächlich aus
zwei Gründen gegeben: zum einen, um Werbegelder
von den Firmen zu erhalten, die die Trostpreise stellen, und zum anderen helfen sie, den Verlierer psychologisch wieder aufzurichten. Die Trostpreise sind in
vielen Fällen für die Kandidaten, die getröstet werden
sollen, von geringem Nutzen. Versetzen Sie sich an
ihre Stelle. Sie strengen sich an, um DM 100.000,– zu
gewinnen, und plötzlich taucht ein anderer Kandidat
auf und gewinnt. Oder Sie wählen die falsche Zahl und
verlieren dadurch alles. Als Trostpreis erhalten Sie einen Jahresvorrat an Hundeknochen und einen Mixer.
Sie erhalten die Hundeknochen und den Mixer, ob Sie
einen Hund haben oder nicht, ob sie einen Mixer brauchen oder nicht. Das ist das Wesen der Werbung.

Werden Sie jedesmal, wenn Sie den Mixer anschalten,
lächelnd zu sich selber sagen: „Nun, zumindest habe
ich einen Mixer gewonnen, der DM 80,– wert ist", oder
denken Sie daran, daß Sie einmal im Fernsehen fast
gewonnen hätten, aber dann doch verloren haben?

Wenn wir Folgegeschäfte abschließen wollen, dann müssen wir uns bemühen, das Verankern von unangenehmen Assoziationen möglichst zu vermeiden. Wir gehen noch weiter: Wenn Sie unangenehme Mitteilungen machen müssen, ist es besser, Sie sagen es dem Betreffenden in seiner eigenen Umgebung und nicht in Ihrer.

Fragen und Antworten zum zweiten Kapitel

Frage: *Ich bin mir immer noch nicht sicher, was Sie damit meinen, in Kontakt zu sein. Bedeutet es nicht einfach, gemocht zu werden?*

Antwort: Gemocht zu werden ist oft eine Nebenerscheinung davon. Wenn man jemanden mag, basiert das oft darauf, daß man ihm in Bezug auf Stil, Wertvorstellungen und Kommunikationsmuster ähnlich ist. Wir können uns deshalb vorstellen, daß dies oft den Kontakt begleitet. Stellen Sie sich Kontakt vor als die Aufmerksamkeit und das Vertrauen, das Ihnen jemand schenkt, damit Sie diesen Menschen und seine Realität besser verstehen, um ihn dann zu unterstützen, ihm zu helfen oder ihn zu stärken im Kontext ihrer Beziehung.

Wenn Ihnen das zu wortreich ist, stellen Sie sich Kontakt so vor, daß sich ein Mensch Ihnen und Ihren positiven Absichten öffnet. Wie erreichen Sie das? Dadurch, daß Sie zuerst offen für ihn sind, indem Sie sich seinen Mustern angleichen.

Frage: *Mit wem versuchen Sie Kontakt aufzubauen? Mit allen Menschen?*

Antwort: Sie versuchen mit den Menschen Kontakt
aufzubauen, bei denen Sie Einfluß nehmen wollen –
insbesondere in der Familie und bei Freunden. Aber
in Geschäftssituationen konzentrieren Sie sich vor allen Dingen auf Ihre Klienten, Ihre potentiellen Käufer
und auf die Menschen, die wiederum auf diese Einfluß
ausüben. Das umfaßt die Kollegen, die Sekretärinnen,
die Empfangsdame und selbst die Chefs. Leider ist
bei vielen Erstbesuchen nicht immer klar, ob Sie mit
demjenigen sprechen, der volle Entscheidungsbefugnis hat. Tatsächlich gibt es Schätzwerte, die besagen,
daß man bei über 60 % der Kundenbesuche mit dem
falschen Mitarbeiter spricht, oder mit jemandem, der
nur eingeschränkte Vollmachten besitzt. Um den potentiellen Kunden von vornherein einschätzen zu können, wäre es gut, sich zu erkundigen: „Frau Johannsen, während Sie und ich diese Konzeption besprechen und uns darauf einigen, wie wir vorgehen wollen,
müssen wir noch einen weiteren Mitarbeiter in diesen
Entscheidungsprozeß miteinbeziehen?" Die Antwort
auf diese Frage wird Ihnen Aufschluß darüber geben,
welche Mitarbeiter ihre Einwilligung dazu geben müssen. Sie müssen dann sicherlich auch auf diese Personen Einfluß nehmen und werden Sie vermutlich persönlich kennenlernen wollen (außer Sie sind in der
Fernsehwerbung tätig), damit Sie Ihr Ziel erreichen.

Selbst wenn man Ihnen keine weiteren Namen von
Mitarbeitern nennt, die an diesem Entscheidungsprozeß beteiligt sein könnten, schließen Sie daraus nicht
voreilig, daß es diese Mitarbeiter mit Entscheidungsbefugnis nicht gibt. Tatsächlich müssen Sie vom ersten Moment an jeden Menschen so sehen, als sei
sie oder er das berühmte Zünglein an der Waage, das
entscheidet, ob Ihr Vorschlag angenommen wird oder
nicht.

Fangen Sie mit der Empfangsdame an. Empfangsdamen sind meist sehr gut über die Vorgänge im Büro informiert, und oft sind sie die ersten Torhüter der Organisation. Sie können Ihnen den Zugang verwehren oder Ihnen helfen hineinzukommen. Wenn das auf die Empfangsdamen zutrifft, dann trifft es um so mehr auf die Vorstandssekretärinnen zu. Obwohl Vorstandssekretärinnen wahrscheinlich viel weniger Geld verdienen als Sie, steht es oft in ihrer Macht, Ihre geschäftlichen Beziehungen in ihrem Einflußbereich zu untergraben oder zu verbessern. Sie sind die wahren Torhüter und können oft ihren Einfluß geltend machen und so den entscheidenden Ausschlag geben, wer schließlich den Auftrag bekommt.

Frage: *Gibt es Gelegenheiten, bei denen man den Kontakt abbrechen muß?*

Antwort: Sicherlich. Sie machen es ständig. Wenn Sie z.B. im Flugzeug sitzen und sich nicht mit dem gesprächigen Menschen neben Ihnen unterhalten wollen, dann brechen Sie wahrscheinlich den Kontakt ab, indem Sie lesen, desinteressiert schauen oder etwas anderes auf Ihre Tagesordnung setzen als die Dinge, über die Ihr Nachbar sprechen möchte.

Wenn Sie mit einem Ihnen unsympathischen Menschen oder mit jemandem, über den Sie sich geärgert haben, nichts zu tun haben wollen, dann können Sie beobachten, daß Sie keinen Augenkontakt mehr herstellen, der Körpersprache des anderen nicht mehr folgen und dadurch eine unsichtbare Mauer zwischen sich und dem anderen errichten.

Oft brechen wir den Kontakt unbewußt ab und bemerken gewisse Menschen in unserer Umgebung einfach nicht mehr. Kellnern und Kellnerinnen passiert das des öfteren. Die meisten Kellner oder Kellnerinnen können von erstaunlichen Gesprächen berichten, deren Zeuge sie waren, da die Gäste sie (psychologisch gesehen) ignorierten, als existierten sie nicht, und ihre privaten Gespräche fortsetzten, obwohl sie anwesend waren. Wenn Sie mit der Zeit Ihre Fähigkeiten entwickeln, Kontakt aufzubauen, werden Sie erkennen, daß der Schlüssel zur Spitzenposition im Gegensatz zur Mittelmäßigkeit darin liegt, daß Sie den Kontakt nicht unabsichtlich abbrechen.

Frage: *Ist das alles nicht irgendwie manipulativ?*

Antwort: Ja. Das kann es sicherlich sein. Lassen Sie uns noch einmal zwischen Einflußnahme und Manipulation unterscheiden. Es handelt sich um mehr als einen semantischen Unterschied. Wenn Ihr Ziel und das Ziel Ihres Klienten miteinander verknüpft sind und Sie es Ihrem Klienten durch Ihre Strategien erleichtern, sein Ziel zu erreichen, dann könnte man dies entweder als positives Manipulieren oder als Gewinner-Gewinner-Einflußnahme bezeichnen.

Auf der anderen Seite, wenn Ihr Ziel und das Ihres Kunden unterschiedlich sind, wenn Sie also versuchen, etwas zu verkaufen, von dem Sie wissen, daß er oder sie es nicht gebrauchen kann, oder wenn Sie versuchen, ihn zu etwas zu überreden, das nicht in seinem Interesse ist, dann handelt es sich tatsächlich um negative Manipulation.

Ob wir es wollen oder nicht, wir können nicht *„nicht* kommunizieren". Außerdem üben wir bei jeder Unterhaltung mit anderen Menschen eine gewisse Wirkung auf ihre Verhaltensweisen und ihre Einstellung aus.

Wenn Sie als Verantwortlicher innerhalb Ihrer Organisation einen Wettbewerb als Anreiz starten, manipulieren Sie dann? Nehmen Sie Einfluß? Sicherlich machen Sie das, aber es ist Einflußnehmen im positiven Sinne.

Die vorgestellten Einsichten, Techniken und Strategien können für gute produktive Zwecke oder für weniger gute Zwecke benutzt werden. Sie können konstruktiv oder destruktiv sein, genauso wie ein Hammer oder jedes andere Werkzeug zum Bauen oder zum Zerstören benutzt werden kann. Der entscheidende Punkt dabei ist die Integrität des Menschen, der sie benutzt.

Frage: *Heißt das, daß ich an jeden verkaufen werde?*

Antwort: Nein, überhaupt nicht. Manche Geschäftsleute, die Sie aufsuchen werden, benötigen Ihr Produkt oder ihre Dienstleistung nicht. Andere wiederum benötigen es, erfüllen aber nicht die Voraussetzungen. Die hier vorgestellten Techniken können Sie davor bewahren, Ihre eigenen Bemühungen zu untergraben, indem Sie Fehler machen, die bei den meisten Vertriebsfachleuten und Managern sehr verbreitet sind.

Während Sie lernen, üben, anwenden und nochmals die Lektionen hier wiederholen, werden Sie sehen, daß Ihre prozentuale Abschlußrate drastisch steigen wird. Nicht nur das, auch Ihre Freude am Verkauf wird drastisch steigen.

Frage: *Wieviel Kontakt ist nötig, um das alles zu erreichen?*

Antwort: Das hängt von Ihrer Arbeit und Ihren Hindernissen ab. Wenn Sie nur ein bißchen Einfluß nehmen wollen, benötigen Sie auch weniger Kontakt, genauso wie ein kleines Gebäude ein kleineres Fundament braucht als ein riesiges Hochhaus. Seien Sie großzügig in Ihren Bemühungen um Kontakt. Kontakt aufzubauen ist so, als ob man fruchtbaren Boden schafft für eine zukünftige reiche Ernte.

Die richtige Zeit, um Verbindungen aufzubauen, ist, bevor Sie diese benötigen, und nicht, wenn Sie diese benötigen. Deshalb gilt in diesem Zusammenhang, daß Sie Ihren Klienten so behandeln sollten, als sei er oder sie tausend gute Referenzen wert. Behandeln Sie jeden Mitarbeiter so, als ob er eine hohe Position bekleide oder der zentrale Torhüter bzw. derjenige wäre, der die Entscheidung über ein Projekt zu treffen hat, das Ihnen viel bedeutet.

Frage: *Was mache ich, wenn mein Gesprächspartner nicht auf meine Strategien der Kontaktaufnahme anspricht?*

Antwort: Wenn die Strategien der Kontaktaufnahme richtig angewandt werden, dann werden sie ansprechen. Flexibilität ist hierbei der Schlüssel. Wenn ein Ansatz nicht funktioniert, versuchen Sie etwas anderes. Was Widerstand zu sein scheint, ist oft einfach die Unfähigkeit, sofort in die Realität des anderen zu schlüpfen – in die Muster, in denen er denkt und arbeitet.

Vor einiger Zeit hatte meine sechsjährige Tochter erhebliche Schwierigkeiten, am Abend einzuschlafen. Ich beschloß, einige dieser vom Angleichen zum Führen gehenden Strategien anzuwenden, um ihr beim

Einschlafen zu helfen. Unsere Ziele waren aufeinander abgestimmt. Sie war müde, aber überdreht, und sie wollte einschlafen. Ich war auch müde, und ich wollte, daß sie einschlief. Ich saß auf ihrer Bettkante, und wir sprachen im gleichen Tonfall und Tempo miteinander. Dann legte sie ihren Kopf aufs Kissen und ich fing an, ziemlich rhythmisch und ihrem Atem angepaßt mit ihr zu sprechen. Langsam wurde ich durch die Art, wie ich zu ihr sprach, ruhiger und entspannter.

Nach ungefähr fünf Minuten schien sie sanft und ruhig zu atmen. Ich vermittelte ihr die Suggestion, daß ich ihr gleich einen ganz besonderen Kuß geben würde, der sie soo entspannt und soo müde machen und direkt in das Land der Träume bringen würde. Ich beugte mich nach vorne, gab ihr einen sehr sanften Kuß und flüsterte: „Gute Nacht, meine Sonne. Ich liebe dich."

Als ich mich von der Bettkante erhob, sagte sie mit hellwacher Stimme: „Papi, ich bin immer noch nicht müde." Reflexartig, ohne einen Takt (in ihrem regen Tonfall und Tempo) zu verpassen, rief ich: „Natürlich bist du noch nicht müde." Und dann sagte ich, auf die ausgestopfte Puppe zeigend, die sie hielt: „Weil Anne noch nicht schläft. Glaubst du, du könntest Anne beim Einschlafen helfen?"

Sie sagte ja, sie meinte, das könne sie.

„Nun, wie würdest du Anne halten, um ihr beim Einschlafen zu helfen?" fragte ich sie.

„So", sagte sie und kuschelte sich an die Puppe.

„Liegt Anne jetzt gut?" fragte ich.

„Sehr gut, Papi", sagte sie.

„In Ordnung. Ich möchte jetzt, daß du Anne im Arm hältst und ich möchte, daß du Anne dabei hilfst, ganz fest einzuschlafen. Glaubst du, du kannst Anne dabei helfen?"

„Oh ja, ich glaube schon."

„Gut. Ich werde in fünf Minuten zurückkommen und nachschauen, ob du Anne geholfen hast, richtig einzuschlafen." Damit verließ ich das Zimmer.

Als ich fünf Minuten später in das Zimmer zurückging, waren sowohl meine Tochter als auch ihre Puppe Anne fest eingeschlafen. Aus irgendeinem Grund haben an diesem Abend die ruhigen, beschwichtigenden Worte, das Angleichen an ihre Atemzüge und alles andere, was sonst immer beruhigend auf sie wirkt, nicht geholfen. Als ich das merkte, wechselte ich sofort die Kontaktstrategie und betrat ihre Realität auf der Ebene des Inhaltes mit etwas, an dem sie in diesem Moment interessiert war. Dadurch half ich uns beiden, unser gemeinsames Ziel zu erreichen.

Frage: *Kann mich eine mißlungene Kontaktaufnahme ins Wanken bringen?*

Antwort: Es ist möglich, aber nicht wahrscheinlich. Wenn destruktive Fehlanpassungen passieren, dann normalerweise im kulturellen Bereich oder in dem der Wertvorstellungen und Anschauungen. Vielleicht besuchen Sie z.B. einen Menschen, der überempfindlich auf Ihre Größe, Ihren ethnischen Hintergrund, Ihr Benehmen oder Ihr Aussehen reagiert. Vielleicht sehen Sie seinem Ex-Partner ähnlich, dem er feindselig gesinnt ist. In solchen Fällen wird Ihr Gegenüber wahrscheinlich Schwierigkeiten haben, sofort mit Ihnen Kontakt aufzunehmen. Wenn Sie dies spüren und angemessen reagieren, wird es Ihnen gelingen, dieses Hindernis zu überwinden. In vielen Fällen werden Sie sogar einen noch stärkeren Kontakt aufbauen, wenn ein Hindernis zu überwinden war.

Haben Sie schon einmal die Erfahrung gemacht, daß
Sie jemanden ursprünglich nicht mochten, und als Sie
ihn etwas näher kennenlernten – seine Werte , Vorstellungen, Interessen – da bemerkten Sie, daß Sie anfin-
gen, ihn mehr und mehr zu mögen, bis Sie mit der Zeit
enge Freunde wurden? Das ist eine ähnliche Situation. Ein ursprünglich emotionales Hindernis zu überwinden, das kann man damit vergleichen, wie man einen Berg erklimmt und sich dann über den Schwung
beim Hinunterrodeln freut.

Frage: *Gibt es größere Hindernisse bei der Kontaktaufnahme, auf die ich achten muß?*

Antwort: Ja, auf die Eigenarten Ihres Gesprächspartners und Ihre eigenen. Die Ihres Gesprächspartners werden Sie erkennen, indem Sie beobachten, zuhören, fragen und sich angleichen. Ihre eigenen
zu bemerken ist etwas schwieriger, da sie Teil Ihrer
Realität sind. Hüten Sie sich davor, im Verlaufe Ihrer
Interaktion den Kunden zu bewerten und abzustem-
peln, sowohl geistig als auch verbal. Seien Sie versi-
chert, wenn Sie vor einem Kunden sitzen und denken:
„Junge, mit diesem Scheusal ist es schwierig zurecht-
zukommen", dann wird sich dieses Gefühl sehr wahrscheinlich in Form von nonverbalen Signalen äußern.
Sie werden weniger Augenkontakt haben, Sie werden
Ihre Lippen leicht verziehen, Sie werden vielleicht
seufzen, weil Sie frustriert sind, und Sie werden damit
ihre Fähigkeit untergraben, effektive Geschäftsverhandlungen zu führen.

Stempel sind brauchbar, um zu erklären und zu erzie-
hen, um Unterschiede herauszustreichen und um auf
Nuancen aufmerksam zu machen, aber sie sind weniger brauchbar im Bereich der Interaktion. Wenn wir

Menschen abstempeln, neigen wir dazu, auf den
Stempel zu reagieren, den wir ihnen aufgedrückt haben, und nicht auf das Individuum. Wir fangen an, auf
sie zu reagieren, als wären sie stereotyp, und lassen
ihre individuellen Bedürfnisse und Wünsche außer
acht.

Obwohl Zuneigung keine Voraussetzung für Kontakt
ist, ist es doch sehr schön, sie zu spüren, wenn man
Kontakt oder eine Geschäftsbeziehung aufbaut. Einige
Teilnehmer meiner Seminare haben die Frage gestellt:
„Wie schaffe ich es, daß mich die Klienten mögen?"
Die von mir erläuterten Strategien zur Kontaktaufnahme werden bis zu einem bestimmten Grad helfen,
aber ein psychologischer Grundsatz heißt: „Mögen
Sie den anderen zuerst!" Wenn Sie positive Gefühle
für den anderen empfinden, werden alle nonverbalen
Zeichen, die Sie unbewußt geben, diese Zuneigung
ausstrahlen. Es wird dem anderen dabei helfen, seine
defensive Haltung aufzugeben. Es wird ihn davon abhalten, Wachposten aufzustellen, um sich zu schützen.

Der Komödiant McLean Stevenson scherzte: „Meine
Frau hat mich mit einem Trick dazu gebracht, daß ich
sie heirate ... Sie sagte, sie möge mich." Es interessiert Sie vielleicht, daß Joe Girard, der als erfolgreich-
ster Autoverkäufer der Welt gilt, jeden Monat eine
Grußkarte an jeden seiner Kunden verschickt. Während die Karten, Bilder und Grüße monatlich variieren,
steht auf der Innenseite der Karte jeden Monat dasselbe: „Ich mag Sie." Joe erklärte dem Sozialpsycho-
logen Robert Cialdini: „Es steht nichts anderes auf der
Karte, außer meinem Namen. Ich sage ihnen einfach,
daß ich sie mag." Wenn die Besten der Welt diese
Strategie benutzen, dann ist sie es wert, von uns beachtet zu werden.

Übrigens, wir können Cialdini's Buch *Influence* (Wm. Morrow & Company, 1984) wärmstens empfehlen.

Frage: *Wenn ich einmal in Kontakt bin, kann ich ihn wieder verlieren?*

Antwort: Ganz gewiß. Stellen Sie sich Kontakt als eine Waage vor. Wenn Sie den Kontakt aufbauen, nimmt die positive Seite immer mehr an Gewicht zu. Wenn Sie plötzlich ein negatives Gewicht auf die andere Seite fallen lassen, dann können Sie entweder das positive Gewicht, das Sie aufgebaut haben, aufheben, oder Sie können alle positiven Wirkungen zunichte machen. Normalerweise fällt diese Art Bombe in den Bereich der Wertvorstellungen. Wenn Ihnen jemand Anlaß gibt, an seiner oder ihrer Integrität zu zweifeln, dann werden Sie sich fragen, ob Sie mit Ihrer Präsentation fortfahren sollen. Ähnlich ist es, wenn Sie eine Verkaufspräsentation machen und etwas erwähnen, das den anderen dazu veranlaßt, plötzlich den Kontakt mit Ihnen abzubrechen. In einer solchen Situation ziehen Sie sich zurück, finden heraus, wo der wunde Punkt ist, gehen mit diesem angemessen um (wie, werden Sie in späteren Kapiteln dieses Programmes lernen), und dann gleichen Sie sich an, gleichen sich an, gleichen sich an. Um es einfacher auszudrükken: Wenn Sie den Kontakt verlieren, müssen Sie einen Rückzieher machen und erneut dort ansetzen, wo starker Kontakt vorhanden war. Sollte dieser Bruch wegen Verletzung einer Wertvorstellung erfolgt sein, dann erstellen Sie erneut eine Wertekarikatur, fahren mit den Techniken des Angleichens fort, die wir bereits besprochen haben, und benutzen dann die zusätzlichen Techniken des Einflußnehmens, die später noch behandelt werden.

In einigen Fällen kann sogar eine äußere Unterbrechung einen Bruch hervorrufen, da sie Ihren Gesprächspartner aus dem Gedankenrahmen herausreißt und ihn oder sie auf eine andere Spur führt. Wenn Sie also unterbrochen werden, machen Sie ein paar Schritte zurück und rekapitulieren kurz, was Sie beide bis zu diesem Punkt besprochen hatten. Damit erreichen Sie, daß Sie ihn oder sie wieder mit dem richtigen Impuls auf die richtige Spur bringen. Achten Sie dabei darauf, sich Ihrem Gesprächspartner auf möglichst vielen Ebenen anzugleichen.

Frage: *Wenn ich es durch Angleichen geschafft habe, den Kontakt aufzubauen, bin ich dann soweit, ihn oder sie zu führen?*

Antwort: Nicht notwendigerweise. Nur weil Ihr Gegenüber willig ist, sich von Ihnen kratzen zu lassen, heißt das noch lange nicht, daß Sie schon wissen, wo es ihn juckt. Sie müssen systematisch seine Bedürfnisse und Kriterien herausfinden. Die Techniken der Fragestellung im nächsten Kapitel setzen sich mit diesen Schritten auseinander.

Drittes Kapitel

Die Bedürfnisse potentieller Käufer ermitteln

Bei Ihren Verkaufsgesprächen verfügen Sie wahrscheinlich über eine Reihe von spezifischen Fragen, um festzustellen, ob Sie mit dem richtigen Interessenten sprechen und welche Kaufbedürfnisse der potentielle Kunde haben könnte. Normalerweise geht es dabei um das Wer, Was, Wo, Wann, Warum und Wie. Wenn Sie z.B. mit Immobilien zu tun haben, stellen Sie Ihrem Kunden vielleicht folgende Fragen, um ihn besser einschätzen zu können:

1. Wer wird in dem Haus leben?
2. An welche Größe denken Sie bei dem Haus?
3. Welche Gegend bevorzugen Sie?
4. Schwebt Ihnen ein bestimmter Baustil vor? Haben Sie besondere Vorstellungen?
5. Wann möchten Sie gerne umziehen?
6. Wo wohnen Sie jetzt?
7. Sind Sie dort Mieter oder Eigentümer?
8. Was haben Sie sich bis jetzt angeschaut?
9. Wie vertraut sind Sie mit der Gegend?
10. Wie vertraut sind Sie mit den Finanzierungsmöglichkeiten?
11. An welche Gesamtsumme haben Sie gedacht?
12. Wer ist an der Kaufentscheidung mitbeteiligt?

Wenn Sie an Unternehmen Programme verkaufen, die Anreize für die Verkaufsorganisation beinhalten und auf ein Prämiensystem ausgerichtet sind, erhalten Sie

Ihre Informationen vielleicht durch folgende Standard-
fragen:

1. Welche Waren und Dienstleistungen verkauft das
   Unternehmen?
2. Welcher Art ist das Verkaufspersonal? Wie zahl-
   reich? Mit welchen Vollmachten ausgestattet?
3. Wie groß ist das Vertriebsgebiet? Wie viele Kunden und wie viele potentielle Kunden gibt es?
4. Wer sind die Hauptkunden des Klienten?
5. Sind bereits Programme in Gang gesetzt, die die
   Sicherheits-, Produktivitäts- oder Qualitätskon-
   trolle fördern sollen?
6. Wo liegen die Hauptprobleme und -möglichkei-
   ten? Image? Sicherheit? Umsatz? Jahreszeitliche
   Fluktuation? Produktivität?
7. Welche Verkaufsförderungsmaßnahmen haben in
   der Vergangenheit gegriffen, welche nicht?
8. Welche Materialien gibt es, um sich über das Unternehmen, seine Produkte und Dienstleistungen
   zu informieren?
9. Wer sind die bedeutendsten Mitbewerber, und
   was sagt ein Vergleich in bezug auf Größe, Umsatz und Verkaufsförderung?
10. Arbeitet das Unternehmen mit einer Werbeagentur
    zusammen, und wenn ja, wie?
11. Wie hoch ist das Budget?
12. Wer sind die für die Verkaufsförderung verant-
    wortlichen Mitarbeiter? Wer entscheidet? Wer
    hat Vetorecht? Wie sieht der zeitliche Rahmen
    aus?

Praktisch jedes Unternehmen hat eine Checkliste mit
den notwendigen Fragen nach dem Wer, Was, Wo,
Wann, Warum und Wie, um näher bestimmen zu können, was der potentielle Käufer braucht. Wie kann man

jedoch die persönlichen Kaufmuster des potentiellen Käufers oder Klienten ermitteln?

Die Muster unseres Verstandes

Unser Verstand zeichnet sich durch eine äußerst anspruchsvolle Vernetzung aus, die Arbeitsweise ist jedoch relativ einfach. Seit den psychologischen Forschungen von Prof. George A. Miller von der Harvard Universität in den 50er Jahren wird allgemein anerkannt, daß wir uns maximal fünf bis neun Variablen zu einem bestimmten Zeitpunkt bewußt zuwenden können. Was darüber hinausgeht, müssen wir in Einheiten aufteilen, die wir uns einzeln merken. Telefonnummern z.B., die aus sechs Ziffern bestehen, werden meistens in Zweiergruppen aufgeteilt, um sie sich leichter merken zu können. Wenn Sie die Vorwahl hinzufügen und somit über der Zifferngrenze von neun liegen, ist es empfehlenswert, den kleinen Informationsblock – die Vorwahl – von der restlichen Nummer abzusetzen. Mit anderen Worten, es werden als Hilfen Muster innerhalb von Mustern gebildet, damit wir uns längere Muster merken können.

Als Sie das Alphabet lernten, merkten Sie sich die Buchstaben wahrscheinlich nicht direkt, sondern durch ein kleines ABC-Lied. Selbst als Erwachsene ertappen wir uns vielleicht dabei, daß wir ein rhythmisches Muster benutzen, wenn uns die alphabetische Reihenfolge nicht sofort einfällt. Zum Beispiel: Welcher Buchstabe folgt dem T? Manche müssen bei A beginnen und durch das gesamte Lied gehen, während andere eine kleinere Einheit nehmen und bei Q,

R, S, T beginnen. Da wir unsere Aufmerksamkeit
jeweils nur auf fünf bis neun Informationen richten
können, müssen wir viele gedankliche Abkürzungen
gehen.

Wenn Sie ein Zimmer betreten, werden Sie normalerweise nicht darüber nachdenken, ob der Boden Sie
trägt oder nicht. Sie werden sich hoffentlich nicht fragen, ob im Zimmer nebenan ein Tiger ist, bereit her-
auszuspringen, um Sie anzugreifen. Wird Sie ein Meteor treffen, oder wird der Stuhl Sie wirklich tragen? In
dieser Beziehung haben wir Stereotypen gebildet.
Dieser Boden schaut aus wie alle anderen Böden, die
ich gesehen habe, deshalb werde ich, ohne weiter
darüber nachzudenken, vorwärtsgehen und ihn betreten. Stereotypen sind Muster oder große Informations-
einheiten, aus denen ein leicht zu verstehender „Hap-
pen" gewonnen wird. Nicht nur die Muster an sich
sind sehr wichtig für uns, es ist auch wichtig, daß ein
Muster vollständig ausgeführt wird. Wenn jemand eine
unvollständige Tonleiter spielt, z. B. „do, re, mi, fa, so,
la, ti", spüren wir gewöhnlich das Bedürfnis, die letzte
Note „do" hinzuzufügen. Wenn wir feststellen, daß wir
„Gewohnheitstiere" sind, bedeutet dies auch, daß wir
Muster verwenden. Die gesamte Natur scheint bestimmten Mustern zu folgen, und da wir Teil der Natur
sind, folgen auch wir Mustern. Tatsächlich verläuft eigentlich alles, was wir als einzelne oder im Verband
mit anderen tun, nach Mustern. Ein unternehmensbe-
zogenes Beispiel der Zerlegung in kleine Einheiten
beschreiben Peters und Waterman in *In Search of Ex-*
cellence: „Die kleine Gruppe ist das sichtbarste Zerle-
gungsmuster. Kleine Gruppen sind – das ist das
ganze Geheimnis – die grundlegenden organisatori-
schen Bausteine der Spitzenunternehmen." (S. 126)
Sie führen weiter aus, daß Manager für gewöhnlich

Geschäftsbereiche, Abteilungen oder strategische Einheiten als Bausteine des Unternehmens betrachten, daß es aber eigentlich die kleineren Arbeitsausschüsse und Projektgruppen, die Teams und Qualitätszirkel sind, die die Zentren der handlungsorientierten Arbeit bilden. Hier werden die großen Probleme in handliche Einheiten zerlegt und von Mitarbeitern bearbeitet, die die Situation im Griff haben.

Wie man aus dem Kommunikationsmuster kleiner, ausgewählter Gruppen eine Kommunikationsstrategie für das gesamte Unternehmen entwickeln kann, können Sie in dem Programm *Sigma 3* zur Kommunikationsstrategie von Reese und Reese, Spechler und Spechler erfahren. Wir wollen an dieser Stelle jedoch nicht näher darauf eingehen.

Einige Psychologen vertreten die Auffassung, daß mehr als 95 % unseres Verhaltens nach kleinmustrigen Einheiten abläuft. Haben Sie jemals Ihre Schlüssel verloren? Wenn ja, dann besteht eine große Wahrscheinlichkeit, daß Sie ein bestimmtes Muster haben, an welchen Stellen Sie nachschauen. Mein Muster läßt mich zuerst auf meiner Kommode nachschauen, weil da die Schlüssel normalerweise sein sollten. Wenn sie dort nicht liegen, schaue ich sofort in den Hosentaschen der Hose nach, die ich am Abend zuvor getragen habe. Wenn ich sie dort nicht finde, schaue ich auf einem bestimmten Tisch nach, wo meine Schlüssel manchmal auftauchen. Der nächste Schritt ist die Küche, und dann mein Lieblingsstuhl, wo sie mir herausgefallen sein könnten. Jetzt kommt etwas Interessantes. Wenn die Schlüssel an keiner dieser Stellen liegen, dann ertappe ich mich praktisch jedes Mal dabei, daß ich nochmals auf der Kommode nachschaue, also dort, wo ich bereits nachgeschaut und festgestellt

habe, daß sie nicht da sind. Als nächstes schaue ich
wiederum in meinen Hosentaschen nach, danach auf
dem bestimmten Tisch, in der Küche, auf meinem
Lieblingsstuhl, und die ganze Zeit frage ich stereotyp:
„Hat jemand meine Schlüssel gesehen?" Zwei- oder
dreimal muß ich dieses Muster durchlaufen, bis ich
überzeugt bin, daß meine Schlüssel sich nicht an einem dieser Plätze befinden. Es kann sogar sein, daß
ich ein viertes Mal an denselben Stellen nachschaue.
Sie sind ein Teil meines Musters geworden, weil
meine Schlüssel so oft an einer dieser Stellen lagen.

Überall, wo wir hinschauen, sehen wir Muster. Muster
sind so wichtig für uns, weil sie unsere Realität ausmachen. Vielleicht waren Sie einmal bei einem offiziel-
len Empfang, wo die Etikette und das Muster so rigide
sind, daß Sie wahrscheinlich noch nicht einmal gehört
werden, wenn Sie etwas anderes als das obligatori-
sche „Guten Tag", „Wie geht es Ihnen?", „Mir geht es
gut" sagen. Die Information wird nicht einsinken. Da
Ihnen das vertraut sein dürfte, sollte es Sie nicht überraschen, daß wir auch Entscheidungen auf der Grundlage von bestimmten vorhersehbaren Mustern fällen.
Mit anderen Worten, wir neigen dazu, Entscheidungen
auf dieselbe Art und Weise zu treffen, wie wir ähnliche
Entscheidungen zuvor getroffen haben.

All diese Ausführungen lassen folgenden Schluß zu:
Menschen kaufen gemäß ihren persönlichen, vorher-
sagbaren Mustern. Diese Muster beruhen grundsätzlich darauf, wie sie Informationen einordnen. Wenn Sie
die geistigen Wahrnehmungsmuster Ihrer Kunden erkennen können, verstehen Sie, welche Schritte diese
unternehmen werden, um zu einer Entscheidung zu
kommen. Wenn sich die Art und Weise, wie Sie etwas
anbieten, an dem Entscheidungsmuster des Kunden

orientiert, dann sind Sie in Kontakt miteinander und auf dem Weg, sowohl seinen Bedürfnissen zu entsprechen als auch ihren eigenen.

Sie kennen die rhetorische Frage: „Ist das Glas halb leer oder ist das Glas halb voll?" Aus der Antwort auf diese Frage können Sie sehen, wie ein Mensch das sprichwörtliche Glas und dessen Inhalt wahrnimmt und bewertet. Unter geistiger Wahrnehmung versteht man also die Art, wie ein Mensch gewohnheitsmäßig Informationen gedanklich organisiert und nach Mustern verarbeitet, d.h. worauf er seine Aufmerksamkeit richtet und worauf nicht. Um auf das Beispiel mit dem Glas zurückzukommen, so richten manche Menschen gewohnheitsmäßig ihre Aufmerksamkeit auf das, was fehlt (sie gehören zu der Gruppe „halb leer"), und manche auf das, was vorhanden ist (sie gehören zu der Gruppe „halb voll").

Bei der Verarbeitung von Informationen gibt es viele unterschiedliche Möglichkeiten. Es hängt vor allem davon ab, was vom Betrachter wahrgenommen wird. Es folgen die wichtigsten Wahrnehmungsmuster, die im allgemeinen die Kaufentscheidungen beeinflussen. (Anmerkung des Verlags: Unsere Autoren verwenden für „Wahrnehmungsmuster" die Begriffe „sorting patterns" oder „sorts". Andere NLP-Schulen sagen dafür „sorting styles" oder „Meta-Programm-Muster".)

Autorität

Angenommen, Sie sind bereit, viel Geld für eine neue Stereoanlage auszugeben. Wie treffen Sie die Entscheidung? Denken Sie einen Moment darüber nach.

Wahrscheinlich gibt es drei Ausgangspunkte: (1) Ihre eigenen persönlichen Vorstellungen, (2) die Vorstellungen anderer, oder (3) weitere Quellen, wie Massenmedien, Verbraucherberichte, Werbung u.ä.

Wenn Sie zu ersterem neigen, dann kommt es Ihnen wahrscheinlich darauf an, wie sich die Anlage anhört, ob Ihnen ihr Äußeres gefällt, welches Gefühl Sie intuitiv haben. Oder Sie treffen die Entscheidung vom logischen Standpunkt aus, indem Sie alle verfügbaren Daten, die Sie finden können, dazu heranziehen.

Der zweite Ausgangspunkt wäre, jemanden zu konsultieren, der viel besser über Stereoanlagen Bescheid weiß, und ihn oder sie um Rat zu fragen; oder sich umzuschauen, welche Anlagen ihre Bekannten haben; oder Ihre Vorstellungen mit anderen zu besprechen, um aus ihren Antworten zu erfahren, was man beim Kauf einer Stereoanlage beachten sollte.

Die dritte Strategie wäre, sich solcher Hilfsmittel wie Vergleichstests, Daten, Verbraucherberichte oder Artikel über die neuesten Geräte zu bedienen. Damit wären wir normalerweise wieder bei der logischen Analyse.

Ihre Klienten und potentiellen Käufer gehen ebenfalls diese Möglichkeiten durch. Hinsichtlich der Autorität können sie ihre Aufmerksamkeit wie Sie auf (1) ihr persönliches inneres Bewertungssystem oder (2) auf die Meinung anderer oder (3) auf Daten, Fakten, Vergleichstests usw. richten.

Einer unserer Klienten wollte ein Seminar an ein großes Unternehmen verkaufen. Er fand heraus, daß man das Interesse des zuständigen Ressortleiters nur

durch externe Informationen wecken konnte und man
ihm daher Zeitungsartikel, Veröffentlichungen in Maga-
zinen oder Wirtschaftspublikationen präsentieren
mußte, damit er sich beruhigt für den Kauf des Semi-
nars entscheiden konnte. Nachdem er seine Entscheidung getroffen hatte, war die Einwilligung der Gebiets-
leiterin die nächste Hürde, die zu nehmen war. Die Ge-
bietsleiterin interessierte sich praktisch überhaupt
nicht dafür, was die Magazine über das Seminar be-
richteten. Sie wollte stattdessen einen Teil des Semi-
nars präsentiert bekommen, um die Wirkung selbst zu
erfahren.

In diesem Beispiel werden zwei der drei Möglichkeiten deutlich, auf die Menschen in der Wahrnehmungskategorie Autorität ihre Aufmerksamkeit richten, – Da-
tenautorität und Selbstautorität. Da unser Klient mit
den Prozessen des Wahrnehmens vertraut war, fiel es
ihm leicht, sich diesen zwei Stilen anzupassen, und er
verfiel nicht dem Weiß-der-Himmel-was-sie-von-mir-
wollen-Syndrom, als sich die Anforderungen an seine
Präsentation veränderten.

Widerspruch – Ähnlichkeit

Menschen, die beim Verarbeiten von Information mit
Widerspruch reagieren, gehören im allgemeinen zwei
Kategorien an: Entweder sie antworten mit Alternativ-
beispielen oder mit einer Gegenreaktion.

Das Wahrnehmungsmuster Alternativbeispiele

Menschen, die mit Alternativbeispielen reagieren, finden es notwendig, Alternativen zu Ihren Vorschlägen zu

präsentieren. Wenn Sie eine Idee vorstellen, die Einverständnis erfordert, werden diese Menschen Ihnen deshalb typischerweise eine ganze Liste mit „Jaabers" präsentieren, um Ihnen aufzuzeigen, warum Ihre Idee nicht funktionieren wird. Wenn Sie ihnen jedoch andererseits zeigen, warum etwas nicht funktionieren wird, werden diese Ihnen eine ganze Liste von Gründen aufzählen, warum es doch funktionieren wird. Vielleicht haben Sie z.B. einmal an einer Sitzung teilgenommen, bei der eine neue Marketing-Strategie entworfen wurde, und jemand aus der Buchhaltung begann eine ganze Reihe von Gründen aufzuzählen, warum die Kampagne aller Voraussicht nach ein Flop sein wird. Oder Sie haben vielleicht schon einmal die Erfahrung gemacht, daß Sie zu einem Kunden oder Klienten, der mit Alternativbeispielen reagierte, sagten: „Ich bezweifle ernsthaft, daß wir das Projekt rechtzeitig realisieren können", aber nur, um dann eine ganze Reihe von Gründen zu hören, warum es doch zum Erfolg geführt werden könne.

Dabei ist wichtig zu beachten: Das, wovon hier die Rede ist, ist ein *Einstellungs*muster, das automatisch ausgelöst wird. Es ist etwas anderes, als wenn jemand gelegentlich Einwände aufzählt.

Einer unserer selbständigen Klienten besetzt immer eine Position unter seinen Mitarbeitern mit jemandem, der seine Aufmerksamkeit auf Alternativbeispiele richtet und den er seinen „Neinsager" nennt. Jedesmal, wenn er eine neue Idee hat oder eine neue Unternehmung startet, stellt er seinem „Neinsager" diese detailliert vor als etwas, das hundertprozentig einschlagen wird. Sein „Neinsager" produziert natürlich sofort eine Liste von Gründen, warum es nicht einschlagen kann, und identifiziert dadurch viele mögliche Fallen in diesem Projekt, die unser Klient in seinem Enthusiasmus sonst vielleicht übersehen hätte. Genauso wie unser Klient seinen „Neinsager" einsetzt, so können Sie, wenn Sie jemanden als solchen erkannt haben (sei es ein Klient, ein möglicher Kunde oder ein Kollege), ihn entweder mit einer positiven oder mit einer negativen Aussage führen, was ihn veranlassen wird, entweder eine Liste von negativen oder von positiven Alternativbeispielen zu produzieren.

Das Wahrnehmungsmuster Gegenreaktion

Menschen mit dieser Veranlagung reagieren automatisch mit dem Gegenteil von dem, was Sie vorschlagen. Wenn Sie sagen: „Lassen Sie uns gehen", dann sagen diese: „Lassen Sie uns hierbleiben." Wenn Sie sagen: „Lassen Sie uns die Entscheidung zu einem späteren Zeitpunkt treffen", dann sagen diese: „Nein, lassen Sie uns die Entscheidung jetzt treffen."

Erinnern Sie sich an die Fabel, in der der Hase den Fuchs bittet: „Mach' mit mir, was du willst, aber schmeiß' mich bitte nicht in den Dornbusch!" Nun gut, er baute darauf, daß der Fuchs das Gegenteil tun würde – nämlich ihn in den Dornbusch zu werfen, wo er in Sicherheit wäre.

Der Schlüssel, wirkungsvoll mit Menschen umzugehen, die ihre Aufmerksamkeit auf eine Gegenreaktion richten, ist also, das Gegenteil vorzuschlagen. Um ein Beispiel zu geben: Einer unserer Klienten in der Spezialwerbebranche erkannte bei seinem Klienten dieses Verhaltensmuster und beschloß mitzuspielen. Bei seinem nächsten Besuch leitete er also seine Werbepräsentation mit folgenden Worten ein: „Ich habe hier ein Programm, das Sie sich wahrscheinlich

nicht leisten können, aber ich möchte es Ihnen trotzdem vorstellen." Sein Gesprächspartner machte es
sich sofort zur Aufgabe zu beweisen, daß er sich das
Programm doch leisten könne, indem er es kaufte.
Der Verkauf ging praktisch ohne jede Spannung und
Reiberei über die Bühne, was bei früheren Begegnungen nicht immer der Fall war, da sich der Kunde seinem persönlichen Muster entsprechend verhalten
konnte.

Übrigens, nichtsdestoweniger mußte unser Klient seinem Kunden ein gutes, wertvolles Programm anbieten, ansonsten wäre diesem Geschäftsabschluß kein
weiterer gefolgt.

Das Wahrnehmungsmuster Ähnlichkeit

Vielleicht hatten Sie einmal die Möglichkeit, ein inno-
vatives Produkt auf den Markt zu bringen, und viele Ihrer Kunden sagten zu Ihnen: „Aber ist das nicht *genau
das gleiche wie* ...?" In diesem Fall zeigt sich unmittelbar, wie diese Menschen Informationen verarbeiten –
sie verarbeiten zuerst nach Ähnlichkeiten.

Wir alle haben schon sowohl Männer sagen hören,
alle Frauen seien gleich, als auch Frauen, alle Männer
seien gleich. Weil sie ihre Aufmerksamkeit auf Ähnlichkeiten richten, bemerken sie Gleiches, übersehen
aber die besonderen Eigenschaften der Individuen
des anderen Geschlechts. Vielleicht glauben Sie, daß
diese Menschen dadurch einiges verpassen, aber in
Wahrheit fühlen sie sich recht wohl mit ihrer Neigung,
Ähnlichkeiten eher wahrzunehmen als Unterschiede.
Wenn Sie sie also überzeugen wollen, dann sollten
Sie in deren Sphäre des Wohlbefindens mitspielen

und die Ähnlichkeiten zwischen dem, was Sie vorschlagen, und dem, was ihnen vertraut ist, betonen.

Vor kurzem machten wir dem Vizepräsidenten eines Marketingunternehmens den Vorschlag, die Seminare zu kaufen, die auf dem Material basieren, das Sie hier im Buch finden. Wir bauten Kontakt auf, ermittelten seine Bedürfnisse, stellten seine Erfolgskriterien hinsichtlich seiner eigenen Ziele und der Ziele seines Unternehmens fest, überprüften nochmals den Kontakt und boten ihm unsere Konzeption an. Dabei erwähnten wir die Ähnlichkeit mit den Programmen, die er schon kannte und eingesetzt hatte. Wir sprachen die wesentlichen Unterschiede zwischen unserem Programm und anderen an, hoben sie aber nicht hervor.

Während er unserer Präsentation folgte, verglich er unser Programm Punkt für Punkt mit dem eines anderen Anbieters, das er zuvor eingesetzt hatte. Wir sahen Unterschiede, er sah Ähnlichkeiten. Aber da er der Käufer war, war es wichtig, seinem Muster Vorrang zu geben, damit er sich behaglich fühlen konnte.

Nachdem wir auf einige seiner Bedenken eingegangen waren, faßten wir die Punkte zusammen, in denen Einverständnis herrschte, und ermutigten ihn zum Handeln. Er sagte, ihm gefalle unser Ansatz, und er sei sicher, er könne Zustimmung erreichen und Gelder für unser Seminar bewilligt bekommen.
Bei unserem Aufbruch schmunzelte er über das ganze Gesicht und sagte: „Ich muß Ihnen wirklich ein Kompliment machen, wie gut Sie Ihre Ideen verpackt haben. Wissen Sie, ich bin seit zwanzig Jahren in diesem Geschäft, und ich kann Ihnen versichern, es gibt wirklich nichts Neues unter der Sonne."

Wir lächelten, pflichteten ihm bei und verließen ihn mit seiner Zusage zur Kooperation in der Tasche.

Die meisten Menschen richten ihre Aufmerksamkeit mehr auf Ähnlichkeiten als auf Widerspruch. Das erklärt, warum standardisierte Ladenketten im ganzen Land so gut ankommen. Der verstorbene Ray Kroc, ein Guru des Standardisierens, erkannte den Wunsch der Masse. Er stellte sicher, daß das Essen, das man in einem McDonald's bekommt, geschmacklich und qualitätsmäßig genau dem Essen in jedem anderen McDonald's entspricht. Was er also anbot, war Beständigkeit hinsichtlich Qualität, Leistung, Sauberkeit und Auswahl für eine Bevölkerung, die in einer Welt voller Veränderungen Ähnlichkeiten wahrnimmt.

Dadurch, daß Sie auf die gewohnheitsmäßigen Muster der Menschen achten, die ihre Aufmerksamkeit auf Ähnlichkeiten oder Widerspruch richten, erhöht sich Ihre Überzeugungskraft, weil Sie erkennen, welchen Rahmen Ihre Vorschläge haben müssen, um dem Modell, das Ihr Gesprächspartner von der Welt hat, zu entsprechen.

Allgemeines – Details

Vermutlich entstehen in der Kommunikation nirgendwo mehr Mißverständnisse, als wenn zwei Menschen über unterschiedlich große Einheiten von Information sprechen. Menschen, die ihre Aufmerksamkeit auf das Allgemeine richten, müssen einen Überblick über das Ganze bekommen, um für eine Idee offen zu sein, während die, die nach Details suchen, Details, mehr Details und noch *mehr* Details verlangen, um für eine Idee offen zu sein.

Wenn Sie zu den Menschen gehören, die auf das Allgemeine achten, können Sie sich wahrscheinlich an Situationen erinnern, in denen Sie ziemlich gelangweilt und frustriert waren, weil Ihr Gesprächspartner Ihnen eine Detailinformation nach der anderen aufzwang, obwohl Sie bereits mehr darüber wußten, als Sie interessierte.

Wenn Sie von Ihrem Wesen her auf Details achten, können Sie sich wahrscheinlich an die Frustration erinnern, die Sie im Gespräch mit jemandem überkam, der nur ein grobes Bild zeichnete und damit alle wichtigen Details ausließ, die Sie brauchen, um eine gut überlegte Entscheidung treffen zu können.

Menschen, die das Allgemeine wahrnehmen, fangen an, das Fahrrad ihres Kindes zusammenzusetzen, ohne auch nur einen Blick in die Anleitung geworfen zu haben. Detailorientierte Menschen lesen die Anleitungen nicht nur sorgfältig durch, sondern gehen auf Nummer Sicher, indem sie die Teile zählen und mit der Beschreibung in der Anleitung vergleichen.

Bei detailorientierten Menschen kann man davon ausgehen, daß sie glauben, die Markstücke können selber auf sich aufpassen, während man die Pfennige im Auge behalten müsse, wohingegen die, die auf das Allgemeine achten, wahrscheinlich eher glauben, daß die Pfennige auf sich selber aufpassen können und man die Markstücke im Auge behalten müsse.

In den letzten Jahren haben wir hin und wieder Mietshäuser gekauft und renoviert, das Niveau der Mieter und die Mieten angehoben und die Häuser nach einigen Jahren wieder verkauft.

Mehrere Male hatten wir es bei Kaufverhandlungen mit Menschen zu tun, die auf Details achteten, die aber eine Reihe von anderen interessierten Käufern in die Flucht trieben mit einer Flut von kleinlichen, unangebrachten Detailinformationen und Vorgängen, z.b. wie mit Mietrückständen umzugehen sei, ob sie künftig eingezogen werden könnten oder nicht; wer für den Kammerjäger zu bezahlen habe; wer für die noch auszuhandelnden Kosten bei einem Kaufabschluß aufzukommen habe; welche Strafzahlungen bei verspäteter Zahlung zu erwarten seien; das Versprechen, dem Mieter in der Wohnung Nr. 5 einen neuen Kühlschrank einzubauen; wie viele Tage man Zeit habe, über jede Veränderung im Vertrag „nachzudenken", und über welche Punkte es Verhandlungen geben könnte und über welche nicht.

Normalerweise betrug die Gesamtsumme der Zugeständnisse für eine Unmenge von unbedeutenden Detailpunkten weniger als $ 4000,–, ein Betrag, den wir gerne für den Kauf eines Hauses zahlten, das mehrere zehntausend Dollar weniger kostete, als wir ursprünglich dafür ausgeben wollten.

Die Gefahr, jemanden, der auf das Allgemeine achtet, mit einer detailorientierten Strategie zu konfrontieren, besteht darin, ihn durch Langeweile und Frustration zu veranlassen, aus dem Spiel auszusteigen. Wenn man jemanden, der auf Details achtet, mit einer Strategie kommt, die das Allgemeine anspricht, liegt die Gefahr darin, daß Frustration und Mißtrauen entstehen, weil man keine ausreichenden oder zufriedenstellenden

Detailinformationen liefert und sich der andere nicht sicher genug fühlt, um weitere Schritte zu unternehmen.

Es handelt sich hierbei jedoch nicht um statische Zustände. Es ist möglich, mit beiden Wahrnehmungsmuster abwechselnd zu arbeiten. Aber man braucht Disziplin, um über den eigenen Schatten zu springen und sich den für einen selbst weniger vertrauten Modus anzueignen. Bei unseren Verhandlungen, Verkaufsgesprächen und Ausbildungsveranstaltungen hat sich jedoch immer wieder gezeigt, wie sehr sich diese Anstrengung lohnt.

Vergangenheit – Zukunft

Stellen Sie sich vor, Sie wollen in eine Kapitalanlagegesellschaft investieren. Würden Sie dort investieren, wo Ihnen schon Erfolge vorgewiesen werden können, oder würden Sie eher dazu neigen, Ihr Kapital spekulativ, mit hohem Risiko, aber hohem Gewinn anzulegen?

Menschen, die ihre Aufmerksamkeit auf Bestätigungen in der Vergangenheit richten, reagieren positiv auf Angebote, die ihnen eine ganze Reihe von Beweisstücken liefern. Sie können dann *sicher* sein, daß sich ihre Wahl bewähren wird.

Menschen, die ihre Aufmerksamkeit auf Möglichkeiten in der Zukunft richten, orientieren sich mehr nach dem blauen Himmel. Sie haben Freude an den Chancen, die in den unbegrenzten Möglichkeiten stecken. Sie fühlen sich angezogen vom größeren Risiko und höheren Gewinnen.

Bei der Ausbildung von Maklern, die Ferienwohnungen verkauften, fanden wir heraus, daß das Verständnis für diese Wahrnehmungsmuster äußerst wichtig ist. Makler könnten z.B. auf Menschen eingehen, die auf Bestätigungen in der Vergangenheit achten, indem sie sie fragen: „Wieviel Geld haben Sie in den letzten zehn Jahren für Ihren Urlaub ausgegeben?" Normalerweise nennen diese eine Summe zwischen $ 20.000 und $ 30.000. Ausgehend davon können sie ihnen dann sehr schnell aufzeigen, daß sich eine Investition von nur $10.000 in weniger als der Hälfte der Zeit auszahlt.

Im Gegensatz dazu sollten Makler, wenn sie es mit zukunftsorientierten Menschen zu tun haben, am besten Fragen anschneiden, die die in die Höhe schnellende Inflationsrate in den nächsten zwanzig Jahren und die Auswirkungen auf die Preise in den Urlaubsorten beinhalten. Bevor Makler dann das Gespräch beenden, vergleichen sie die zukünftigen Preise von $60.000 bis $80.000 mit dem günstigen Kaufpreis von $ 10.000, mit dem man heute noch davonkommen kann. Hinweise auf die künftige Wertsteigerung von Immobilien sind wie die Sahne auf dem Kuchen dieser Menschen, die sich nach dem Sonnenschein in der Zukunft ausrichten.

Wenn Sie mit einem Menschen, der zu einem dieser Extreme neigt, ein Geschäft abschließen, sollten sie sich vergewissern, daß sie sich seinem Wahrnehmungsstil angepaßt haben, da Ihr Vorschlag Ihren Gesprächspartner ansonsten veranlassen könnte, den Kontakt abzubrechen, weil Sie Vorzüge preisen, die er als bedrohliche Nachteile empfindet.

Problemvermeidung – Zielorientierung

Die Wahrnehmungskategorie Problemvermeidung – Zielorientierung ist der Wahrnehmungskategorie Bestätigungen in der Vergangenheit – Möglichkeiten in der Zukunft sehr ähnlich. Dieses Wahrnehmungsmuster läßt erkennen, daß manche Menschen stark motiviert sind, sich von Problemen *wegzubewegen,* und andere wiederum sind stark motiviert, sich auf positive Ergebnisse *hinzubewegen.*

Wenn Ihr Kunde dazu neigt, Probleme zu vermeiden, dann werden Sie zu keinem Verkaufsabschluß kommen, wenn Sie ihm nicht zuerst aufzeigen, wie die Probleme gelöst werden können. Wenn ein Kunde stark zielorientiert ist, dann wird ihm der Ansatz, Probleme zu vermeiden, als zu zaghaft und zu negativ erscheinen, um ihn begeistern zu können.

Wenn Sie die Bestrebungen Ihres Klienten wirkungsvoll bekräftigen wollen, ist es wichtig, die Strategien zu kennen, mit denen er oder sie überzeugt werden kann.

Manchmal laufen Verkaufsverhandlungen auf einen Vorschlag hinaus, der mit dem Sieg des einen und der Niederlage des anderen enden wird. Ein Unternehmen arbeitet vielleicht nur mit einem oder zwei Lieferanten zusammen, die zudem dasselbe verkaufen wie Sie. Wenn das Unternehmen den Auftrag vergibt, muß es einen anderen Lieferanten entweder fallenlassen oder sich besondere Mühe geben, Sie mit einzubeziehen. Wenn Sie merken, daß Ihnen auf dieser Ebene Widerstand entgegenschlägt, dann kann es nützlich sein, besonders auf Problemvermeidung bzw. Zielorientierung zu achten. Versuchen Sie also herauszufinden, ob Ihr Gesprächspartner problemvermeidungsorientiert oder eher zielorientiert ist. Sie werden ihn wahrscheinlich nach seinen Motiven fragen, die das letzte Mal ausschlaggebend für die Aufnahme eines neuen Lieferanten waren. Wenn ihr Gesprächspartner so etwas sagt wie: „Dieser Lieferant hatte einige neue Ideen, die uns beeindruckten, und wir versprachen uns für die Zukunft viel davon", dann ist der Entscheidungsträger wahrscheinlich eher zielorientiert eingestellt. Wenn die Antwort ist: „Wir hatten einige Lieferprobleme und brauchten jemanden als Ausweichmöglichkeit", dann tendiert Ihr Gegenüber wahrscheinlich dazu, Probleme zu vermeiden.

Wenn der Entscheidungsträger extrem zielorientiert ist, dann können Sie das daran erkennen, wie oft andere Entscheidungen auf ähnliche Weise getroffen wurden, wie z.B. die plötzliche Aufnahme eines neuen Lieferanten oder die Bereitschaft, ein Risiko einzugehen, um die Arbeitsvorgänge zu verbessern. Richten Sie Ihre Aufmerksamkeit noch stärker darauf herauszufinden, welche Kriterien Ihr Kunde am höchsten bewertet. Meistens hängen die persönlichen Kaufkriterien und die geschäftlichen Interessen bis zu einem gewissen Grad zusammen.

Sollte Ihr Gesprächspartner eher zu den Menschen gehören, die Probleme möglichst zu vermeiden suchen, dann sprechen Sie zuerst die schlimmsten Probleme an und tasten sich anschließend an die Unzulänglichkeiten der augenblicklichen Lieferanten heran. Bei direkten, konfrontierenden Fragen wie: „Nun, was mißfällt Ihnen am meisten bei Ihren derzeitigen Lieferanten?", werden Sie meistens stereotype Anworten erhalten, wie z. B.: „Es läuft alles bestens. Wir sind hundertprozentig zufrieden mit ihnen. Sie sind die

besten Lieferanten der Welt." Versuchen Sie herauszufinden, ob man wirklich mit ihnen zufrieden ist. Gehen Sie dabei sehr vorsichtig vor.

Wenn Ihr Gesprächspartner behauptet, er sei mit seinen Lieferanten hundertprozentig zufrieden, dann wissen Sie im Grunde Ihres Herzens, daß niemand mit etwas hundertprozentig zufrieden ist. Sie können also
vielleicht ein paar Augenblicke später beiläufig fragen:
„Da bei niemandem jeder Schuß aufs Tor ein Volltref-
fer ist, können Sie mir sicher einige Bereiche sagen,
wo Sie sich bei Ihren derzeitigen Lieferanten Verbesserungen wünschen?"
Vielleicht erhalten Sie zur Antwort: „Mir fällt im Moment
in dieser Hinsicht nichts ein."
„Das ist in Ordnung. Das geht mir auch manchmal
so", antworten Sie vielleicht daraufhin. „Aber, wenn es
etwas gäbe, welche Bereiche würde es betreffen?"
Wenn Sie freundlich und in Rhythmus und Gleichklang mit Ihrem potentiellen Kunden sind, dann sagt
er vielleicht: „Nun, natürlich gibt es immer wieder einmal Probleme mit der Lieferung." Oder: „Manchmal
schnellen die Preise in die Höhe und wir können uns
nicht darauf einstellen, weil sie uns nicht rechtzeitig informieren. Das hat ein- oder zweimal zu Problemen
geführt." Jetzt wissen Sie, daß Sie den Ärgernissen,
die Ihr Kunde vielleicht vermeiden will, auf der Spur
sind.

Gehen Sie jedoch äußerst behutsam vor und achten
Sie sorgfältig auf die Reaktionen Ihres potentiellen
Käufers. Wenn Sie nämlich zu direkt agieren, kann es
passieren, daß der Kontakt abbricht, weil der Klient
Ihre Fragen als zu massiv und seinen Bedürfnissen
gegenüber als nicht sensibel genug empfindet.

Systematisch – spontan

Eine weitere nützliche Information erhalten Sie, wenn
Sie herausfinden können, ob Ihr Kunde systematisch
oder spontan vorgeht. Menschen, die von ihrem Wesen her systematisch vorgehen, neigen dazu, buch-
stabengetreu zu verfahren. Sie mögen Regeln, Proze-
duren und Anweisungen. Sie möchten systematisch
an ihren Kauf herangehen. Wenn ein Vertriebsmitarbeiter nicht darauf eingeht, kann er sehr schnell Kontakt und Glaubwürdigkeit verlieren.

Eine unserer Klientinnen hatte einen solchen systematisch vorgehenden Geschäftsmann zum Mittagessen
eingeladen. Sie arbeitet für eine kleine Firma in den
Südstaaten, in der die Regel gilt, wonach die Ange-
stellten keine alkoholischen Getränke mit Klienten zu
sich nehmen dürfen – nicht einmal ein Glas Wein. Ihr
Kunde hatte von einem idealen Geschäftsessen jedoch eine andere Vorstellung: Zuerst nimmt man einen Cocktail und plaudert miteinander. Während des
Essens bespricht man die Details der Präsentation,
und bei der Nachspeise kommt es dann zu einer Einigung.
Als unsere Klientin versuchte, vom Smalltalk zur geschäftlichen Besprechung überzuleiten, bemerkte sie,
daß ihr Gesprächspartner nicht mitzog, und infolge-
dessen blieb es während des Essens und der Nachspeise beim Smalltalk.

Zwei Wochen später durchbrach unsere Klientin die
Regeln ihrer Firma und trank bei ihrem zweiten Geschäftsessen ein Glas Wein. Dieses Mal durchliefen
sie ganz leicht die Reihenfolge, und sie schaffte es,
bei der Nachspeise zum Geschäftsabschluß zu kommen.

Woher kannte sie inzwischen seine Reihenfolge? Sie hatte recherchiert. Vor ihrem ersten Besuch bei diesem Klienten hatte sie mit zwei anderen Vertriebsfachleuten gesprochen, die diesen Kunden kannten und zu Verkaufsabschlüssen gekommen waren. Beide hatten ihr die Reihenfolge, die zum Erfolg geführt hatte, kurz beschrieben, und beide hatten sie scherzhaft gefragt, ob sie gut genug sei, um mit ihm über das „systematische Muster" ins Geschäft zu kommen.

Wenn Sie zur Systematik neigen, dann gehen Sie bei Ihrer Präsentation wahrscheinlich nach einer ziemlich festen Reihenfolge vor. Und wenn Sie auf jemanden stoßen, der spontan ist, scheint es Ihnen, als ob dieser Mensch überall zur gleichen Zeit sei. Er wird ihre Präsentation wahrscheinlich mit Fragen unterbrechen, die für Sie ohne Zusammenhang sind und nichts mit der Reihenfolge zu tun haben.

Spontane Menschen wollen vielleicht sofort aufbrechen, um bei einer Tasse Kaffee über eine Idee zu diskutieren, oder sie machen den Vorschlag, Ihr Verkaufsangebot auf der eigenen Segelyacht zu besprechen.
Spontane Menschen kommen plötzlich vom Thema ab und scheinen sich weniger um die Zeit zu kümmern als ihre systematisch vorgehenden Gegenspieler.
Spontane Menschen lieben es, mit kreativen Ideen zu jonglieren, um zu neuen Querverbindungen und Einsichten zu gelangen.

Wollte man versuchen, einen sehr spontanen Menschen in eine starre Reihenfolge oder Vorgehensweise zu pressen, wird man ihn aller Wahrscheinlichkeit nach damit reizen und so langweilen, daß er Sie und Ihre Konzeption fallenläßt, genauso wie er Ihre rigide Vorgehensweise ablehnen wird.

Bei diesem Personenkreis heißt die Devise: „Laß dich treiben im Strom der Ereignisse."

Kosten – Nutzen

Vor kurzem besuchten uns holländische Geschäftspartner auf ihrer Durchreise nach Florida. Auf der Rückfahrt vom Flughafen fuhren wir zu einem Drive-in-Laden und ließen uns eine Flasche Orangensaft bringen. Das holländische Paar war sehr erstaunt über den Aufwand, den die Amerikaner betreiben, um Annehmlichkeiten zu verkaufen. Wir hatten natürlich einen Aufpreis für den Service bezahlt, damit wir in unserem Wagen sitzenbleiben konnten.

Unsere unbewußten Kaufentscheidungen in Hinblick auf Kosten / Nutzen sind überall um uns herum sichtbar, vom Essen aus dem Mikrowellenherd bis hin zum Baguette mit Knoblauchbutter. Diese Entscheidungen betreffen ebenso Menschen, die für uns Geschäftstelefonate mit Dienstleistungsbetrieben führen, die den Swimming-Pool säubern und den Rasen mähen, den Portier, der sich um alle Gästewünsche kümmert, und den Taxifahrer, der Sie zu einem außerhalb gelegenen Restaurant fährt. Ständig treffen wir Kosten-Nutzen-Entscheidungen.

Obwohl Kunden meistens die Kosten als den ausschlaggebenden (oder einzigen) Faktor bei einer Kaufentscheidung nennen, sieht die Realität ja doch eher so aus, daß sie überall auf der Kosten-Nutzen-Skala liegen können. Deswegen ist es wichtig, Fragen zu stellen und sich vorzutasten, um herauszufinden, worauf die Kunden ihre Aufmerksamkeit richten. Der Aufstieg der Dienstleistungsbranche in den Industriestaaten zeugt davon, daß nicht jeder nur die Kosten wahrnimmt.

Gerade Autoverkäufer können bezeugen, daß die meisten Interessenten ein Kostenlimit nennen und trotzdem später eine ganze Menge Zusatzausstattungen bestellen, wodurch dann der zuerst genannte Preis schnell in den Hintergrund gedrängt wird.

Als einer unserer Freunde vor ein paar Jahren einen größeren Posten Kalender an eine regionale Möbelladenkette im Nordosten der Vereinigten Staaten verkaufte, entdeckte er, daß innere Ruhe (d. h. sorgenfrei zu sein) eine weitere wichtige Nutzenvariante sein kann.

Als er dem Marketingleiter seine Kalender vorstellte, wurde ihm gesagt, daß er im Preis um mehrere 1.000 Dollar höher liege als sein Konkurrent. Anstatt mit dem Preis herunterzugehen, sprach er über die Qualität seiner Kalender und daß sie bei den Ladenkunden sehr gut ankämen. Alles verlief gut in diesen Kategorien. Als er jedoch solche Leistungen wie Auftragssendungen, Erhöhung der Druckkosten, Zahlungsvorgänge usw. ansprach, bemerkte er, daß der Manager unruhig wurde, seine Augenbrauen hochzog und schließlich zugab, daß es bei dem Konkurrenten „einige Haken in diesen Bereichen" gäbe.

Aufgrund dieser Information unterbreitete ihm unser Freund Empfehlungsschreiben und Fallbeispiele, natürlich mit der Versicherung, daß er und seine Firma alle Details professionell und persönlich bearbeiten

würden, so daß Reklamationen, Auseinandersetzungen oder Reibereien ausgeschlossen seien.
Nach einer Stunde hatte er die Kalenderbestellung im Wert von 90.000 Dollar in der Tasche.

Eine Variation des Wahrnehmungsmusters Kosten/Nutzen ist das Abwägen zwischen Kosten, Zeit und Qualität. Tatsächlich gibt es in der Druckindustrie die Redewendung: „Zeit, Kosten, oder Qualität ... Wähle zwei davon aus." Damit wird angedeutet, daß man nicht alle drei Faktoren haben kann – schnelle Auslieferung, geringe Kosten und hohe Qualität. Immer wenn diese drei Variablen gleichzeitig im Spiel sind, sollte man als erstes Prioritäten unter diesen dreien festlegen.

Der Bauunternehmer John Morris aus Florida entwikkelte ein Modell, um dieses Abwägen visuell darstellen zu können. Er nennt es das Kosten-Zeit-Qualitäts-Dreieck, und es sieht folgendermaßen aus:

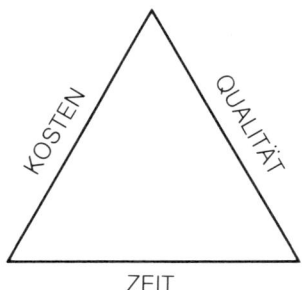

Wenn Morris und seine Klienten potentielle Projekte diskutieren und dabei zu ähnlichen Vorstellungen gelangen, stellt er ihnen die Frage, welche Prioritäten sie den drei Variablen geben. Wenn sie sich auf einen Vertragsabschluß zubewegen, bespricht er mit ihnen das Dreieck mit seinen Varianten. Nähern sie sich der endgültigen Abmachung, malt er konkret das Dreieck auf, bezeichnet die drei Schenkel und bittet den Klienten, an der Stelle des Dreiecks einen Punkt zu zeichnen, wo bei dem Projekt die Betonung liegen sollte. Die häufigsten Antworten sehen so aus:

Wunsch nach hoher Quali-
tät in kürzester Zeit, Verzicht auf niedrige Kosten

Wunsch nach niedrigen
Kosten und hoher Qualität,
Zeitrahmen nach Möglich-
keit

Wunsch nach niedrigen
Kosten und schneller
Produktion, Verzicht auf
Qualität

Berücksichtigung von
Kosten, Zeit und Qualität
in einem Verhältnis, daß
alle drei Variablen weder
besonders stark noch be-
sonders schwach sind

Nachdem man zu einer Einigung gekommen ist und der Klient seinen Punkt eingezeichnet hat, behält Morris bewußt die Zeichnung. Wenn der Klient während des Projektes anfängt, seine Prioritäten zu verändern (z.b. „Die Arbeiten müssen zwei Wochen früher fertiggestellt sein, aber trotzdem im Rahmen der vereinbarten Spezifikationen und Kostenvoranschläge bleiben."), dann sagt Morris ruhig: „In Ordnung, wollen wir mal sehen, wohin Sie den Punkt bewegen möchten."

Diese Technik läßt den Kunden die Abweichungen klar erkennen, bewahrt Morris davor, Opfer von launenhaften Veränderungen der Prioritäten zu werden, und hält die weiteren Verhandlungen auf einem klaren, sachlichen Niveau, da dem Modell bereits einmal zugestimmt wurde.

Wenn Sie in Ihrer Verkaufstätigkeit mit dieser Variante der Kosten-Nutzen-Gegenüberstellung zu tun haben, dann könnten Sie diese Technik in Zukunft bei einigen Verhandlungen mit Klienten versuchsweise einsetzen. Es wird Sie möglicherweise überraschen, an welche Stelle Ihr Klient den Punkt setzt. Der Klient sagt vielleicht: „Ich bin interessiert an kurzen Lieferfristen und qualitativ guter Leistung", aber ausschlaggebend ist, wo er den Punkt einzeichnet. Dann erst machen Sie Ihr Angebot.

Die Kosten sind weit weniger wichtig als Qualität und Lieferzeit

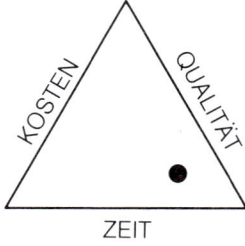

Die Kosten sind etwas weniger wichtig als Lieferzeit und Qualität

Glaubensbereitschaft

Was läßt Sie glauben, daß ein bestimmter Urlaubsort wirklich schön ist? Reicht es aus, wenn Ihnen jemand sagt, daß es dort schön ist, oder müssen Sie sich selbst davon überzeugen? Oder müssen Sie möglicherweise erst eine Zeitlang dagewesen sein, bevor Sie glauben, daß es dort wirklich schön ist? Einmal? Zweimal? Dreimal? Mehrmals? Wie steht es damit, den Ort selbst zu besuchen oder sich Bilder von diesem Ort anzuschauen? Einmal? Zweimal? Mehrmals? Oder wieviele Menschen müßten Ihnen sagen, daß es dort wirklich schön ist, bis Sie ihnen glauben, daß er wirklich schön ist? Einer? Zwei? Mehr? Erinnern Sie sich an unsere Erläuterungen über visuelle, akustische und gefühlsorientierte Menschen? Die meisten Menschen sind visuell. Deswegen ist wahrscheinlich die Redewendung „zu sehen heißt zu glauben" in unserem Sprach- und Kulturraum so verbreitet.

Manche Menschen müssen das Produkt oder die Dienstleistung nicht erst sehen, um zu glauben, daß es gut ist. Für sie ist *Mundpropaganda* die beste Werbung.

Andere wiederum glauben es erst, nachdem sie das Produkt kennengelernt haben.

Wenn Sie an die alte Urlaubsfrage denken, ob Sie lieber in die Berge oder ans Meer fahren, was ist Ihre spontane Reaktion? Gehen Sie sofort in Gedanken zu einem dieser Plätze? Sehen Sie ihn vor sich? Hören Sie etwas? Oder spüren Sie seine Atmosphäre? Wenn es eine Kombination von allen dreien ist, was kommt Ihnen zuerst in den Sinn und was am stärksten? Ihre Antwort auf diese Fragen kann Ihnen die

Einsicht vermitteln, auf welchem Modus Ihre Glaubensbereitschaft beruht, wenn Sie diese Entscheidung fällen.

Wenn Sie Ihr Produkt oder Ihre Dienstleistung verkaufen, werden Sie Menschen treffen, die vorwiegend
nach einem dieser Modi vorgehen – visuell, akustisch
oder gefühlsorientiert. Darüber hinaus ist es notwendig, daß Menschen entweder einige Male oder eine
Zeitlang ihren Modus durchlaufen, bis sie etwas wirklich glauben.

Wenn Sie z.B. einem visuellen Menschen ein Kopier-
gerät verkaufen, wird dieser wahrscheinlich erst Ko-
pien sehen wollen, um von der Qualität des Gerätes
überzeugt zu sein. Innerhalb der Gruppe der visuellen
Menschen gibt es dann wieder individuelle Unterschiede, wieviele verschiedene Kopierbeispiele der
Einzelne braucht, bis er von der Qualität des Gerätes
überzeugt ist.

Wenn ein Kunde mehrere Beispiele braucht und Sie
zeigen nur ein oder zwei Beispiele, dann wird die
Glaubensbereitschaft nicht stark genug sein, um ihn
zu einem Kauf zu bewegen. Einem solchen Kunden
können Sie am ehesten etwas verkaufen, wenn Sie
ihm entweder viele Beispiele zeigen oder verschiedene Kopiergeräte.

Der Kunde, der sich am liebsten auf die Bestätigung
durch Mundpropaganda verläßt, unterscheidet ebenfalls Stufen, ab wann die Bestätigung für ihn glaubhaft
wird. Vielleicht muß er sich bei einer Person seines
Vertrauens erkundigen, bei zwei, drei oder mehr Personen. Wenn Sie nicht genügend Empfehlungsschreiben vorweisen können, wird dies zur Folge haben,

daß der Punkt der Glaubensbereitschaft nicht erreicht wird.

Der Kunde, der den Kopierer ausprobieren will, bevor er an die Funktionstüchtigkeit glaubt, hat ebenfalls eine Glaubensschwelle. Er muß ihn vielleicht mehrere Male bedienen oder zumindest eine Zeitlang. Das Nichterreichen dieser Schwelle hat zur Folge, daß er von dem Produkt nicht vollkommen überzeugt sein wird.

Sie haben wahrscheinlich schon bemerkt, daß viele Vertriebsfachleute ausgesprochen gerne eines ihrer Kopiergeräte einen Monat lang versuchsweise in Ihrem Büro aufstellen. Vorausgesetzt, es ist ein gutes Gerät, funktioniert diese Strategie, Glaubensbereitschaft zu schaffen, wunderbar, da es dem visuellen Typ vielfache Beispiele für die Qualität des Gerätes liefert, dem akustischen Typ die Möglichkeit gibt, mit anderen Benutzern in der Firma die Ausstattungsmerkmale zu diskutieren, und zuläßt, daß diejenigen, die Hand anlegen und Erfahrungen mit dem Gerät sammeln wollen, nach Herzenslust damit spielen können.

Wie Sie also bemerkt haben, spielen bei der Glaubensbereitschaft zwei Faktoren eine Rolle. Der erste Faktor betrifft den Modus, mit dem der Käufer wahrnimmt, und der zweite die Anzahl der Beispiele, die es braucht, um die Schwelle der Glaubensbereitschaft zu überschreiten.

Die Kaufkriterien erkennen

Die große Frage, die in allen Verkaufssituationen mit-
schwingt, lautet: „Welche Kaufkriterien müssen erfüllt
werden, damit wir ins Geschäft kommen?"

Die geschäftlichen Umgangsformen erlauben es jedoch selten, diese Frage so direkt zu stellen. Außerdem ist die Frage wahrscheinlich zu komplex, als daß
der Klient sie vollständig und korrekt beantworten
könnte, selbst wenn er es wollte. Deshalb sind Fragen
und Erkundigungen notwendig, um seine Bedürfnisse
festzustellen.

Wenn Sie einmal die Bedürfnisse und die Wahrnehmungsmuster des Klienten ermittelt haben, erfordert
das *Erkennen der Kriterien* nichts anderes, als diese
Bedürfnisse ihrer Priorität nach zu ordnen, so daß Sie
zuallererst und verstärkt auf das Muster des Klienten
eingehen, das ihn am besten motiviert.

Erinnern Sie sich an das Zeit-Kosten-Qualitäts-
Dreieck, das in diesem Kapitel erwähnt wurde? Dieses Dreieck dient dazu, die Priorität unter diesen drei
Variablen festzulegen. Aber in Verkaufssituationen gibt
es mehr als drei Variablen, die es zu ermitteln und bei
denen es die Priorität festzulegen gilt, wenn man feststellen will, welche Kriterien dem Klienten am wichtigsten sind.

Achten Sie beim folgenden Dialog darauf, wie Ihnen
genaue, qualifizierte Fragen viel mehr über den Käufer
sagen können als das, was an der Oberfläche sichtbar
ist. Stellen wir uns eine alleinstehende Filialleiterin
einer Bank vor, die ein Haus erwerben möchte.

Maklerin: Guten Tag, mein Name ist Julia Martin.

Kundin: Guten Tag, ich bin Margaret Braun, Filialleiterin einer Bank im Osten der Stadt. Mir wurde von vielen Mitarbeitern in der Bank gesagt, daß Sie zahlreiche Angebote im Umkreis von 7 km rund um unsere Filiale haben. Ich interessiere mich für den Häusermarkt.

Maklerin: Es freut mich, daß Ihre Kollegen Ihnen diese Information gegeben haben. Wir haben tatsächlich viele Angebote in diesem Teil der Stadt. Setzen Sie sich bitte.

Kundin: Danke.

Maklerin: Frau Braun, an welche Größe denken Sie denn bei Ihrem Haus?

Kundin: Ich möchte gerne 2 Schlafzimmer haben, damit mich meine Mutter besuchen kann. Sie ist 63 Jahre alt und kommt zweimal im Jahr zu Besuch. Außerdem möchte ich noch ein weiteres Zimmer haben, da ich oft zuhause arbeite.

Maklerin: In dem Haus werden Sie also alleine leben, abgesehen von gelegentlichen Besuchen Ihrer Mutter?

Kundin: Ja. Ich muß auch oft verreisen, um die Geschäftsbücher in unseren Zweigstellen zu prüfen.

Maklerin: Und Sie bevorzugen die Wohngegend in der Nähe Ihrer Filiale?

Kundin: Ja. Mir wurde gesagt, daß die Häuser in diesem Teil der Stadt ihren Wert behalten hätten und daß die Gegend ziemlich ruhig sei. Und ich traue Eigentumswohnungen nicht, seit ich gehört habe, daß Hausverwaltungen schon nach kurzer Zeit die Instandhaltungskosten sprunghaft erhöhen würden.

Maklerin: Denken Sie an eine bestimmte Preiskategorie?

Kundin: Oh ja. Aufgrund der Tabellen, die wir in der Bank benutzen, und nach allem, was mir einer der

Mitarbeiter in der Kreditabteilung gesagt hat, rechne ich für ein Haus so ungefähr mit $ 160.000,– bis $ 185.000,–. Ich könnte $ 55.000,– anzahlen.

Maklerin: Gut. Wo wohnen Sie jetzt?

Kundin: Als ich vor zwei Monaten hierherzog, mietete ich mir eine Dreizimmerwohnung ganz in der Nähe der Bank, und ehrlich gesagt, ich zahle zuviel dafür.

Maklerin: Ich verstehe. Haben Sie sich schon mit der Gegend vertraut gemacht?

Kundin: Nein, ich hatte dazu noch keine Zeit. Aber ich habe mit ein paar Kollegen gesprochen, und sie haben mir von einigen Wohnvierteln erzählt, die mich genau an die Gegend erinnern, wo ich meine Kindheit verbracht habe. Auch die Preise entsprachen meinen Vorstellungen.

Maklerin: In welchem Stil soll Ihr Haus sein?

Kundin: Ich möchte noch einmal ein Backsteinhaus mit einem Kamin haben, das in einer ruhigen Wohngegend mit nur wenig Verkehrslärm liegt.

Maklerin: Haben Sie sich schon Häuser angesehen?

Kundin: Nein. Alles, was ich bisher gemacht habe, war, mich mit meinen Kollegen zu beraten, aber jetzt kann ich sagen, daß ich soweit bin.

Maklerin: Das freut mich zu hören! Wieviel Zeit haben wir?

Kundin: Ich möchte diese Woche systematisch mit dem Suchen anfangen. Ich bekomme zu diesem Zweck von der Bank drei Tage Urlaub und möchte selbst noch einige Tage Urlaub nehmen, um sicherzugehen, daß ich den besten Gegenwert für mein Geld bekomme.

Maklerin: Wenn wir ein ruhiges Haus mit Kamin, zwei Schlafzimmern und einem Arbeitszimmer finden, das aber etwas weiter weg liegt, wäre es trotzdem akzeptabel für Sie, sofern es sich in Ihrer Preiskategorie bewegt?

Kundin: Wie weit weg?

Maklerin: Oh, sagen wir 10 bis 12 km von Ihrem Büro entfernt.

Kundin: Ja, wenn die anderen Faktoren stimmen.

Maklerin: Angenommen, wir könnten Ihnen ein Haus ganz in der Nähe Ihrer Bank anbieten, aber es wäre etwas teurer, würden Sie es kaufen?

Kundin: Also, wenn der Preis nicht stimmt, brauchen wir erst gar nicht darüber zu sprechen.

Maklerin: Ich verstehe. Möchten Sie noch jemanden mitbringen, wenn wir die Häuser besichtigen?

Kundin: Ich glaube nicht. Ich weiß, was ich will, und wenn ich irgendwelche Zweifel habe, dann gibt es ausgezeichnete Experten in meinem Büro, mit denen ich mich beraten kann.

Maklerin: Gut. Ist das Ihr erster Hauskauf oder waren Sie schon einmal Hausbesitzerin?

Kundin: Es ist sogar schon mein dritter Hauskauf. Bevor ich hierher gezogen bin, bewohnte ich drei Jahre lang ein eigenes Haus. Letzten Monat ist es verkauft worden.

Maklerin: Wollen Sie mir kurz schildern, wie Sie die Entscheidung für das letzte Haus getroffen haben?

Kundin: Nun, es war eine ähnliche Situation wie jetzt. Ich lebte in einer Wohnung und besprach mich immer wieder mit meinen Kollegen, bis ich mich nach einigen Monaten für ein Objekt entschied. Die Maklerin, die mir einige meiner Kollegen empfohlen hatten, war ehrlich gesagt nicht sehr gut, und ich verschwendete eine Menge Zeit damit, mir Häuser anzuschauen, die für mich einfach nicht in Frage kamen. Als ich dies meinen Kollegen erzählte, empfahlen sie mir einen anderen Makler, der wirklich ausgezeichnet war. Er unterhielt sich sehr ausführlich mit mir, bis er verstanden hatte, was ich wollte. Und bevor wir die Häuser überhaupt anschauten, studierten wir die Baubeschreibungen und besprachen die Vor- und Nachteile. Das hat uns viel Zeit erspart, weil ich da schon sehen konnte, welche Häuser ungeeignet waren. Ich glaube, wir haben uns insgesamt nur vier oder fünf Häuser angesehen, bevor ich mir meiner Sache sicher war.

Maklerin: Haben Sie Ihre Kollegen zu den Besichtigungen mitgenommen?

Kundin: Nein. Aber als ich ihnen dann von „meinem Haus" erzählte, freuten sie sich mit mir, und am nächsten Tag unterschrieb ich den Vertrag.

Nachdem Sie diesen Dialog gelesen haben, wie würden Sie weiter vorgehen, wenn Sie die Maklerin wären? Würden Sie die Kundin bitten, in den Wagen einzusteigen, um mit Ihr verschiedene Häuser zu besichtigen? Hoffentlich nicht. Die Kundin hat bereits deutlich zum Ausdruck gebracht, wie ihre Kaufstrategie aussieht, nämlich daß sie zusammen mit ihren Kollegen eine Vorauswahl trifft, bis nur noch vier oder fünf Häuser in die engere Wahl kommen, die sie dann besichtigen möchte. Sie ließ sogar eine Maklerin fallen, die das nicht erkannt hatte.

Dieser Dialog konzentriert sich auf die wesentlichen Punkte, daher sollte es Ihnen möglich sein, klare Wahrnehmungsmuster zu erkennen.

Benutzen Sie die Kriterientabelle (vgl. Seite 183), und geben Sie an, wie Sie die Kundin Margaret Braun einordnen würden. Das wird Ihnen dabei helfen, die Konzepte, die wir bisher erläutert haben, besser zu verstehen, und außerdem werden Sie lernen, die Kriterientabelle als Instrument zu benutzen, um den Kunden einzuschätzen.

Die Schritte für den Gebrauch der Kriterientabelle sehen folgendermaßen aus:

1. Gehen Sie jede Wahrnehmungskategorie durch, und kreuzen Sie das Muster an, das bei Ihrem Kunden am ehesten zutrifft. Zum Beispiel: Margaret Braun richtet ihre Aufmerksamkeit hinsichtlich Autorität hauptsächlich auf andere, Sie machen also dort ein Kreuz.

Beispiel:

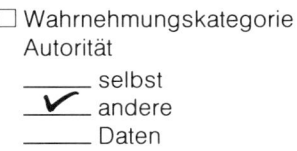

☐ Wahrnehmungskategorie
Autorität
_____ selbst
___✔___ andere
_____ Daten

2. Geben Sie an, wie stark Ihrer Meinung nach dieses Muster ausgeprägt ist. Da sich·Frau Braun immer wieder mit ihren Kollegen bespricht, würden wir sie als sehr stark in ihrer Orientierung nach *anderen* einschätzen. In dem freien Feld zwischen der Kategorie und dem Gitter sollten Sie sich vielleicht ein paar Stichworte dazu machen, wer die *anderen* sind, damit Sie später darauf zurückgreifen können.

Beispiel:

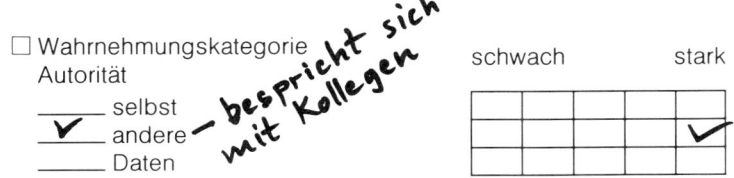

☐ Wahrnehmungskategorie *bespricht sich mit Kollegen*   schwach   stark
Autorität
_____ selbst
___✔___ andere
_____ Daten

3. Nachdem Sie bei allen Wahrnehmungskategorien diese beiden Schritte durchgeführt haben, legen Sie die Priorität fest, welche Wahrnehmungsmuster weniger wichtig und welche am wichtigsten sind. Kreuzen Sie einfach die entsprechenden Muster an, und lassen Sie die anderen frei. Da Frau Brauns Orientierung nach *anderen* verhältnismäßig stark ausgeprägt ist, machen wir vor ihre Wahrnehmungskategorie „Autorität" zusätzlich noch einen Stern als Hinweis dafür, daß wir dies beachten und berücksichtigen müssen.

4. Sie können selbstverständlich weitere Stichworte und Gedankenstützen hinzufügen, die Ihnen später dabei helfen werden, sich an Einzelheiten Ihres Gesprächs mit dem Kunden zu erinnern.

Nach diesen Vorinformationen können Sie sich nun die gesamte Kriterientabelle (Seite 183) anschauen und anfangen, Frau Brauns Wahrnehmungsmuster zu bestimmen und die Prioritäten zu verteilen. Machen Sie das jetzt, und vergleichen Sie dann Ihre Einschätzung mit der unseren (Seite 184).

Fertig? Wie haben Sie abgeschnitten? Die Kreuze, Sterne und Kommentare müssen nicht genau mit den unseren übereinstimmen, aber wir nehmen an, daß Ihre Gedanken und Kommentare in eine ähnliche Richtung gehen.

Kriterientabelle

Kunde _____   Firma _____
                               Vertriebsmitarbeiter _____
                               Datum _____

Prioritäten   schwach   stark

Wahrnehmungskategorien

☐ **Autorität**
    _____ selbst
    _____ andere
    _____ Daten

☐ **Widerspruch – Ähnlichkeit**
    _____ Widerspruch d. Alternativbeispiele
    _____ Widerspruch durch Gegenreaktion
    _____ Ähnlichkeit

☐ **Allgemeines – Details**
    _____ Allgemeines
    _____ Details

☐ **Vergangenheit – Zukunft**
    _____ Bestätigungen aus der Vergangenheit
    _____ Möglichkeiten in der Zukunft

☐ **Problemvermeidung – Zielorientierung**
    _____ Problemvermeidung
    _____ Zielorientierung

☐ **systematisch – spontan**
    _____ systematisch
    _____ spontan

☐ **Kosten – Nutzen**
    _____ Kosten
    _____ Nutzen
    _____ (a) Zeit
    _____ (b) Qualität

☐ **Glaubensbereitschaft**
    _____ visuell
    _____ akustisch
    _____ gefühlsorientiert

Wie oft? oder: Wie lange? _____

Kriterientabelle

Kunde **Margaret Braun**   Firma **XYZ - Bank**

Vertriebsmitarbeiter _____

Datum _____

Prioritäten   schwach   stark

Wahrnehmungskategorien

✻ Autorität   *bespricht sich mit Kollegen*
- _____ selbst
- __✔__ andere
- _____ Daten

				✔

☑ Widerspruch – Ähnlichkeit
- _____ Widerspruch d. Alternativbeispiele
- _____ Widerspruch durch Gegenreaktion
- __✔__ Ähnlichkeit **– wünscht sich gleichen Haustyp**

			✔	

✻ Allgemeines – Details
- _____ Allgemeines
- __✔__ Details

				✔

☑ Vergangenheit – Zukunft
- __✔__ Bestätigungen aus der Vergangenheit
- _____ Möglichkeiten in der Zukunft

			✔	

☐ Problemvermeidung – Zielorientierung
- __✔__ Problemvermeidung
- _____ Zielorientierung

		✔		

✻ systematisch – spontan
- __✔__ systematisch
- _____ spontan

				✔

✻ Kosten – Nutzen *besonders wichtig!*
- __✔__ Kosten **– besonders wichtig!**
- _____ Nutzen
- _____ (a) Zeit
- _____ (b) Qualität **– wünscht Gäste-zimmer für Mutter**

				✔

✻ Glaubensbereitschaft
- _____ visuell
- __✔__ akustisch
- _____ gefühlsorientiert

				✔

Wie oft? oder: Wie lange? **bespricht sich mehrere Monate mit Kollegen; hält Rücksprache, wenn sie entscheidet.**

Um möglichst wirkungsvoll bei Frau Braun argumentieren zu können, würden wir uns zuerst lange mit ihr unterhalten und aufmerksam ihre Vorstellungen und Wünsche anhören. Dann würden wir diese Punkte nochmals durchsprechen, um sicherzugehen, daß wir sie richtig verstanden haben. Wir würden mit weiteren Fragen nachhaken, z.B. was ihre Kollegen zu bestimmten Punkten gesagt haben (Gegend, Straßen, Einkaufsmöglichkeiten, usw.), und ihr sogar anbieten, uns mit ihren Kollegen zu treffen, um das Für und Wider der noch offenen Fragen zu erörtern. (Sie erinnern sich, es sind die Kollegen, an die sie sich wendet. Deshalb wird unser Angebot Glaubwürdigkeit und Vertrauen aufbauen, weil das ihrem Muster entspricht.)

Als nächstes würden wir ihr eine Möglichkeit vorschlagen, wie wir das Auswählen der Objekte, die in die engere Wahl kommen, systematisieren könnten. Wir würden dabei auf alle von ihr gewünschten Punkte eingehen. Da sie bereits erklärt hat, daß sie aus dem gesamten Angebot erst eine Auswahl treffen möchte, bevor sie sich Häuser anschaut, schlagen wir eine Reihenfolge vor, die genau das berücksichtigt. Möglicherweise gehen wir alle Angebote im Büro durch, um die Vor- und Nachteile zu diskutieren.

Wir unterbreiten Frau Braun nur Angebote in ihrer Preiskategorie und gehen nicht ohne ihren ausdrücklichen Wunsch darüber hinaus, im Gegensatz zu unserem Vorgehen bei anderen Interessenten.
Ihre Andeutungen, daß ihr das gefällt, an das sie gewöhnt ist, und daß sie ruhige Wohngegenden bevorzugt, würden uns veranlassen, auf dieses Ziel hinzuarbeiten.
Da sie kein besonders stark entwickeltes Problemvermeidungsmuster zu haben scheint (außer daß sie den

Verwaltungen von Eigentumswohnungen und deren Preispolitik mißtraut) und keine starke Zielorientierung zeigte, haben wir dieses Wahrnehmungsmuster bei unserer Einschätzung als nicht so wichtig eingestuft.

Lassen Sie uns jetzt ein weiteres Beispiel mit anderen Wahrnehmungsmustern und anderen Bedürfnissen geben. Dieser Kunde ist ein erfolgreicher Konzertveranstalter. Er ist wohlhabend und scheint andere Dinge im Kopf zu haben als Besprechungen über den Erwerb eines Hauses. Das Treffen findet in seinem Büro statt.

Makler: Herr Dr. Schölte? Ich freue mich, Sie persönlich kennenzulernen. Riemers.

Kunde: Tag, Herr Riemers, machen Sie's sich bequem, und nennen Sie mich einfach nur Herr Schölte, o.k.? Na, Sie sehen so aus, als ob Sie einen Drink vertragen könnten. Was soll's denn sein?

Makler: Danke, ich nehme dasselbe wie Sie.

Kunde: O.k., ich hol' unsere Drinks ... so, hier sind wir wieder.

Makler: Danke.

Kunde: So, was können Sie mir zeigen?

Makler: Wie groß stellen Sie sich denn Ihr Haus vor?

Kunde: Mann, es muß ein *großes* Haus sein, ein Haus für Parties. Wissen Sie, ich brauche eine große Villa, wo jeder kommen kann, um sich zu amüsieren. Swimmingpool, Heißwasserbecken, viele Zimmer, in denen man sich's gemütlich machen kann. Ich suche eine wirklich geräumige, fantastische Party-Villa, wo ich meinen Leuten zeigen kann, was es heißt, Spaß zu haben.

Makler: Wenn Sie von vielen Zimmern sprechen, meinen Sie damit sechs, sieben oder mehr?

Kunde: Mehr, ich spreche von einer großen Villa. Vielleicht mit Blick aufs Meer, und sie muß vor allem abgeschieden gelegen sein. Wissen Sie, manchmal wollen meine Freunde nicht belästigt werden.

Makler: Ich verstehe. Was würden Sie sonst noch gerne in der Villa haben?

Kunde: Weiß der Geier was, ich weiß nicht. Ich bin der Konzertveranstalter, Sie sind der Makler. Sie kümmern sich um die Details!

Makler: Schwebt Ihnen eine bestimmte Preisklasse vor?

Kunde: Es kommt darauf an, was Sie mir zeigen. Ich habe da eine siebenstellige Zahl vor Augen, aber es muß wirklich etwas Besonderes sein und darf nur eine halbe Stunde vom Flughafen entfernt liegen. Und ich möchte nichts haben, was für einen sechzigjährigen Narren gebaut worden ist. Ich will etwas Besonderes.

Makler: Etwas Besonderes. Das ist gut. Haben Sie in der letzten Zeit irgendwelche Häuser gesehen, die diese „besonderen" Eigenschaften hatten, von denen Sie sprechen?

Kunde: Nein. Wenn ich das hätte, bräuchte ich Sie nicht.

Makler: Wo wohnen Sie jetzt?

Kunde: Oh, ich wohne im City-Hochhaus in einer Penthouse-Wohnung. Sie hat einen tollen Ausblick, und ich mußte sie haben, obwohl ich Monate brauchte, bis ich sie nach meinen Vorstellungen umgebaut hatte.

Makler: Aber jetzt sind Sie bereit für etwas Neues.

Kunde: Oh ja, aber ich werde die Wohnung für wochentags behalten. Man kann gut darin wohnen, aber für Parties und Entertainment ist sie einfach zu klein. Ich stelle mir meine neue Villa vor als einen Platz, wo ich mich zurücklehnen und Verträge unter

Dach und Fach bringen kann. Deswegen muß es so etwas Besonderes sein.

Makler: Sie ist also nicht nur für Partys?

Kunde: Partys *sind* mein Geschäft. Es ist alles Entertainment, es ist alles Zauber, und es ist alles Arbeit. Deswegen nennen wir es *Showbusiness.* Nun, wollen Sie den ganzen Tag hier sitzen und quatschen, oder wollen Sie mir etwas zeigen?

Makler: Okay, ich werde Ihnen ein paar ganz besondere Villen zeigen, aber sie werden teuer sein. Wenn wir Ihre Villa gefunden haben, werden Sie dann schnell zugreifen?

Kunde: Sie zeigen mir, was ich will, und ich greife zu.

Makler: Gut. Übrigens, was haben Sie sich bisher angeschaut?

Kunde: Nichts. Nur Häuser von Freunden.

Wie würden Sie Dr. Schölte einordnen? Benutzen Sie dazu die Kriterientabelle (Seite 183), und vergleichen Sie anschließend Ihre Antworten mit unserer Einschätzung (Seite 190). Bitte machen Sie das jetzt.

Fertig?

Gut. Wir wollen nun analysieren, wie der Verkauf an Dr. Schölte anzugehen ist. Hätten Sie nicht schon einiges gelernt, würden Sie jetzt vielleicht fälschlicherweise den Schluß ziehen, daß ein Konzertveranstalter viele akustisch orientierte Bedürfnisse hat – z.B. ein Haus mit einem eingebauten Klangsystem, einer großartigen Akustik usw. Aber das ist hier nicht der Fall.

Dr. Schölte ist ein visueller Mensch. Außerdem scheint er auf das, was er sieht, gefühlsmäßig zu reagieren, und weiß dann, ob etwas für ihn paßt. Es scheint auch so, als ob diese Gefühle spontan entstünden. Wenn etwas für ihn paßt, weiß er es auf der Stelle und handelt danach.

In der Wahrnehmungskategorie Autorität ist er stark selbstorientiert. *Er* weiß, was *er* will, wenn *er* es sieht. Er neigt leicht dazu, in Widerspruch zu gehen, was als Hinweis darauf gelten kann, daß man ihn schwer überzeugen kann. Aber er kauft ziemlich spontan, wenn ihm etwas gefällt.

Es ist gut zu wissen, daß Menschen, die stark selbstorientiert sind und mit Gegenbeispielen oder Gegenreaktionen aufwarten, besonders dazu neigen, Sie mit Bemerkungen wie „Das müssen Sie mir erst einmal zeigen" zu konfrontieren, die Sie in einen endlosen Wettstreit von Argumenten verwickeln können. In solchen Fällen kann man mit folgender Strategie gut kontern: „Sie kennen Ihre Bedürfnisse selbst so gut, daß nur Sie allein entscheiden können, was letztendlich das Richtige für Sie ist." Wenn Sie auf Menschen mit diesem Wahrnehmungsmuster stoßen, sollten Sie diese Möglichkeit im Hinterkopf haben.

Da Dr. Schölte vom Typ her seine Aufmerksamkeit auf das Allgemeine richtet, gehen Sie so wenig wie möglich ins Detail und arbeiten sich so schnell wie möglich zum Kern der Kriterien vor, die für ihn am wichtigsten sind. Selbst wenn Sie nicht genau herausfinden, was er will, kann seine Orientierung an Möglichkeiten in der Zukunft Ihnen sagen, daß er vielleicht bereit ist, ein Objekt zu kaufen, das er seinen Vorstellungen entsprechend umbauen kann.

Kriterientabelle

Kunde **Dr. Schölte**   Firma **Konzertagentur**
Vertriebsmitarbeiter _____
Datum _____

Prioritäten   schwach   stark

Wahrnehmungskategorien

✳ **Autorität**
  ✔ selbst
  _____ andere
  _____ Daten

☐ **Widerspruch – Ähnlichkeit**
  ✔ Widerspruch d. Alternativbeispiele
  _____ Widerspruch durch Gegenreaktion
  _____ Ähnlichkeit

☐ **Allgemeines – Details**
  ✔ Allgemeines
  _____ Details

✳ **Vergangenheit – Zukunft**
  _____ Bestätigungen aus der Vergangenheit
  ✔ Möglichkeiten in der Zukunft

☐ **Problemvermeidung – Zielorientierung**
  _____ Problemvermeidung
  ✔ Zielorientierung

☐ **systematisch – spontan**
  _____ systematisch
  ✔ spontan

☐ **Kosten – Nutzen**
  _____ Kosten
  ✔ Nutzen
  ✔ (a) Zeit
  ✔ (b) Qualität

(handschriftlich: will sofort umziehen / max. 30 Min. zum Flughafen / Party-Räume mit großartigem Ausblick)

✳ **Glaubensbereitschaft**
  ✔ visuell – "Wenn ich's sehe, dann weiß ich's"
  _____ akustisch – etwas Besonderes
  _____ gefühlsorientiert – keine Belästigungen f. Gäste

Wie oft? oder: Wie lange? **wird zugreifen, wenn er sieht, was er sich vorstellt.**

Wenn ein Haus in etwa seinen Wünschen entspricht, können Sie ihn mit folgender Bemerkung darauf vorbereiten: „Sie haben ein gutes Auge dafür, wie man es umbauen könnte." Warum? Weil er es wahrscheinlich kann. Denken Sie daran, daß er seine Penthouse-Wohnung umgebaut hat. Außerdem werden seinem Muster, Möglichkeiten in der Zukunft wahrzunehmen, neue Impulse gegeben, wenn er seine Vorstellungen von einer „Party-Villa" wiederholt und sich ausmalt, wie sie aussehen könnte.

Er ist nicht der Typ, der kleinlich um den Preis feilscht, wenn er einmal das gefunden hat, was er will.

Da er spontan vorgeht, ist es wahrscheinlich schwierig, ihn bei der Stange zu halten, wenn man nicht immer wieder auf sein Ziel eingeht und genau das präsentiert, was er sich vorstellt.

Fragen und Antworten zum dritten Kapitel

Frage: *Kann das Verständnis für die Wahrnehmungsmuster meines Kunden zu einem sofortigen Verkaufsabschluß führen?*

Antwort: An dieser Stelle ist der Verkaufsabschluß noch kein Thema. Obwohl es möglich ist, zum Verkaufsabschluß zu kommen, indem man Menschen aufgrund ihrer Wahrnehmungsmuster manipuliert, ist das aus mindestens zwei wesentlichen Gründen nicht empfehlenswert. Zum einen wird der Käufer bei zu raschem Vorgehen möglicherweise bald seinen Kauf bedauern, was oft die Stornierung des Auftrages und / oder keinen weiteren Geschäftsabschluß mit diesem

Kunden zur Folge hat (wer fühlt sich schon gerne „übers Ohr gehauen"), zum anderen kann der Verkauf normalerweise mit einem Minimum an Bedauern seitens des Käufers und einem Maximum an Zufriedenheit seitens des Käufers und des Verkäufers abgeschlossen werden, wenn die Bedürfnisse ermittelt worden sind und die Prioritäten bei den Kriterien zutreffend vergeben wurden.

Zumindest wird das Anpassen an die Wahrnehmungsmuster Ihres Kunden Sie davor bewahren, gegen die starke Strömung seiner oder ihrer grundlegenden Strategien anzuschwimmen. Wenn Sie sich einmal im Strom der grundlegenden Wahrnehmungsmuster Ihres Kunden bewegen, werden Sie sehen, daß der Kaufimpuls im Laufe des Gespräches immer stärker wird.

Frage: *Es klingt so, als ob das Eingehen auf die Wahrnehmungsmuster ein weiterer Weg ist, Kontakt aufzubauen.*

Antwort: Es ist definitiv eine Methode, um den Kontakt zu verstärken, da es Ihnen hilft, einfacher in dem Realitätsmodell eines anderen Menschen zu kommunizieren. Auf diese Art schalten Sie praktisch Ihren besonderen Fähigkeiten, die Sie sich inzwischen angeeignet haben, einen Turbolader hinzu.

Diese Kombination ist nicht nur im Verkaufskontext wirkungsvoll. Sie können damit auch Ihre Beziehungen zu Kollegen, Freunden und anderen Ihnen nahestehenden Menschen stark verbessern und vertiefen.

Überlegen Sie sich einmal, um wieviel harmonischer Familiendiskussionen ablaufen könnten, wenn die

Fragen und Vorschläge aufeinander abgestimmt und im Rahmen der Wahrnehmungsmuster der anderen gefaßt wären. Vielleicht möchten Sie auch die Kriterientabelle einmal verwenden, um andere Menschen außerhalb Ihrer Verkaufstätigkeit zu analysieren.

Mit Hilfe der Wahrnehmungsmuster können Sie sich selbst motivieren. Versuchen Sie sich selbst anhand dieser Kriterientabelle einzuschätzen und darauf zu achten, wo Ihre persönlichen Prioritäten liegen. Dann erwägen Sie einige Ziele, die Sie sich setzen und die es vielleicht notwendig machen, daß Sie etwas an sich selbst verkaufen. Versichern Sie sich, daß Ihre Ergebnisse mit dem, was Sie *wirklich* möchten, in Übereinstimmung stehen, so daß Sie sich am Ende nicht selbst etwas verkaufen, was nicht in Einklang mit Ihren übergeordneten persönlichen Erfolgsdefinitionen steht. Dann skizzieren Sie ein Verkaufsskript, wobei Sie besonders auf Ihre persönlichen Bedürfnisse und Kriterien achten sollten. Auf diese großartige Weise können Sie sich selbst persönlich mehr motivieren. Um motiviert zu bleiben, gehen Sie jeden Tag Ihr eigenes Verkaufsskript durch, bekräftigen Ihre Ergebnisse und beglückwünschen sich selbst zu Ihren Fortschritten.

Genauso wie beim Verkauf an Kunden wird Ihnen Ihre Arbeit viel leichter fallen, wenn Ihr persönliches Verkaufsskript mit Ihren persönlichen Wahrnehmungskriterien und Zielvorstellungen übereinstimmt. Wenn Sie z.B. ein Mensch sind, der eher Probleme zu vermeiden sucht und weniger zielorientiert ist, und trotzdem aber den Wunsch haben, Ihr Einkommen um 50 % zu steigern, dann können Sie wirksamer an sich selbst verkaufen, wenn Sie sich auf die Probleme konzentrieren, die Sie vermeiden können und die Sie vermeiden

werden, um diese 50prozentige Steigerung zu erreichen. Dadurch bleibt das Ziel dasselbe, die Motiva-
tionskraft wird jedoch gestärkt.

Frage: *Bleiben Menschen in jeder Situation bei ihren
Wahrnehmungsmustern?*

Antwort: Nicht ganz. Individuen neigen dazu, ziemlich
gleichbleibend, also auf ihre Art, wahrzunehmen. Aber
ihre Bedürfnisse und ihre kurzfristigen Prioritäten verändern sich. Beispiel: Geschäftsleute, die zielorientiert
vorgehen, um den Gewinn zu maximieren, verfolgen
vielleicht manchmal kurzfristig einen Ansatz, der in
Richtung Problemvermeidung geht, und opfern even-
tuelle Profite, wenn dadurch einem langfristigen Ziel
der Weg gebahnt wird. Das käme der Idee gleich, sich
im Kampf zurückzuziehen, um letztendlich den Krieg
zu gewinnen.

Deswegen ist es wichtig, die grundlegenden Wahrnehmungsmuster Ihres Kunden zu erkennen, aber zu
wissen, daß sie sich dem Anschein nach verändern
können, wenn sich die Prioritäten verändern. Prüfen
Sie deshalb immer nach.
Je stärker und ausgeprägter jemand einem Wahrnehmungsmuster Priorität einräumt, desto treuer wird er
diesem Muster bleiben.

Frage: *Sind das die einzigen Wahrnehmungsmuster,
oder gibt es noch mehr?*

Antwort: Es gibt noch mehr, noch viel mehr. Wir haben hier nur die Wahrnehmungsmuster berücksichtigt,
die in den meisten Verkaufssituationen eine Rolle
spielen. Andere haben vielleicht zum Inhalt, daß manche Menschen die verschiedenen Aspekte ihrer Welt

grundsätzlich positiv, andere dagegen sie grundsätzlich negativ sehen. Wir sind sicher, Sie haben beide Extreme schon kennengelernt.

Manche Menschen haben ein interessantes Wahrnehmungsmuster, das ihnen sagt, das Teuerste sei das Beste (wahrscheinlich, weil sie es mit Qualität gleichsetzen). Diese Menschen werden nichts kaufen, wenn Sie Ihr Produkt oder Ihre Dienstleistung unter Preis anbieten.

Manche Menschen brauchen von ihrem Typ her viele Menschen um sich, um Spaß zu haben, manche brauchen ein paar, manche brauchen nur einen Menschen, und manche genießen es, alleine zu sein. Auch das ist ein Wahrnehmungsmuster, dessen Erkennen Ihnen jedoch wahrscheinlich kaum zugute kommt, es sei denn, Sie verkaufen Urlaubsreisen oder bestimmte Formen des alternativen Lebensstils.

Denken Sie einmal über Ihre Verkaufssituationen in Bezug auf die Wahrnehmungsmuster nach. Gibt es Muster mit hoher Priorität, die jedoch noch nicht in Ihrer Kriterientabelle aufgeführt sind? In Seminaren helfen wir den Teilnehmern, die Muster zu ermitteln, die sie in ihren Verkaufssituationen antreffen. Hier möchten wir Sie bitten, sich zumindest um *ein* weiteres zu bemühen, das Sie unten in Ihre Kriterientabelle eintragen können, um die Liste noch mehr auf Ihre Bedürfnisse hin zuzuschneiden.

Wenn das erledigt ist, können wir dazu übergehen, die Kaufbestrebungen Ihres Kunden zu bekräftigen.

Viertes Kapitel

Die Kaufbestrebungen des Kunden bekräftigen

Wenn der Zeitpunkt gekommen ist, die Kaufbestrebungen Ihres Kunden zu bekräftigen, haben Sie bereits Kontakt aufgenommen, die Bedürfnisse ermittelt, die Kriterien, nach denen Ihr Gesprächspartner Kaufentscheidungen fällt, erkannt, und das Muster seiner oder ihrer Überzeugungsstrategien herausgefunden. Sie verfügen bereits über den größten Teil der Informationen bezüglich des Wer, Was, Wo, Wann, Warum und Wie. Jetzt ist es notwendig, Prioritäten zu setzen, um zu erkennen, welches die wichtigsten Bedürfnisse sind, auf welche Kriterien am meisten Wert gelegt wird und welche Strategien wahrscheinlich zu einer Kaufentscheidung führen.

Wenn Sie bei der Ermittlung der Bedürfnisse und der Kaufkriterien Ihre Fragen gut gestellt haben, dann spüren Sie wahrscheinlich bereits intuitiv sehr genau die persönlichen Prioritäten Ihres Klienten. Gehen Sie diese trotzdem noch einmal durch. Der erste Schritt in diese Richtung kann vielleicht die direkte Frage sein: „Was kann ich tun, um Ihre Bedürfnisse zu erfüllen?" Oder: „Auf welche Bedürfnisse sollten wir zuerst eingehen?" Diese Information ist wichtig, falls Sie auf widersprüchliche Ziele oder Kaufkriterien stoßen sollten.

Oft kann ein Punkt von geringer Priorität zur Ablehnung einer Verkaufskonzeption führen. Es kann zum Beispiel sein, daß Ihr Gesprächspartner an die dritte oder vierte Stelle seiner Liste setzt: „Die Auslieferung

muß bis zum 1. Dezember erfolgen." Wenn es viele alternative Angebote gibt, die bis zum 1. Dezember aus-
geliefert werden können, dann ist der 1. Dezember nur
ein Grund für die Ablehnung und kein Pluspunkt. Je
weniger Auswahlmöglichkeiten gegeben sind, desto
höher ist dieser Termin auf der Prioritätenliste anzusie-
deln. Ein Kunde, der Artikel für seine große Geschäfts-
eröffnung benötigt, die in 72 Stunden stattfinden soll,
wird wohl den Liefertermin an die erste Stelle setzen,
während andere Punkte wie Preis und Verpackung
hinter diesem Bedürfnis zurückstehen.

Ähnlich sind die Einbahn-Überzeugungsstrategien.
Ein Kritiker kann uns z. B. durch eine vernichtende
Filmkritik davon abhalten, diesen Film anzusehen. Bekommt der Film aber eine gute Kritik, kann es sein,
daß wir trotzdem noch die Meinung anderer Leute ein-
holen, bevor wir uns den Film ansehen. Oder, wenn
der Geschäftsführer eine bestimmte strategische Richtung vorschlägt, halten wir vielleicht Ausschau nach alternativen Strategien in der gleichen Richtung. Wenn
der Chef aber eine bestimmte Richtung ablehnt, dann
ist sie damit gestorben. Wir müssen also auf den Ebenen der Bedürfnisse, Kriterien und Strategien herausfinden, welche Punkte entscheidend und welche nicht
entscheidend sind. Das ist unbedingt erforderlich und
kann im Ergebnis konträr zu unseren Wünschen und
Zielen sein.

Wenn wir davon sprechen, die Kaufbestrebungen zu
bekräftigen, dann soll dies bildlich ausgedrückt einem
Gespann mit Pferden entsprechen, die alle in dieselbe
Richtung galoppieren. Die Richtung sollte sich an der
zuvor sorgfältig festgestellten Route orientieren, auf
der der Kunde und das Unternehmen normalerweise
Kaufentscheidungen zu ihrer Zufriedenheit treffen. Im

Anschluß daran verknüpfen wir unsere Konzeption
und unsere Ideen mit diesem „Gespann", das auf das
Ziel zugaloppiert. Die Kaufbestrebungen zu bekräftigen bedeutet also, zunächst die Schlüsselbedürfnisse
aufzuzählen, und zwar mit den wichtigsten Bedürfnissen und dem größten Nutzen an der Spitze. Wir präsentieren dem Kunden diese Ergebnisse, um uns zu
vergewissern, daß wir seinen Wunsch tatsächlich verstanden haben. Während wir dies tun, stellen wir die
Frage: „Was könnte außerdem noch von Bedeutung
sein?"

Wenn wir sicher sind, daß wir alle Schlüsselvariablen
berücksichtigt haben, sind wir soweit, Schwung in die
Angelegenheit zu bringen, indem wir in dem Tonfall
und Rhythmus, den unser Klient gerne sieht, hört und
fühlt, alle Bestrebungen nennen und sie in dieselbe
Richtung galoppieren lassen.
Das Präsentieren dieser Bestrebungen ist ein gut or-
chestriertes Vorspiel der Ergebnisse, die zu erwarten
sind. Es ist mehr, als nur die Wünsche zu erkennen,
die Ihrem Klienten vorschweben. Es heißt, sich wirklich für diese Bestrebungen zu begeistern. Es heißt,
an sie zu glauben und das Erfolgserlebnis mitzuemp-
finden, zu fühlen und zu verstärken, das sich Ihr Klient
wünscht oder nach dem er sich sehnt.
Die Bestrebungen zu bekräftigen heißt also demnach,
die Resultate, die Ihr Klient haben will, ihm oder ihr so
auszumalen, daß Ihr Klient das Gefühl bekommt, daß
Sie diese Ergebnisse in ihrer Wichtigkeit nicht nur akzeptieren, sondern mitfühlen und sich diese ebenfalls
wünschen.

In diesem Stadium haben Sie vielleicht noch nicht alle
Antworten parat. Sie stimmen an diesem Punkt nur
in den Fragen, der Richtung und den gewünschten

Resultaten überein. Seien Sie dabei vorsichtig, damit
Sie nicht voreilig das, was der Klient sagt, in Ihre
festen Vorstellungen von dem, was Sie verkaufen wollen, hineinzwängen. Hören Sie Ihrem Klienten so
aufmerksam zu, daß Sie beim Wiederholen seiner Bestrebungen in Ihren eigenen Worten feststellen können, daß der Klient positiv reagiert, zu nicken anfängt
und sagt: „Ja, das ist in Ordnung." Hören Sie darauf,
wie kräftig dieses Ja kommt, damit Sie wissen, ob Sie
den Nagel auf den Kopf getroffen haben. Erleben Sie
die guten Gefühle, die entstehen, wenn zwei Menschen in dem, was sie wollen, im Einverständnis sind.

Nachdem Sie die Bestrebungen bekräftigt und Ihrem
Klienten wirkungsvoll vorgeführt haben, sollten Sie für
sich die Frage beantwortet haben, welche Bedingungen erfüllt sein müssen, damit Sie mit diesem Klienten
ins Geschäft kommen.

Wenn Sie Ihrem Klienten die Bestrebungen vorführen,
werden Sie merken, daß der Vorteil auf beiden Seiten
liegt. Es wird Ihnen sehr viel Zeit ersparen, weil es Sie
davor bewahrt, aufgrund von Fehlinformationen, dürfti-
gen Annahmen und mangelnden Daten die falsche
Richtung einzuschlagen. Um ein Beispiel zu geben:
Wenn ein wesentlicher Punkt ist, daß die Kosten innerhalb eines bestimmten Rahmens liegen müssen, dann
brauchen Sie nicht nach Alternativen zu suchen, die
das Budget überschreiten würden. Es gibt Ihnen die
Möglichkeit, die persönlichen Bedürfnisse und Bestrebungen Ihres Klienten nicht nur klarzustellen, sondern
auch zu verstärken. Wenn Sie diese in einer Form präsentieren, bei der der Klient seinen Nutzen erlebt, als
ob er bereits realisiert wäre, dann bauen Sie gleichzeitig ein bestimmtes Maß an Zustimmung für Ihre
Verkaufskonzeption auf (die Sie erst später anbieten

werden), noch bevor sie von Ihnen erarbeitet wurde. Sie könnten z.b. folgendermaßen präsentieren: „Frau Johannsen, wenn ich Sie richtig verstehe, suchen Sie Geschenke für leitende Mitarbeiter im Werte von 150 DM, die in deren Büro stehen sollen, Ihr Firmenzeichen tragen und auch mit einer persönlichen Namensprägung versehen werden können. Sie suchen nach einem Artikel, den Führungskräfte wahrscheinlich noch nicht besitzen, den sie aber wirklich schätzen würden. Es sollte sich also um etwas Geschmackvolles, Außergewöhnliches handeln, das bis zum 1. Dezember geliefert werden kann. Es sollte als Geschenkpackung in einem stabilen Karton geliefert werden, damit es sicher beim Kunden ankommt. Sie wünschen außerdem, daß dieses sorgfältig ausgewählte Geschenk Ihrer Corporate Identity entspricht und sich an die Handelswerbung anlehnt, die Sie in diesem Jahr herausbrachten. Sie wollen also von mir nur Vorschläge hören, die diesen Kriterien gerecht werden. Ist das richtig?"

Wenn Sie die meisten ihrer Kriterien genannt haben, dann werden Sie das an Frau Johannsens Reaktion, wie z.B. einem guten bzw. besseren Augenkontakt merken. Wenn sie Ihnen zustimmt und sagt: „Ja, genau das suche ich", dann wird es an der Klarheit ihrer Stimme merkbar sein. Wenn das nicht der Fall ist, dann gehen Sie einen Schritt zurück und forschen weiter nach, indem Sie fragen: „Gibt es außerdem noch etwas, das wir berücksichtigen müssen?"

Falls Frau Johannsen Ihnen gegenüber erwähnt hat, daß sie eine erfolgreiche Geschenkaktion daran erkennen kann, daß sie viele Dankschreiben von Klienten erhält, dann bauen Sie diesen Hinweis in Ihre Präsentation der Bestrebungen ein, indem Sie sagen:

„Und Sie suchen etwas so Besonderes und Passendes, daß Dutzende Ihrer Klienten mit persönlichen Dankschreiben reagieren. Ist das richtig?" Sie wird Ihnen mit „Ja" zustimmen, wenn es zutrifft. Und dann lächeln Sie und sagen: „Ich glaube, ich kann Ihnen in dieser Angelegenheit behilflich sein."

Wir können nicht genug betonen, wie wichtig es ist, beim Bekräftigen der Kaufbestrebungen die Worte und Redewendungen des Kunden zu gebrauchen, die Bestrebungen des Klienten in seinem Tonfall, in seinem Sprachmuster, sogar mit seiner Gestik zu wiederholen.

Wenn Sie optimal die Bestrebungen bekräftigen, sind Sie bereits in Schwung für Ihre Konzeption, bevor diese überhaupt Form angenommen hat. Das Feld, in dem Ihre Konzeption später vorgelegt wird, ist dann so gut bestellt, daß der Widerstand, den die meisten Vertriebsmitarbeiter zu spüren bekommen, bei Ihnen kein Faktor sein wird.

An diesem Punkt angelangt, haben wir folgende Schritte besprochen, die wir KABEL und KERBE nennen – nämlich Kontakt Aufnehmen, Bedürfnisse ErmitteLn, Kriterien ERkennen und Bestrebungen bEkräftigen. Häufig wird das erste Gespräch an diesem Punkt unterbrochen, weil dann viele Vertriebsmitarbeiter in ihre Büros zurückkehren, um eine Konzeption auszuarbeiten. In vielen anderen Verkaufssituationen jedoch folgen sofort die nächsten Schritte.

Den Kontakt überprüfen

KONÜ KONA steht für KONtakt Überprüfen und KON-
zeption Anbieten. Ungeachtet dessen, ob Sie mit der
Präsentation fortfahren und dazu übergehen, die Verkaufskonzeption anzubieten, oder ob Sie sich verabschieden und zu einem anderen Zeitpunkt wiederkom-
men, ist es wichtig, den Kontakt zu überprüfen. Betrachten Sie dies als eine Vorsichtsmaßnahme. Wenn
Sie an das schrittweise Angleichen bis hin zum Führen zurückdenken, werden Sie sehen, daß Sie sich an
dem Punkt der Kontaktüberprüfung bereit machen
müssen, mehr und mehr die Führung zu übernehmen.

Falls Sie sich verabschieden mußten und nach Stunden, Tagen oder Wochen wieder zum Klienten kommen, dann wird das Überprüfen des Kontaktes sogar
noch wichtiger, da Sie in der Zwischenzeit an
Schwung verloren haben. Es ist sicher eine gute Idee,
sich die Kriterientabelle noch einmal vorzunehmen,
bevor Sie Ihrem Klienten gegenübertreten. Diese Vor-
bereitung wird Ihnen helfen, schnell wieder Kontakt
herzustellen.

Wenn Sie merken, daß Sie sowohl körpersprachlich
als auch hinsichtlich der gewünschten Resultate mit
Ihrem Klienten in Kontakt sind und sich in Rhythmus
und Harmonie angeglichen haben, dann können Sie
nach einer kurzen Rekapitulation fortfahren. Die Zusammenfassung berührt alle Punkte des Einverständnisses, die Sie bereits erarbeitet haben, also die Bedürfnisse und Kriterien, die Sie bei Ihrem Klienten festgestellt, und die Bestrebungen, auf die Sie sich geeinigt
haben. Während Sie sich bei der Wiederholung in

Sprache, Tonfall, Körpersprache usw. dem Klienten angleichen, werden Sie bemerken, daß Ihr Kunde schnell zu der erwartungsvollen Haltung zurückfindet, die bei ihm oder ihr vorhanden war, als Sie die Bestrebungen bekräftigt haben.

Anstatt Ihren Gefühlen zu vertrauen, überprüfen Sie den Kontakt auf sinnesspezifische Weise. Zum Beispiel: Wenn Sie fühlen, daß Sie in Kontakt mit Ihrem Klienten sind, und Sie merken, daß Sie beide in ähnlicher Haltung sitzen, dann verändern Sie Ihre Haltung, um zu sehen, ob der Klient Ihnen unbewußt folgt. Wenn Sie beide die Beine übereinandergeschlagen haben und Sie fühlen, daß Sie in Kontakt sind, dann verändern Sie leicht Ihre Sitzhaltung. Wenn Ihr Klient es Ihnen gleichtut, dann haben Sie ein klares Signal dafür, daß Sie vom Angleichen zum Führen übergehen können. Sie können dasselbe während des Sprechens mit der Betonung machen. Sie können z.B. von einer enthusiastischen Sprechweise zu sanfteren Tönen übergehen. Wenn Ihr Klient als Reaktion ebenfalls stimmlich etwas ruhiger wird, dann sind Sie beide in Harmonie miteinander. Sie befinden sich dann genau am Scheitelpunkt vom Angleichen zum Führen.

Manchmal werden Sie beim Überprüfen des Kontaktes bemerken, daß Sie nicht mehr in Kontakt sind. Zum Beispiel: Bei Ihrem Folgebesuch merken Sie, daß sich die ganze Atmosphäre des Büros verändert hat. In solchen Fällen beginnen Sie auf der Ebene der Kontaktaufnahme und benützen alle Strategien des Angleichens. Ermitteln Sie erneut die Bedürfnisse, um herauszufinden, welche davon sich verändert haben und welche wesentlichen Dinge seit Ihrem letzten Besuch geschehen sind. Da sich die Kriterien möglicherweise verändert haben, vergewissern Sie sich, ob sie in den Kriterien und Bestrebungen, die Sie zuvor aufgestellt hatten, noch im Einverständnis mit dem Klienten sind. Vielleicht sollten Sie auch die Kriterientabelle Ihres Klienten noch einmal Punkt für Punkt durchgehen.

An dieser Stelle sollten Sie entweder den Kontakt wieder aufgebaut oder ein Gefühl dafür bekommen haben, warum sich der Kontakt verändert hat. Hat eine zusätzliche Information die Kontaktebene, die Sie ursprünglich erreicht hatten, verändert? Wurde eine Schlüsselvariable verändert, wie z.B. das Budget? Hat Ihr Gesprächspartner einfach einen schlechten Tag? Was auch immer sich verändert hat, seien Sie sich dessen bewußt, bevor Sie fortfahren.

Wenn Sie bei diesem Kundenbesuch merken, daß Ihr Klient absolut nicht in der Stimmung ist, sich Ihre Konzeption anzuhören, dann müssen Sie das respektieren. In den meisten Fällen wird diese Unannehmlichkeit durch die größere Aufgeschlossenheit Ihres Klienten Ihnen gegenüber ausgeglichen, wenn Sie sich zu einem neuen Termin treffen und dann ins Geschäft kommen. Das soll nicht heißen, daß Sie sofort das Gespräch abbrechen sollen. Überzeugen Sie sich, daß Sie die Spielregeln verstehen, bevor Sie Ihre Strategie für das weitere Spiel entwickeln.

Sie sollten Ihre Konzeption nur vorlegen, wenn Sie Kontakt haben. Warum? Weil das Vorlegen einer großartigen Konzeption in einer gespannten Atmosphäre und bei schwachem Kontakt denselben Effekt hat, wie das Säen auf Zementboden. Egal wie gut die Samenkörner sind, die Unfruchtbarkeit der Umgebung wird sie daran hindern, Wurzeln zu schlagen, zu wachsen und zu gedeihen. Machen Sie Gebrauch von Ihrer Wahrnehmungsfähigkeit und bleiben Sie flexibel.

Je besser Sie Ihre Wahrnehmungsfähigkeit entwikkeln, desto klarer werden Sie erkennen, wie wichtig sie ist. Sowohl in gesellschaftlichen als auch in geschäftlichen Situationen werden Sie anfangen, subtile Unterschiede festzustellen in der Art und Weise, wie Menschen auf unterschiedliche Ideen und auf verschiedenartige Persönlichkeiten reagieren. Sie werden sich selbst dabei beobachten können, wie Sie das, was sie hier gelernt haben, mehr und mehr auf Arbeit und Freizeit übertragen.

Ein Nebeneffekt dieser ausgeprägten Wahrnehmungsfähigkeit wurde uns von einem Seminarteilnehmer nach einem seiner wöchentlichen Pokerabende erzählt. Als er von dieser neu gewonnenen Fähigkeit Gebrauch machte und mehr auf Details achtete, bemerkte er, daß einer seiner Pokerkumpel die unbewußte Gewohnheit hatte, seine Pokerchips anders auf dem Tisch zu stapeln, wenn er bluffte. Diesen ganz subtilen Unterschied testete er, indem er auf den Bluff einstieg. Während der Teilnehmer uns das erzählte, konnte er sich kaum das Lachen verkneifen bei dem Gedanken, wieviele Pokerhände dieses eine Detail ihm im Laufe der nächsten Jahre einbringen würde. Jetzt, da er gelernt hatte, diese kleinen Unterschiede zu erkennen, sagte er: „Mein Pokerkumpel könnte von nun an genausogut jedesmal ein rotes Licht mit ‚Bluff' aufleuchten lassen, wenn er es bei mir probiert."

Üben Sie das, und Sie werden erstaunt sein über die Fülle von Informationen, die Sie aus den unbewußten Gesten von Menschen ablesen können, indem Sie einfach Ihre Sinnesorgane gebrauchen und aufmerksam die subtilen Veränderungen beobachten, wenn sie mit Ihnen kommunizieren.

Sechs mögliche Defizite

Wenn Sie merken, daß Ihr Kontakt nicht stark genug ist und Sie sich nicht sicher genug fühlen, um beim nächsten Schritt die Konzeption anzubieten, dann sollten Sie die Situation analysieren, um herauszufinden, ob auf Ihren Kunden eines der sechs Defizite zutrifft. Mit den sechs Defiziten ist gemeint: Mangel an ...

- Vertrauen
- Dringlichkeit
- Einfühlungsvermögen (für Sie)
- Geld
- Autorität
- Bedarf (an dem, was Sie verkaufen)

Mangel an Vertrauen

Wenn es das Vertrauen ist, an dem es mangelt, dann gehen Sie zurück zu Ihrer Kriterientabelle und vergewissern sich, ob Sie beim Wahrnehmungsmuster Glaubensbereitschaft das Richtige angekreuzt haben. Als nächstes liefern Sie in der entsprechenden Kategorie weitere Beweise für das Erreichen der gewünschten Ziele. Wenn Ihr potentieller Kunde z.B. drei Beweise *sehen* muß, bevor eine neue Idee für ihn glaubwürdig ist, dann zeigen Sie ihm zumindest drei

Briefe von zufriedenen Kunden, oder drei oder mehr
veröffentlichte Artikel, die die Vorzüge Ihres Produktes
oder Ihrer Dienstleistung darstellen. Wenn Ihr potentieller Kunde die Beweise *hören* muß, ist eher ange-
zeigt, ihm eine Liste mit zufriedenen Kunden anzubieten, die er anrufen kann. Wenn es an Vertrauen mangelt, dann ist die Wahrscheinlichkeit hoch, daß Sie
sich entweder diese Wahrnehmungsmuster ursprünglich nicht zu Nutzen gemacht haben oder daß Ihre Beispiele nicht als legitim oder echt anerkannt wurden.
Statistiken und Zitate ohne Quellenangabe fallen oft in
diese letzte Kategorie..

Mangel an Dringlichkeit

Wenn Ihr Kunde wenig Eile oder Dringlichkeit zeigt,
sich das anzuschaffen, was Sie verkaufen, dann ist
Ihre Konzeption in Gefahr, auf die lange Bank gescho-
ben zu werden. Vor einigen Jahren interessierten sich
meine Frau und ich für eine Einbruchwarnanlage für
unser Haus, obwohl unsere Wohngegend ziemlich
sicher ist und es keine Anzeichen dafür gab, daß sich
dieser Zustand in absehbarer Zeit verändern würde.

Der Vertriebsbeauftragte kam vorbei, um uns Informationen zu liefern für den Tag, an dem wir uns entscheiden würden, ein solches System zu installieren. Es
hatte absolut keine Eile. Wir hatten bereits sechs
Jahre sicher ohne ein solches System in unserem
Haus gewohnt.
Während er unser Haus überprüfte, die Eingänge, die
Stellen für die High-Tech-Magnetkontakte und den besten Platz für die Zentrale notierte, konnte er sich ein
genaues Bild von uns machen und erkannte unsere

Bedürfnisse. Er wußte auch, daß es für die Installation keine Eile gab.

Er führte uns sein Produkt vor, zeigte uns mehrere Anlagen, die zum Neuesten und Besten auf dem Markt gehörten, weiterhin Produktempfehlungen, Spezifikationen und unabhängige Bewertungen, die die Anlage mit denen anderer Anbieter verglichen. (Er hatte mir damit gezeigt, was ich sehen mußte und für mein Wahrnehmungsmuster Glaubensbereitschaft brauchte.)

Außerdem lieferte er uns, auf Anfrage meiner Frau die Namen von fünf Familien aus der Nachbarschaft, bei denen in den letzten zwei Jahren ein solches System installiert worden war. Diese hatten ihre Zustimmung gegeben, daß zukünftige potentielle Kunden anrufen und sich nach ihrer Zufriedenheit mit dem System erkundigen könnten. (Das war *ihr* Wahrnehmungsmuster Glaubensbereitschaft.)

Trotzdem hatten wir keine Eile, zumindest nicht bis zu dem Zeitpunkt, als er uns die Geschichte eines seiner gewerblichen Kunden erzählte. Dieser hatte das System installieren lassen und wurde noch am selben Abend von Dieben überrascht, noch bevor die Installationsfirma die Glasbruchmelder an den Türen und Fenstern anbringen konnte. Natürlich wurden die Diebe gefaßt, und der Juwelier war froh, daß die Diebe nicht eine Nacht früher gekommen waren. Der Vertriebsbeauftragte fügte hinzu (mit einer etwas zu plumpen Anspielung, wie ich denke), daß es ärgerlich wäre, wenn man einen seiner Kunden ausrauben würde, weil er zu lange mit etwas wartet, das er doch irgendwann einmal ausführen läßt.

Dann kam die Frage: „Übrigens, fahren Sie diesen Sommer in Urlaub?" Wir wollten drei Wochen später nach Europa fliegen. Plötzlich kaufte ich nicht mehr nur ein Sicherheitssystem, ich kaufte mir zusätzlich das Gefühl der Beruhigung und der Unbeschwertheit während meines Urlaubs. Meine Frau rief drei der Empfehlungen am nächsten Tag an, und in der folgenden Woche wurde das System installiert. Der Urlaub war wunderbar.

Mangel an Einfühlungsvermögen

Einfühlungsvermögen bedeutet emotionale Identifikation, es bedeutet *mitzufühlen*. Wenn der Kunde nicht mit Ihnen fühlt, dann liegt das Problem und seine Lösung im Bereich Ihrer grundlegenden Fähigkeit, Kontakt aufzunehmen.

Wenn Sie nicht das Maß an Einfühlungsvermögen erhalten, das Sie brauchen, um erfolgreich zu sein, dann können Sie dies ändern, indem Sie eine oder mehrere Ebenen des Angleichens verbessern, sei es das emotionale Angleichen, das Angleichen über Einverständnis, das Angleichen der Haltung, das Angleichen von Tonfall und Tempo, das Angleichen in der Sprache, das Angleichen über Wertvorstellungen und Anschauungen, das kulturelle Angleichen, das Angleichen des Inhaltes oder das Angleichen der Interessen.

Der Punkt dabei ist, daß wir bekommen, was wir geben. Kunden fühlen nur dann mit uns, wenn wir in Kontakt mit ihnen sind, und bestätigen uns die eigenen Fähigkeiten durch sichtbare Signale.

Mangel an Geld

Es gibt einen alten Las-Vegas-Witz über einen schäbig aussehenden Geschäftsmann mit einem zwei Tage alten Stoppelbart, der vor einem der Kasinos einen Fremden anspricht und bettelt: „Haben Sie bitte ein paar Dollar übrig? Ich habe meine Frau und meine Kinder dabei und wir haben kein Geld für Essen oder Übernachtung. Jeder Betrag ist mir recht. Bitte!"

Der Fremde antwortete: „Wenn ich Ihnen etwas Geld gäbe, woher wüßte ich, daß Sie es nicht einfach nehmen, dort hineingehen und es verspielen?"

Der unglückliche Mann schaute den Fremden empört an, zog einen Packen mit Zwanzig-Dollar-Noten aus der Tasche und rief: *„Spielgeld* habe ich!"

In fast allen Verkaufssituationen gibt es Geld für Dinge, die wichtig genug sind. Wenn ein Kunde zum Ausdruck bringt, daß er nicht genug Geld hat, um ein Produkt oder eine Dienstleistung zu kaufen, kann das meistens übersetzt werden mit: „Ich bin noch nicht bereit, meinen großen Packen Geld für dieses kleine Päckchen potentiellen Wertes einzutauschen, das Sie mir bisher gezeigt haben."

Es gibt wohl kaum einen Vertriebsmitarbeiter, der noch nicht am Eingang mit der Bemerkung begrüßt wurde: „Ich spreche mit Ihnen, aber ich kann Ihnen gleich sagen, daß wir überhaupt kein Geld für das haben, was Sie mir zeigen wollen."

In solchen Situationen ist es am besten, so vorzugehen, als ob Geld da wäre, und die Kreditwürdigkeit nachzuprüfen.

Mangel an Autorität

Es gibt Schätzungen, wonach zwei von drei Kundenbesuchen bei Mitarbeitern stattfinden, die nicht er-
mächtigt sind, Kaufentscheidungen zu treffen. Oft haben sie die Macht, nein zu sagen, aber nicht die Autorität, (alleinentscheidend) ja zu sagen.

Nachdem Sie Schritt für Schritt Kontakt aufgenommen, die Bedürfnisse ermittelt, die Kriterien erkannt
und die Kaufbestrebungen bekräftigt haben, haben
Sie genug Fakten gesammelt und können nun Ihre
Konzeption wirkungsvoll anbieten, in der Annahme,
daß Sie mit einem Entscheidungsträger sprechen.
Das Problem besteht darin, daß Ihr Gesprächspartner, der keine oder nur eingeschränkte Vollmachten hat, diese Information vielleicht absichtlich un-
terschlägt. Sie müssen also danach fragen. Natürlich ist dabei die direkte Frage: „Sind Sie autori-
siert zu kaufen?" ein wenig ungehobelt und wird
oft Gereiztheit oder Verschlossenheit beim Kunden
auslösen. Trotzdem muß dieser Punkt geklärt werden, bevor die Verkaufskonzeption tatsächlich präsentiert wird.

Wir empfehlen Ihnen, die oft gestellte Frage des Ver-
kaufstrainers Tom Hopkins zu übernehmen: „Herr/
Frau potentieller Kunde, wenn wir das Glück hätten,
heute das Richtige zu finden, wären wir dann in der
Lage, direkt zu einem Ergebnis zu kommen, oder gibt
es weitere Mitarbeiter, die wir mit einbeziehen müssen?"
Durch den Gebrauch von „wir" und die Andeutung,
daß es eventuell „... weitere Mitarbeiter gäbe, die *wir*
mit einbeziehen müßten", haben Sie viel bessere
Chancen, eine offene Antwort zu erhalten, wenn der

Gesprächspartner nicht die alleinige Entscheidungsbefugnis besitzt.

In einem solchen Fall entschließen Sie sich am besten dazu, Ihre Konzeption sowohl ihrem augenblicklichen Gesprächspartner zu präsentieren als auch dem Mitarbeiter, der die Kaufentscheidung treffen kann. Das Entscheidende dabei ist, daß Sie eine Allianz schaffen, die es Ihnen erlaubt, an den Entscheidungsträger zu verkaufen, während Ihre ursprüngliche Kontaktperson das gute Gefühl hat, Ihnen geholfen zu haben.

Mangel an Bedarf

Manchmal brauchen potentielle Käufer einfach nicht das, was Sie verkaufen. Aber das kommt wahrscheinlich viel seltener vor, als Sie glauben. Bedürfnisse und Wünsche liegen nämlich nicht weit auseinander. Wir brauchen Nahrung, ein Dach über dem Kopf und Kleidung, aber brauchen wir *diese bestimmte* Nahrung in unserem Kühlschrank, *diese bestimmte* Wohnung, oder *diese bestimmten* Kleidungsstücke?

Wir suchen uns unser Essen, unsere Wohnung und unsere Kleidung eher aus, um uns Zufriedenheit zu verschaffen, als aus einem wirklichem Bedürfnis heraus. In Wahrheit macht uns fast alles, was wir kaufen, auf einer oder mehreren Ebenen zufriedener.

Mangel an Bedarf beim Kunden läßt sich normalerweise mit dem Mangel an Erkenntnis übersetzen, welchen Nutzen er aus dem Produkt oder der Dienstleistung ziehen könnte und daß dieser Nutzen wünschenswerter wäre als ein dickes Bankkonto.

Solche Wünsche können sein:
- Wunsch, Geld zu machen
- Wunsch, Geld zu sparen
- Wunsch nach Macht
- Wunsch nach Prestige
- Wunsch nach Sicherheit
- Wunsch nach körperlichem Wohlergehen
- Wunsch nach weniger Störungen
- Wunsch nach Seelenfrieden
- Wunsch nach Annehmlichkeiten
- Wunsch nach Lob
- Wunsch nach beruflicher Anerkennung
- Wunsch nach familiärer Wärme
- Wunsch nach guter Gesundheit
- Wunsch nach einem langen Leben
- Wunsch nach mehr Verantwortung
- Wunsch nach familiärem Zusammenhalt
- Wunsch nach Energie und Lebenskraft
- Wunsch nach Information
- Wunsch nach mehr Kontrolle
- Wunsch nach Spaß
- Wunsch nach persönlichem Wachstum
- Wunsch nach Liebe
- Wunsch, erinnert zu werden
- Wunsch, wie die Menschen zu sein, die wir
  bewundern
- Wunsch, sich selbstlos oder großzügig zu fühlen
- Wunsch, selbstlos oder großzügig zu erscheinen
- Wunsch, Schmerzen vermeiden zu können
- Wunsch, Kritik vermeiden zu können
- Wunsch, Unbekanntes zu meiden
- Wunsch, Verantwortung zu meiden
- Wunsch, Mißerfolge zu vermeiden
- Wunsch zu vermeiden, dumm auszusehen
- Wunsch, die Dinge zu verlieren, die wir bereits
  besitzen und an denen wir uns freuen
- ... usw.

Mangel an Bedarf seitens des potentiellen Käufers ist häufig mit einem Mangel an Wahrnehmung von Chancen seitens des Verkäufers gleichzusetzen. Über das Offensichtliche und das Wahrscheinliche hinauszuschauen, um das Mögliche zu entdecken, ist hier die beste Antwort auf die Aussage: „Kein Bedarf".

Die Verkaufskonzeption anbieten

In diesem Abschnitt werden wir sowohl die vielen wirkungsvollen, versteckten Überzeugungstechniken beschreiben, die oft in Verkaufspräsentationen eingeflochten werden, als auch ethische Grundlagen behandeln. Anschließend werden wir über die Macht von Metaphern, Analogien und Geschichten sprechen und darstellen, warum sie beim Verkauf so wirkungsvoll sind. Das wird uns zu Strategien führen, mit denen Sie den Klienten noch mehr in Ihre Konzeption einbeziehen können, indem Sie ihn träumen lassen und Ergebnisse in Form einer Vision entwerfen. Die hypnotische Wirkung von formelhaftem Sprechen wird genauso erklärt werden wie andere Muster, die Einverständnis schaffen, so z.B. die drei Techniken des Anbindens und die Technik des Streichelns-und-Führens. Nachdem all diese Techniken und Strategien ihren Platz bekommen haben, werden wir abschließend den Gesamtrahmen für die Darstellung Ihrer Konzeption aufstellen, einschließlich einer Checkliste der Schlüsselfragen. Behalten Sie währenddessen immer im Gedächtnis, daß in Momenten brillanter Verkaufstätigkeit der größte Teil Ihrer Überzeugungskraft aus Schichten unterhalb Ihrer eigenen Bewußtseinsschwelle kommt.

Wie Sie möglicherweise schon ab und zu selbst erlebt
haben, ergeben sich dann Ihre Worte und Handlungen
natürlich und ohne bewußte Anstrengung.

Sehen heißt glauben

Vor kurzem unternahmen wir mit mehreren Freunden
eine Schiffsreise. Während wir an der Reling standen
und über das weite Meer blickten, das sich vor unseren Augen bis zum Horizont erstreckte, staunten wir
darüber, wieviel Wasser sich vor uns ausbreitete.
„Ja," sagte einer aus unserer Gruppe, „und das ist nur
die Oberfläche."

Die Oberfläche allein ist schon beeindruckend genug,
aber was sich unterhalb der Oberfläche abspielt, ist
weitaus mehr und weitaus wichtiger. In gewissem
Sinne gilt dasselbe für die Präsentationstechniken.
Vieles, was wir hier in diesem Abschnitt behandeln,
geschieht unterhalb der Oberfläche des bewußten
Denkens.

Die Macht der Suggestion

Die Macht der Suggestion einzusetzen ist bei Präsentationen eindeutig eine der wichtigsten Fertigkeiten.
Zum Beispiel: Während Sie diese Worte leise lesen,
bemerken Sie vielleicht am hinteren Teil Ihrer Zunge
ein wachsendes Bedürfnis zu schlucken. Während Sie
dieses Schluckbedürfnis bemerken und daraufhin
schlucken, wundern Sie sich vielleicht, wie es kommt,
daß wir soviel von Ihnen wissen.

Haben Sie schon geschluckt? Ist Ihnen schon in den Sinn gekommen, darüber zu staunen? Lächeln Sie, wenn Sie wissen, daß es stimmt. Haben Sie schon gelächelt?

Was wir gerade gemacht haben, ist nichts anderes, als mehrere Suggestionen vorzugeben und sie miteinander zu verknüpfen. Das Schlucken bewirkt nicht, daß Sie sich wundern, wieso wir etwas über Sie wissen können. Und sicherlich bewirkt das Lächeln nicht, daß Sie wissen, daß es stimmt. Einfach dadurch, daß wir etwas suggeriert haben, was leicht passieren kann, haben wir es Ihnen bewußtgemacht und höchstwahrscheinlich auf Ihr Verhalten eingewirkt. Nachdem wir in kleinen Dingen auf Ihr Verhalten eingewirkt haben, fügten wir eine weitere Suggestion hinzu, die für sie einen etwas größeren Schritt darstellte. Hätten wir einfach begonnen mit: „Sie wundern sich vielleicht, wie wir so viel über Sie wissen", dann wäre Ihre ursprüngliche Reaktion vielleicht gewesen: „Ich sehe keinen Beweis dafür, daß Sie überhaupt irgend etwas von mir wissen." Dann haben wir sogar einen noch größeren Sprung gemacht und suggeriert, daß das Bemerken dieser Tatsache Sie zum Lächeln bringt und daß das Lächeln Sie daran glauben läßt. All diese Schritte sind keine Folgeglieder. Die einzige wirkliche Verbindung ist die, daß wir suggeriert haben, daß ein Schritt zum anderen führt.

Negative Punkte vermeiden

Wir wir bereits erläutert haben, läßt das Wort „nicht" vor einer Suggestion oder Handlungsaufforderung das Bild, den Gedanken oder das Gefühl keineswegs verschwinden. Zum Beispiel: Angenommen, Sie stellen sich *nicht* vor, daß sie den sauren Saft einer Zitrone trinken. Angenommen, Sie stellen sich *nicht* vor, daß der Saft den Speichel in ihrem Mund zusammenlaufen läßt. Angenommen, die Vorstellung vom sauren Zitronensaft beeinflußt Ihre Speichelproduktion in diesem Moment *nicht.* Während Sie die Tendenz zur Speichelproduktion beobachten können, erkennen Sie, daß das Wort „nicht" wirkungslos ist, um die Suggestion beiseitezuschieben. Das Wissen um diese Tatsache ist äußerst wichtig, damit Sie sich die Macht der Suggestion zunutze machen und in die gewünschte Richtung zu marschieren können.

Da Suggestionen unglaublich machtvoll sind, müssen wir vorsichtig damit umgehen, sonst mißbrauchen wir sie und der Schuß geht nach hinten los. Bei der Verwendung von Suggestionen müssen wir uns immer auf das konzentrieren, was wir wollen, anstatt auf das, was wir nicht wollen. Viele Vertriebsmitarbeiter untergraben letztlich das Vertrauen des Käufers durch die Nennung von negativen Punkten. Um ein Beispiel zu geben: Ein Vertriebsmitarbeiter möchte einen Vertragsabschluß nochmals bekräftigen und sagt: „Und ich möchte nicht, daß Sie sich Sorgen über die Produktqualität machen."

An dieser Stelle hat er unabsichtlich die Sorge um die Qualität geweckt. Das Ausmaß der Sorgen, die er hervorgerufen hat, kann sehr wohl darüber entscheiden, ob er die Bestellung erhält oder nicht. Wenn diese negative Suggestion beim Klienten Angstreaktionen auslöst und wenn der Vertriebsmitarbeiter an diesem Punkt nicht über genügend Beweismaterial verfügt, um zu zeigen, daß die Qualität kein Problem ist, dann kann es passieren, daß ihm der Verkauf wegen dieser Qualitätsfrage entgeht.

Versuchen Sie einmal folgendes: Angenommen, Sie schlafen friedlich in Ihrem warmen Bett und das Telefon klingelt um zwei Uhr nachts. Sie nehmen schläfrig den Telefonhörer ab und hören die Stimme eines Familienmitgliedes: „Bevor ich dir sage, was passiert ist, versprich mir, daß du nicht in Panik gerätst!"
Was werden Sie sofort tun? Richtig, Sie geraten in Panik! Vielleicht kommt als nächstes: „Unser Auto ist zusammengebrochen. Es geht uns gut. Es kommt ein Abschleppwagen, aber wir werden erst in ein paar Stunden zuhause sein." Obwohl das gute Nachrichten sind, wird Ihr Herz weiter wie wild in Ihrer Brust klopfen. Die Panik sitzt Ihnen noch in den Knochen und Sie können nicht einfach ins Bett zurücksinken und sofort wieder einschlafen.

Um wieviel besser wäre es gewesen, wenn der Anrufer gesagt hätte: „Es geht uns gut, aber der Wagen ist zusammengebrochen, es wird noch ein paar Stunden dauern, bis wir zuhause sind. Wir wollten, daß du gut schläfst, obwohl wir nicht zu dem vereinbarten Zeitpunkt zu Hause sind."

Aus diesem Grund müssen wir sehr sorgfältig mit dem Gebrauch solcher Suggestionen sein wie: „Schütte deine Milch nicht um", „Verpasse nicht die Gelegenheit", „Mach dir keine Sorgen" oder „Du brauchst nicht so schüchtern zu sein, niemand starrt dich an." Zumindest sollten wir diese Aussagen vermeiden, wenn wir diese Dinge nicht bewirken wollen. Wenn Sie jedoch andererseits Zweifel und Sorgen hervorrufen möchten, dann können Sie genau dieselben Ausdrücke gebrauchen, aber mit anderer Absicht.

Einer unserer Klienten, der Freude an Golfwetten hat, erzählte uns, daß Suggestionen wie: „Schlage nicht daneben", „Achte darauf, daß du nicht das große Wasserhindernis triffst" und „Sei vorsichtig, daß du dich nicht verkrampfst, wenn du den Ball schlägst" regelmäßig dazu benutzt werden, um den Gegner psychisch fertig zu machen.

Beim Verkauf gilt, daß Sie nur dann negative Themen ansprechen, wenn sie zu Ihrem Vorteil sind.

Zum Beispiel: Das Computersystem, das Sie verkaufen, verfügt über einen internen, intensiv getesteten Schutzschalter. Das bedeutet, wenn die externe Sicherung versagt, verhindert der interne Schalter, daß plötzliche Stromstöße die Hardware oder die Software beschädigen. Vertriebsmitarbeiter können diese negative Aussicht sehr wirkungsvoll nützen, indem sie entweder direkt suggerieren: „Ich möchte nicht, daß Sie sich Sorgen darum machen, ein Stromstoß könnte den Spannungsschutz durchschlagen und die Anlage beschädigen." Dem muß dann sofort folgen: „Hier ist der Beweis, daß bei diesem Gerät der ausgefeilteste Spannungsschutz eingebaut worden ist, den es auf dem Markt gibt." Da Sie sofort den Beweis erbringen können, bleibt bezüglich Ihrer Wettbewerber ein Zweifel bestehen, nur bei Ihrem eigenen Computer nicht.

Eine zweite Möglichkeit, um diese Sorgen zu wecken, ist eine Frage wie: „Machen Sie sich übrigens Sorgen darüber, ob Stromstöße Ihre Hardware beschädigen könnten?" Wenn der potentielle Kunde mit „ja" antwortet, dann sollten sofort Ihre Argumente folgen. Wenn der potentielle Kunde mit „nein" antwortet, dann können Sie ihm ausmalen, wie die Hardware von einem Stromstoß, der durch den externen Spannungsschutz dringt, beschädigt wird. Daraufhin müssen Sie den Beweis erbringen oder erklären, wieso der eingebaute interne Spannungsschutz der beste ist, der auf dem Markt erhältlich ist. Diese Strategie bietet somit die Möglichkeit, dem Entscheidungsprozeß ein weiteres Entscheidungskriterium hinzuzufügen. Sie wenden Sie am besten dann an, wenn im Vergleich zu den Konkurrenten ein Vorteil hinsichtlich einer Problemvermeidung vorliegt und der Käufer bei seinen Überlegungen dieses Problem noch nicht bedacht hat. Wenn diese zwei Bedingungen erfüllt sind, dann kann die Strategie, negative Themen anzuschneiden, wesentliche Pluspunkte einbringen.

Ursache-Wirkungs-Beziehungen suggerieren

Da Sie angefangen haben, die unglaubliche Wirkung von Suggestionen in Ihrer Präsentation zu verstehen, werden wir Ihnen nun deutlich machen, wie diese Suggestionen eine Ursache-Wirkungs-Beziehung in den Gedanken Ihres Klienten hervorrufen können. Es gibt drei Verkettungen von Ursache und Wirkung.

Die erste und schwächste ist, einfach das Wort „und" zu gebrauchen. So z.B.: „Ich sehe, Sie schauen sich unsere besten Produkte an *und* erkennen die Qualität" oder „Ich hoffe, Sie waren zufrieden mit dem Essen *und* erzählen Ihren Freunden von uns." Eine Kellnerin kann vielleicht sagen: „Ich sehe, Sie sind mit dem Hauptgericht fertig *und* bereit für die Nachspeise."

Bei der zweiten Verkettung verwendet man temporale Konjunktionen wie *wenn, als, während, indem* und stellt so eine zeitliche Verbindung her. Hier sind einige

Beispiele: „Während Sie diese Zeilen durchlesen, *werden Sie* merken, daß Ihnen immer klarer wird, wie Sie Ihre Verkaufsfähigkeiten verbessern können." Oder: „Während Sie dieses Buch lesen, *werden Sie* sich wahrscheinlich dabei ertappen, daß Sie an Situationen denken, in denen Sie die neuen Fertigkeiten ausprobieren können." Ein Verkäufer, der einen Anzug verkauft, sagt vielleicht: „Wenn Sie ihn anprobieren, *werden Sie* ein Gefühl für die Qualität des Anzuges bekommen."

Die dritte und stärkste Verkettung besteht darin, mit Ihren Worten eine Kausalität herzustellen. Dabei werden Wörter wie *verursacht, zwingt, benötigt und bewirkt* eingesetzt. Zum Beispiel: „Sie haben vielleicht bemerkt, daß die Anwendung dieser Konzepte *bewirkt, daß Sie* noch mehr lernen *wollen*." Zu einem Klienten, der viele Einwände bringt, kann der Vertriebsmitarbeiter sagen: „Ich sehe, daß die Fragen Ihnen *helfen*, eine gute Entscheidung zu treffen." Der Vertriebsmitarbeiter kann die erste und dritte Verkettung kombinieren und sagen: „Setzen Sie sich, *damit* Sie sich ausruhen *und* die Präsentation genießen können." Variationen und Kombinationen dieser drei Arten von Verkettung können in hohem Maße beeinflussen, wie Ihr Kunde, Klient oder potentieller Käufer den Inhalt Ihrer Präsentation wahrnimmt.

Es folgen noch einige andere Varianten dieser drei Verkettungen: „Setzen Sie sich doch und ruhen Sie sich aus, *so daß* Sie eine gute Entscheidung fällen können" und „Haben Sie bemerkt, wie die Atmosphäre dieses Hauses *bewirkt*, daß Sie sich wohler fühlen?"

Dieses letzte Beispiel führt uns zu der nächsten Ebene, der Einbettung von Suggestionen und Befehlen. Sie wissen bereits, daß das Fragenstellen den Gesprächspartner psychologisch in die Frage mit einbezieht. Wenn Sie Fragen mit eingebetteten Suggestionen kombinieren, schaffen Sie die Voraussetzungen, um den Klienten leichter in die gewünschte Richtung zu führen. Fragen mit Wörtern wie *erkennen, verstehen, wissen, merken, sich bewußt sein* sind geeignet, um den restlichen Satz einzuleiten. Zum Beispiel: „Sind Sie sich dessen bewußt, daß die Anwendung unserer Techniken Ihnen schon geholfen hat, die Dinge besser zu verstehen?" oder „Haben Sie schon gemerkt, wie gut dieser Wagen zu Ihrer Persönlichkeit paßt?" oder „Sehen Sie, wieviel näher wir bereits einer Einigung sind als noch vor wenigen Minuten?"

Entweder-oder-Entscheidungen

Fragen, die eine Entweder-oder-Entscheidung vom Kunden verlangen, schaffen ebenfalls einen gute Voraussetzung dafür, daß statt *einer* Möglichkeit zwei oder drei Variablen ins Gespräch kommen. Zum Beispiel: „Möchten Sie lieber erst die Schuhe oder erst die Kleidung auswählen?" „Paßt Ihnen ein Termin um 15.00 Uhr oder wäre 16.30 Uhr besser?" Zu einem Paar, das sich im Geschäft umschaut, kann der Verkäufer beispielsweise sagen: „Wir haben eine so große Auswahl, daß ich gespannt bin, wer von Ihnen beiden zuerst etwas sieht, das ihm gefällt." Es wird hier vorausgesetzt, daß einer von beiden etwas findet, das ihm oder ihr gut gefällt. Die Antwort des Paares kann Ihnen Aufschluß darüber geben, wer normalerweise die Entscheidungen fällt. Achten Sie also auf

Kommentare wie z.B.: „Meinem Mann gefällt das sehr,
aber ich bin diejenige, die entscheidet, ob wir es uns
leisten können", und respektieren Sie dieses Vorgehen. In solchen Fällen haben Ihnen die Kunden gesagt, wer der Auslöser für Emotionen ist und wer sich
wahrscheinlich zurückhält und versucht, mit kühlem
Kopf eine Entscheidung zu fällen. In solchen Fällen
müssen Sie über Emotionen verkaufen und mit Logik
rechtfertigen. Warum? Weil die Menschen in den meisten Fällen so kaufen. Sie sehen Dinge, die ihnen gefühlsmäßig gefallen, und schaffen sich dann eine Ra-
tionalisierung für den Kauf.

Adverbiale und adjektivische Annahmen

Adverben und Adjektive bei Fragen zu gebrauchen,
kann ebenfalls äußerst wirksam sein. Zum Beispiel:
„Wie *leicht* können Sie heute zu einer Entscheidung
kommen?" Während Sie implizieren, daß es leicht sei,
nehmen Sie an, daß heute eine Entscheidung getroffen wird.
„Wie sehr sind Sie daran interessiert, die Produktivität
Ihrer Sekretärinnen zu steigern?" Indem Sie fragen,
wie interessiert Ihr Gesprächspartner ist, nehmen Sie
in diesem Beispiel an, daß er zu einem gewissen Grad
interessiert ist.

Fragen, die zeitbezogene Verben und Adverbien ein-
schließen wie *bereits, noch, aufhören, anfangen, fortfahren, beginnen, nicht mehr* sind ebenfalls gute Hilfsmittel, um Annahmen mit Suggestionen einzubetten.
„Sind Sie noch daran interessiert, Immobilien zu kaufen?" ist eine Frage, die annimmt, daß vorher Interesse

bestanden hat. „Wann möchten Sie sich entscheiden?" ist eine Frage, die annimmt, daß Ihr Gegenüber eine Entscheidung treffen wird. Die Frage „Haben Sie schon etwas gespendet?" impliziert eindeutig, daß eine Spende von Ihnen erwartet wird.

Damit kommen wir zu den kommentierenden Adjektiven und Adverben. *Glücklicherweise, erfreulicherweise, zum Glück, offensichtlich* und *leider* sind Wörter mit einem linguistischen Muster, das alles, was folgt, als wahr voraussetzt. Zum Beispiel: „*Ganz offensichtlich* ist dieses Gerät qualitativ hochwertiger als das andere dort drüben." Was bei dieser Aussage fehlt, ist der Grund, warum es offensichtlich ist. „*Glücklicherweise* ist es uns möglich, das ganze Jahr hindurch Ihren Wünschen nachzukommen". „*Leider* können wir Ihnen keinen Kredit bei der ersten Bestellung erteilen." Es wird nicht gesagt, warum. Weil es kommentierende Wörter sind, eignen sie sich nicht wie die anderen Beispiele für Fragen.

Als wahr unterstellte Voraussetzungen oder Annahmen können sowohl in Form von direkten Aussagesätzen verwendet werden als auch in Form von Fragen, wodurch sie zusätzlich an Nachdruck gewinnen und gleichzeitig in der Form etwas abgeschwächt werden. Das macht es dem Klienten leichter, sie anstandslos zu akzeptieren. Wenn Sie so viele Annahmen wie möglich in einen Satz packen, gewinnt das, was Sie sagen, noch an Wirkung.

Beantworten Sie z.B. folgende Frage: Wie viele dieser gewinnbringenden Ideen, die Sie hier gelernt haben, werden Sie nächste Woche Ihren Kollegen vermitteln?

Nachdem Sie diese Frage beantwortet haben, wollen wir einmal analysieren, wie viele Voraussetzungen in dieser Frage stecken:

Annahme 1: Es waren viele Ideen.
Annahme 2: Diese waren gewinnbringend.
Annahme 3: Sie haben sie gelernt.
Annahme 4: Sie haben Kollegen.
Annahme 5: Sie tauschen mit ihnen Gedanken aus.
Annahme 6: Sie werden es möglicherweise nächste Woche tun.
Annahme 7: Ihr Gehirn wird Ihnen automatisch eine Antwort eingeben.

Oder denken Sie einmal darüber nach: Haben Sie sich in letzter Zeit gefragt, welche Leistungen Ihre derzeitigen Lieferanten erbringen *sollten,* in Wirklichkeit aber nicht erbringen? Wenn Sie darüber auch nur ein wenig nachgedacht haben, dann wird Sie das Resultat wahrscheinlich mehr als nur leicht unzufrieden gemacht haben.

Sehen Sie, wie die Annahmen funktionieren? Wir möchten Sie jetzt bitten, einige Ihrer eigenen Annahmen aufzuschreiben, die den Beispielen ähneln, die wir gegeben haben. Es gibt mehrere wichtige Gründe dafür. Erstens wird es Ihnen dabei helfen, noch besser zu verstehen, worum es bei diesen Annahmen geht und wie sie funktionieren. Indem Sie selbst Sätze niederschreiben, die Sie in Ihrer geschäftlichen Umgebung verwenden können, wird es Sie zweitens dabei unterstützen, diese Prinzipien in produktiven, wirkungsvollen Überzeugungsstrategien anzuwenden. Drittens werden Sie die von Ihnen formulierten Sätze immer und immer wieder üben können, bis sie Ihnen ganz leicht und natürlich über die Lippen kommen.

Der Grund, warum Annahmen funktionieren, liegt darin, daß sie mentale und linguistische Abkürzungen sind. Wenn Sie Suggestionen, Anordnungen und Fragen in den Fluß Ihrer Verkaufspräsentation einflechten, können Sie diese so einbetten, daß sie den Entscheidungsprozeß vereinfachen. Das unterstützt also den Käufer darin, die notwendigen Abkürzungen auf dem Weg zu dem Ergebnis zu nehmen, das er erreichen möchte.

Wie Sie sicherlich sehen können, wirkt der Gebrauch dieser Strategien manipulativ. Kurzfristige Manipulationen sind jedoch eindeutig problematischer, weil sie langfristige Beziehungen untergraben. Dauerhafter Verkaufserfolg beruht aber vorwiegend auf langfristigen, wiederholten Geschäftsabkommen und der Weiterempfehlung aufgrund von Qualität. Das ist der Grund, warum Spitzenleute in der Wirtschaft wissen, daß es besser ist, sich *am anderen* zu orientieren. Sie konzentrieren sich darauf, Gewinner-Gewinner-Entscheidungen zu ermöglichen, anstatt *selbstorientiert* zu sein und Gewinner-Verlierer-Entscheidungen zu erzwingen. Doch sogar Entscheidungen, die echte Bedürfnisse befriedigen, werden manchmal schwierig zu erreichen sein, da Menschen Widerstände gegen Veränderungen haben. Wir müssen berücksichtigen, daß bei der Präsentation neuer Ideen Ängste ausgelöst werden können. Manche Seminarleiter weisen immer wieder darauf hin, daß der einzige Weg, um zu lernen, der Weg über die Furcht ist. Daran ist etwas Wahres.
Wenn unsere Ziele mit denen unserer Klienten harmonieren und wir ihnen ermöglichen, eine gute Entscheidung zu treffen, indem wir sie darin unterstützen, hinderliches Gepäck, das sie vielleicht mit sich herumschleppen, im Entscheidungsprozeß abzuwerfen,

dann bieten wir einen wirklich guten Service. Noch
Jahre später werden die Klienten es zu schätzen wissen, daß wir die Energie und die Mühe aufgebracht
haben, sie bei dieser wichtigen Entscheidung zu unterstützen.

Wenn Sie davon innerlich überzeugt sind, dann werden Sie sehen, daß Ihnen eine sehr gute und wir-
kungsvolle zukunftsbezogene Bemerkung über die
Lippen kommen wird wie: „In einigen Jahren werden
Sie mir danken dafür, daß ich Ihnen dabei geholfen
habe, diese Wahl zu treffen." Und wenn Sie wirklich
glaubhaft wirken und ernsthafte und gute Absichten
verfolgen, dann wird Ihnen Ihr Kunde fast immer zustimmen. Wenn Sie jedoch das Verkaufsspiel mit dem
Ansatz *Wir-gegen-die-anderen, Ich-nutze-es-aus-so-
lange-es-geht* betreiben, dann können Sie zwar diese
Strategien anwenden, um Einverständnis zu schaffen,
aber es wird so sein, als ob Sie nur die Oberfläche
des Meeres betrachten. Das Wichtigere, das darunter-
liegt, wird Ihnen entgehen:

1. Wiederholte Geschäftsabschlüsse über eine lange
   Zeit
2. Empfehlungen aufgrund hoher Qualität, die Ihnen
   noch mehr Geschäftsabschlüsse einbringen werden
3. Kunden, an die Sie sich wenden können, um Ratschlag und Unterstützung zu bekommen
4. Kooperation, falls Probleme auftauchen sollten
5. Ein guter Ruf innerhalb Ihrer Branche
6. Der persönliche Stolz, die bestmögliche Arbeit
   zu leisten.

Ohne Frage treffen wir in der Geschäftswelt auf Menschen, die lügen, obwohl die Wahrheit ihnen besser

bekäme. Aber diese Menschen handeln auf der Grundlage ihrer eigenen verzerrten Perspektive von Angst und Mißtrauen. Infolge dieser Angst und dieses Mißtrauens kehrt sich für sie die Formel der Selbstverwirklichung um: Wo es notwendig wäre, Menschen zu lieben und Dinge zu benutzen, versuchen sie dadurch Befriedigung zu erlangen, daß sie Menschen benutzen und Dinge lieben. Ihre Manipulationsmanöver, um die guten Dinge im Leben zu erreichen, verhindern, daß sie die besten Dinge im Leben erreichen. Das Bedauerliche dabei ist, daß sie beides haben könnten.

Metaphern, Analogien und Geschichten

„Wenn Verkaufspräsentationen Anzüge wären, würden einige dem potentiellen Kunden sofort passen, weil sie bequem und elegant sind, und einige sähen aus, als ob sie von der Stange und noch dazu in der falschen Größe wären. Selbst wenn beide Anzüge aus dem gleichen Material sind, zu welchem würden Sie neigen?

Ein wesentlicher Unterschied zwischen der Mehrheit der Verkäufer und den wenigen, die diesen weit überlegen sind, liegt in den Strategien, die sie verwenden, um Einfluß zu nehmen. Die meisten Verkäufer verfügen über ein relativ kleines, feststehendes Repertoire an Strategien und agieren daher in ihrem Verkaufsalltag nach der Treffer-oder-Fehlschlag-Methode. Andere jedoch scheinen schnell, wenn nicht sogar sofort zu spüren, wie ein Kunde einzuschätzen ist, und können ihre Verkaufspräsentationen auf den individuellen Einkaufsstil des Kunden zuschneiden ...", – das ist die Metapher, mit der dieses Buch beginnt.

Metaphern, Analogien und Geschichten stellen bei
Verkaufspräsentationen zusätzliche, wirksame Hilfsmittel dar. Sie fügen sich lebendig in die Phantasie
und das Wertsystem des Kunden ein.

Psychologen wissen seit Jahren, welch wertvolle Hilfsmittel Metaphern und Analogien in der Psychotherapie
sind, um Probleme indirekt, also auf nichtbedrohliche
Weise zu besprechen. In diesem Zusammenhang dienen sie dazu, (1) Dinge zu vereinfachen und sie ver-
ständlicher zu machen, (2) sie in einer interessanten
und denkwürdigen Art zu beleuchten und (3) Menschen dabei zu helfen, heikle Situationen ohne Furcht
anzugehen. Dasselbe gilt für den Verkauf.

Komiker, die um die Macht der Metaphern und Analogien wissen, verwenden sie fortlaufend und erfreuen
uns damit, daß sie unerwartet Ähnlichkeiten, die wir
noch nicht bemerkt haben, unterstreichen. Zum Beispiel faßt in einer Episode der amerikanischen Fern-
sehserie „Cheers" einer der Schauspieler seine Gefühle der Hilflosigkeit in der Geschäftswelt mit folgenden Worten zusammen: „Diese Welt dort draußen ist
eine, in der ein Hund den anderen auffrißt, und ich
trage Unterwäsche aus Hundeknochen." Ähnlich führt
ein Freund von uns manchmal eine seiner alten Lieb-
lingsanalogien an: „Nun, Geschäftsverträge abzuschließen ist so ähnlich, wie Sex zu genießen", antwortet er. „Wenn sie gut sind, dann sind sie wirklich
gut, und wenn sie schlecht sind, dann sind sie trotzdem noch ziemlich gut."

Hier sind einige Beispiele aus dem Geschäftsleben,
die wir in letzter Zeit hörten:

Zu einem leicht verstimmten Klienten, der an einen Wechsel der Werbeagentur denkt:
„Mit einer neuen Werbeagentur zu arbeiten ist wie der Kauf eines Gebrauchtwagens. Eine Agentur kann während der Probefahrt, also der Präsentation wie verrückt glänzen. Aber Sie können nie wissen, ob Sie eine gute Wahl getroffen haben, bis Sie sie nicht eine Zeitlang kräftig beansprucht haben."

Zu einem Krankenhauskomitee während des Entscheidungsprozesses, ob es in die Marktforschung investieren solle oder nicht:
„Sie sind Ärzte und Krankenhausfachleute. Sie wissen bereits um die absolute Notwendigkeit einer professionellen Diagnose, bevor Sie Medikamente verschreiben. Was wir Ihnen anbieten, ist ein Mittel, um die Stärken und Schwächen Ihres Krankenhauses zu diagnostizieren. Auf dieser Grundlage wird es uns möglich sein, Ihnen die besten Marketing-Alternativen zu verschreiben."

Zu möglichen Spendern eines Universitätsstipendienfonds:
„Indem Sie für diese Stipendien spenden, säen Sie Samen ... Samen, die Akademiker heranreifen lassen ... Samen, die in der Zukunft aufgehen werden."

Imaginieren

Wir haben bereits gesehen, daß Engagement ein Schlüssel zum guten Verkaufen ist. Sie werden sich auch daran erinnern, daß Fragetechniken mit Sicherheit gut geeignet sind, Engagement hervorzurufen.

Eine weitere Form, Engagement zu wecken, ist das Imaginieren.

Wir sprechen von Imaginieren, wenn Sie den Klienten, Kunden oder potentiellen Käufer eine zukünftige Situation so imaginieren lassen, d.h. ihn oder sie sich so in eine Situation hineinversetzen lassen, daß er oder sie gedanklich anfängt, diese Situation zu erleben. Die Technik des Imaginierens können Sie manchmal bei der Sekretärin im Vorzimmer anwenden, um eine Vorstellung davon zu bekommen, wie Sie am besten an den Chef oder die Chefin verkaufen können. Sie machen z.B. Smalltalk mit der Sekretärin und fragen sie: „Übrigens, wenn Sie in meiner Situation wären, wie würden Sie mit dieser Idee bei Ihrem Chef vorgehen?" In einer solchen Situation wird die Sekretärin Ihnen oft Hinweise dafür liefern, wie der Chef gerne einkauft. Wahrscheinlich kennt niemand den Chef besser als die Sekretärin, die jeden Tag mit ihm zusammenarbeitet.

Den Klienten in den Entscheidungsprozeß hineinzuversetzen kann so einfach sein wie folgende Frage: „Was, glauben Sie, sollten wir an diesem Punkt machen?" Oder es kann komplex sein, indem Sie den Kunden tatsächlich das Produkt ausprobieren lassen.

Beim Autoverkauf sind die Probefahrten sicherlich die übliche Form des Imaginierens, so daß der Klient sich vorstellen kann, wie gut es sich anfühlen wird, den neuen Wagen zu besitzen. Sie können diese und ähnliche Gelegenheiten mit verbalem Imaginieren unterstützen wie „Denken Sie daran, wie gut sie sich fühlen werden, wenn Sie mit diesem Wagen zu Ihren Terminen fahren", „Können Sie sich vorstellen diesen Kopierer zu benutzen, um Zeit zu sparen und effizienter zu arbeiten?" oder „Können Sie sich den Gesichtsausdruck Ihres Kindes vorstellen, wenn Sie es mit Ihrem Geschenk überraschen?" Bei allen Beispielen lassen wir ausnahmslos imaginieren, wir bewegen den potentiellen Käufer psychologisch in der Zeit und Intensität nach vorne, um ihn oder sie im voraus die zufriedenstellenden Ergebnisse dessen erleben zu lassen, was wir verkaufen.

Das Imaginieren dient dazu, den potentiellen Käufer oder Klienten logisch, emotional und/oder verhaltensmäßig zu engagieren. Mit Sicherheit deckt eine Probefahrt, bei der sparsamer Benzinverbrauch, Prestige, einfache Bedienung und Sicherheit angesprochen werden, alle drei Ebenen gleichermaßen ab. Während die Frage „Wenn Sie in meiner Situation wären, wie würden Sie sich Ihrem Chef mit dieser Idee nähern?" vor allem die Logik der Situation anspricht.

Indem Sie das Imaginieren mit Metaphern, Analogien und Geschichten kombinieren, können Sie oft die Phantasie Ihres potentiellen Käufers oder Kunden so anregen, daß Sie ihm helfen, die Vorzüge, die Sie in Ihrem Verkaufspaket anbieten, im voraus zu erleben, den Nutzen zu erkennen und Freude daran zu haben.

Wie effektiv das ist ? Haben Sie sich jemals mit einem Filmstar so stark identifiziert, daß er Einfluß auf Ihr Verhalten hatte? Viele Leute behaupten, daß das Duschen, nachdem sie Alfred Hitchcock's Originalfilm „Psycho" gesehen hatten, nie mehr dasselbe war. Sie haben sich so vollständig in diese Mordszene in der Dusche hineinversetzt, daß sie sich seitdem beim Duschen nie mehr so rundum wohlfühlten. Hitchcock's natürliche Begabung, sein Publikum in seine Handlungen einzubeziehen, wird auch deutlich an der Anzahl von Menschen, die den Filmklassiker *„Die Vögel"* sahen und bis zum heutigen Tag eine größere Ansammlung von Vögeln immer mit Argwohn betrachten.

Wenn Sie Metaphern, Analogien und Geschichten im Zusammenhang mit dem Imaginieren verwenden, wird die Wirkung noch verstärkt. Mit anderen Worten: Metaphern, Analogien und Geschichten sind interessant. Metaphern, Analogien und Geschichten über uns, besonders die, mit denen wir uns wirklich identifizieren, sind zwangsläufig noch interessanter.

Visionieren

Visionieren bedeutet, den eigenen großen Traum für andere Menschen erlebbar zu machen. Diese Art des Verkaufs eignet sich nicht für alle Situationen und sicherlich nicht für jede Person. Visionieren setzt Impulse, indem ein sehr charismatischer Mensch seinem Traum Ausdruck gibt. Auf politischer Ebene ist die Ansprache von Martin Luther King Jr. „Ich habe einen Traum" ein ausgezeichnetes Beispiel dafür, wie ein charismatischer Führer eine Nation im Laufe der Zeit durch seine Vision mobilisieren kann.

Präsident John Kennedy hat ebenfalls das Visionieren eingesetzt, um die Phantasie der Amerikaner anzuregen und den Lauf der Geschichte zu verändern. Die Kraft seiner Worte: „Frage nicht, was dein Land für dich tun kann, sondern was du für dein Land tun kannst", klingt immer noch in den Herzen vieler Menschen nach, die ihn gehört haben.

Zu visionieren heißt, das Feuer der eigenen Hoffnungen und Wünsche so weiterzugeben, daß andere Menschen Feuer fangen; sie identizifieren sich mit dieser Vision und geben sie wiederum an andere weiter. Das Visionieren ist nicht nur bei politischen oder religiösen Anführern auf der ganzen Welt und in der gesamten Geschichte zu finden. Wir können es auch oft in der Geschäftswelt und beim Sport beobachten.

Mary Kaye Ashe von Mary Kay Cosmetics ist ein gutes Beispiel dafür. Sie hatte die Vision, eine „Traumfirma" zu schaffen, die die Goldene Regel als Mittel einsetzt, um zu motivieren und zu führen. Heute durchdringen ihr Geist und ihre Wertvorstellungen dieses Unternehmen, das eines der größten direkt verkaufenden Organisationen ist, mit ungefähr 150.000 unabhängigen Kosmetikberaterinnen, die der Vision folgen, an die sie in ihrem Herzen geglaubt hat.

Es ist diese Art von Glauben, der von innen kommt, der das Visionieren so mächtig macht. Überragende Führungspersönlichkeiten und Redner wissen darum, sie verwenden es und schätzen es intuitiv. In seiner Autobiographie erinnert sich Lee Iococca an den legendären Trainer Vince Lombardi, der von folgender Erfahrung berichtete:
„Jedesmal, wenn ein Footballspieler aufs Feld geht, um seiner Profession nachzugehen, muß er ganz und gar spielen – von den Fußsohlen bis in den Kopf. Jeder Zentimeter von ihm muß spielen. Manche spielen nur mit ihrem Kopf, und sicherlich muß man klug sein, um die Nummer Eins zu werden, um was es sich auch immer handelt. Aber viel wichtiger ist es, mit dem Herzen zu spielen. Wenn man das Glück hat, einen Spieler zu finden mit viel Kopf und viel Herz, dann wird er nie als zweiter vom Feld gehen."

Es ist nicht schwer, die Parallele zwischen professionellem Sport und professionellem Verkauf zu erkennen. Wir glauben, daß es diese Fähigkeit des Visionierens ist, die sowohl Lombardi als auch Iacocca so unglaublich viele Erfolge, bei so unglaublich geringen Aussichten auf Erfolg, eingebracht hat.

Es gibt eine Fülle von weniger bekannten Beispielen, bei denen Unternehmer einen Traum hatten, der so real und so brennend war, daß andere von diesem brennenden Wunsch angesteckt wurden und das Beste gaben, um mit ihm oder ihr diesen Traum Wirklichkeit werden zu lassen. Visionen erfordern Charisma und einen hohen Einsatz an Energie. Sie sind in ihrer Absicht gradlinig und zielorientiert.

Formelhaftes Sprechen

Formelhaftes Sprechen ist eine spezielle Art zu präsentieren, von der noch seltener Gebrauch gemacht wird als vom Visionieren. Formelhaftes Sprechen heißt, denselben Tonfall oder dasselbe Muster immer und immer wieder so zu gebrauchen, daß es fast hypnotisch auf den Zuhörer wirkt. Formelhaftes Sprechen funktioniert am besten bei Präsentationen, die nicht unterbrochen werden.

Die häufigsten Beispiele für formelhaftes Sprechen finden wir heute bei der Geistlichkeit. Fernsehprediger zum Beispiel setzen formelhaftes Sprechen als ein Kommunikationswerkzeug ein, um ihre Zuschauer zu beeinflussen und sie zum Handeln zu bewegen. Normalerweise heißt „zu handeln" in diesem Zusammenhang, Geld zu spenden. Ihre Programme sind wirkungsvoll. Wie verlautet, haben z. B. Jim und Tammy Bakker, bevor ihre Probleme offenkundig wurden, viele Millionen Dollar im Jahr eingenommen. Wenn Sie jemals einem dieser Prediger zugehört haben, ist Ihnen wahrscheinlich ein sehr deutliches Muster in seiner Art zu sprechen aufgefallen. Manchmal hat es etwas Liedhaftes, manchmal ist es ein beruhigendes, sich wiederholendes Plätschern. Manchmal endet jeder Satz oder Abschnitt mit einem klar erkennbaren ‚UH'-Laut.

Die Intention ist, durch die immer und immer wiederkehrenden Sprachmuster einen trance-ähnlichen Zustand unter den Zuhörern zu schaffen. Dieser trance-ähnliche Zustand wird durch wiederholte stimmliche Impulse erreicht. In einigen Kulturen kommt durch das Vor- und Zurückschwingen des Körpers eine ähnliche, hypnotische Wirkung zustande.

Auch Dichtung besitzt diese Kraft aufgrund von Wiederholungen nach einem bestimmten Muster. Wenn zu Wiederholungen und Mustern Musik kommt und wenn Emotionen, Tonfall, Tempo, Sprache, Wertvorstellungen und Anschauungen in Einklang damit sind, ertappen wir uns dabei, diese Einflußnehmer Rockstars zu nennen, und wir zahlen ihnen dafür, daß sie uns gut beeinflussen, Gagen in Millionenhöhe.

Gibt es Beispiele für formelhaftes Sprechen in der Wirtschaft? Ja. Die eleganteste Variante davon kann man auf Auktionen zu hören bekommen. Der Auktionator stellt einen Rhythmus und eine Kadenz her, die hauptsächlich aus Füllsilben und Wörtern besteht. Die meisten Wörter in diesem Muster sind für den gelegentlichen Zuhörer nicht unterscheidbar, aber Rhythmus und Klang des Musters sind unverkennbar.

Wenn der Auktionator das Publikum in das Muster eingewickelt hat, bettet er plötzlich eine Frage ein – „Nun, wer bietet vierzig?", – worauf normalerweise jemand mit einem Gebot in dieser Höhe reagiert. Wenn der Auktionator die vierzig bekommen hat, fährt er mit dem Muster fort und fragt: „Wer bietet fünfundvierzig?" und steigert so nach oben.

Wenn Sie schon einmal an einer Auktion teilgenommen und dabei bemerkt haben, daß Sie im Wettbewerb um einen Gegenstand, von dem Sie ursprünglich nicht einmal sicher waren, ob Sie ihn haben wollten, mehr boten als das, was Sie beabsichtigten dafür zu zahlen, dann können Sie die Macht des formelhaften Sprechens mit eingebetteten Befehlen, Fragen und Suggestionen verstehen.

Ein weiteres Beispiel für jemanden, der formelhaftes Sprechen einsetzt, ist Zig Ziglar. Wahrscheinlich gibt es keinen Verkaufstrainer in Amerika, der in den letzten Jahren erfolgreicher war als er. Vermutlich durch seine Herkunft (aus den Südstaaten) und seinen stark baptistischen Hintergrund ist ihm ein unverkennbarer Stil des formelhaften Sprechens zu eigen. Im Laufe der Jahre hat ihn dieser formelhafte Kommunikationsstil, zusammen mit seinen hoch entwickelten Verkaufsfertigkeiten und einem stark visionsgeprägten Anschauungssystem zum einflußreichsten weltlichen Verkaufsmotivator in diesem Land gemacht.

Trotzdem ist die Strategie, formelhaftes Sprechen anzuwenden, nicht jedermanns Sache. Wie schon erwähnt, ist das formelhafte Sprechen eine so hoch spezialisierte Form der Einflußnahme während einer Präsentation, daß sie normalerweise nur dann eingesetzt wird, wenn die Präsentation eine Art Aufführungscharakter hat.

Einverständnis schaffen

Eine weitere Fähigkeit ist, Einverständnis zu schaffen. Dafür gibt es die drei Techniken des Anbindens: das sprachliche Erweitern, Rückführen und Vertiefen. Während wir diese Möglichkeiten besprechen, denken Sie immer daran, daß sie das Öl dafür sind, den Kommunikationsfluß in eine gewünschte Richtung zu lenken. Sie sind nicht der Kraftstoff für Ihre Präsentation. Wenn Sie versuchen, diese Mittel als Kraftstoff zu benutzen, wird Ihre Präsentation stottern, weil *Ihr Käufer anfängt, sich manipuliert zu fühlen.* Auf der anderen Seite, wenn Sie diese Techniken selten und nur dann einsetzen, wenn sie an die Schlüsselpunkte Ihrer Präsentation kommen, dann werden Sie sehen, daß Ihre Präsentation viel flüssiger wird und oft mit anscheinend geringer oder fast unmerklicher Anstrengung vorankommt.

Sprachliche Erweiterungen sind Suggestivfragen, die eine bestimmte Ebene an Einverständnis herstellen, noch bevor die wirkliche Aussage gemacht wird. Sie können z.B. fragen: „Wußten Sie das schon?" oder „Waren Sie sich schon dessen bewußt, daß ...?" oder „Vielleicht haben Sie schon einmal beobachtet, daß ...", „Haben Sie jemals die Tatsache bemerkt, daß ...?", „Wäre es fair zu sagen, daß ...?", „Würden Sie mir zustimmen, wenn ich sagte, daß ...?", „Würden Sie mit den meisten Fachleuten darin übereinstimmen, daß ...?"

Sie sehen, daß hinter jedem dieser Beispiele die Annahme steht, daß das, was folgt, bereits als Tatsache
feststeht. Wenn Sie diese linguistische Technik verwenden, werden die Aussagen, die jeder einzelnen
dieser Fragen folgen, so geölt sein, daß Sie normalerweise fast keine Reibungsverluste bemerken können.
Wenn Sie mit dem verbalen Erweitern anbinden an etwas, was Ihnen der potentielle Käufer bereits gesagt
hat, dann können Sie oft sogar bei etwas unangenehmen Themen Einverständnis erhalten. Angenommen,
Sie verkaufen Geräte, und Ihr Kunde hat Ihnen zu verstehen gegeben, daß er sich in einigen anderen Geschäften in Ihrem Gebiet bereits erkundigt hat. Sie
könnten z.B. Einverständnis schaffen, indem Sie sagen: „Da Sie sich bereits in einigen Geschäften umge-
schaut haben, wäre es denn korrekt zu sagen, daß Sie
jetzt in der Lage sind, eine Entscheidung zu treffen?"
Wenn der potentielle Käufer damit einverstanden ist,
könnten Sie in demselben Stil fortfahren, um die nächste Einverständnisebene zu erreichen. „Wäre es denn
richtig zu sagen, daß wir uns, wenn ich Ihnen ein Gerät
zeige, das Ihnen gefällt, zu einem Preis, der Ihnen zu-
sagt, heute einig werden könnten?" Wenn der Kunde
damit einverstanden ist, dann haben Sie die Bühne
aufgebaut, direkt zu einem Geschäftsabschluß zu
kommen.

Wenn Ihr Kunde plötzlich Ihren Versuch, Einverständnis zu schaffen, zurückweist, dann reagieren Sie sofort
mit einem Rückzieher. Sie nähern sich dann der Einverständnisebene wieder, indem Sie eine Bemerkung
machen wie: „Bei Entscheidungen wie dieser muß
man einfach eine gewisse Anzahl von Vergleichen anstellen, nicht wahr?" In diesem Beispiel wird das sogenannte sprachliche Rückführen eingesetzt. Beim
Rückführen machen wir eine Aussage und binden sie

dann an ein Einverständnis an, indem wir eine Frage folgen lassen wie: „Menschen sind im Grunde ihres Wesens gut, *oder*? Wir alle wollen etwas Gutes für unser Geld bekommen, *nicht wahr*? Wir wollen uns das doch nicht entgehen lassen, *oder*? Es ist ein wunderschöner Tag, *nicht wahr*?" Verbales Rückführen ist dann am ehesten angebracht, wenn es etwas bekräftigt, das der potentielle Käufer oder Klient Ihnen bereits erzählt hat oder von dem er zumindest angedeutet hat, daß er oder sie das glaubt. Zum Beispiel: Wenn ein Ehepaar davon spricht, sich eine Kindersicherung für die hinteren Türen ihres Wagens anzuschaffen, sagen sie vielleicht: „Wir sind an einer Sicherheitsverriegelung interessiert, da wir Kinder haben." Worauf Sie antworten könnten: „Die Sicherheit unserer Kinder ist eben wichtig, nicht wahr?" Indem Sie spiegeln, was die Kunden gerade gesagt haben, und darauf zurückkommen, haben Sie die Meinung, Anschauung oder Einstellung Ihres Gesprächspartners anerkannt und diese durch Ihre zustimmende Aussage bekräftigt. Sowohl sprachliches Erweitern als auch Rückführen werden in der Hauptsache dafür benutzt, Einverständnis zu schaffen.

Der dritte Typ, das sprachliche Vertiefen, wird für zweierlei angewandt: Zum einen, um Einverständnis zu schaffen, und zum anderen, um etwas zu klären. Es wird Vertiefen genannt, weil es etwas vertieft, was Ihr Klient gerade gesagt oder gefragt hat. Allgemein gesprochen: wenn Sie eine Aussage vertiefen, die der potentielle Käufer gerade gemacht hat, dann formulieren Sie eine Bemerkung, die das anerkennt und dem zustimmt, und lassen daraufhin eine Frage folgen, die etwas klärt oder verstärkt. Wenn Ihr Klient z.B. sagt: „Sehr gut, das gefällt mir", dann vertiefen Sie mit: „Ja, das sieht man. Was gefällt Ihnen am besten daran?"

Sie haben damit dem zugestimmt, daß es ihm oder ihr gefällt, und sind dann weitergegangen, um zu klären, was ihm oder ihr genau daran gefällt.

Wenn der Klient Ihnen eine Frage stellt, dann werden Sie im allgemeinen mit einer Frage reagieren, auf die dann die Antwort folgt. Wenn der Klient z.b. fragt: „Haben Sie das in Blau?", dann vertiefen Sie mit: „Gefällt Ihnen Blau?". Oder wenn Sie es in Blau nicht haben, fragen Sie: „Ist Ihnen wichtig, daß es in Blau ist?" Wenn Ihr Gesprächspartner fragt: „Können wir es zum nächsten Ersten geliefert bekommen?", vertiefen Sie mit: „Ist Ihnen die Auslieferung bis zum Ersten wichtig?" oder „Brauchen Sie es direkt am Ersten?" Der Grund dafür, diese Form der Antwort anzuwenden, nämlich mit einer vertiefenden Frage auf eine Frage zu reagieren, liegt darin, daß Kunden und potentielle Käufer sehr oft irreführende Fragen stellen, um Zeit zu gewinnen oder eine Entscheidung hinauszuzögern. Indem Sie vertiefen, vereinfachen Sie sich Ihre Aufgabe, da eine Reihe von Kunden Ihnen vielleicht so antworten wird: „Nein, wir brauchen es eigentlich noch nicht zum Ersten. Ich dachte nur, es wäre schön, es dann zu haben, aber es wird erst am Zwanzigsten benötigt" oder „Nun, ich mag Blau, aber es ist mir wirklich nicht so wichtig."

Wenn das Gefragte Ihrem Gesprächspartner wichtig ist und Sie haben es vorrätig, dann sagen Sie es. Wenn das Gewünschte ihm oder ihr wichtig ist und Sie können es nicht liefern, dann tasten Sie sich vorsichtig weiter vor. Versuchen Sie herauszufinden, was dem Bedürfnis zugrunde liegt, in der Hoffnung, *ihnen da, was sie möchten, in einer anderen Form geben zu können.* Wenn die Frage z.B. Geschenke betrifft, die anläßlich des Gründungstages des Unternehmens als

Anerkennung an Mitarbeiter verteilt werden sollen, dann entdecken Sie vielleicht, daß die Verleihung von Anerkennungsurkunden im Rahmen der Gründungsfeier als Geschenkersatz dienen könnte. Natürlich dürfen Sie nie etwas versprechen, was Sie wissentlich nicht liefern können.

Mit der Zeit, wenn Ihre Präsentation Fortschritte gemacht hat, können Sie das sprachliche Vertiefen manchmal als Probeabschluß einsetzen. Angenommen, Sie haben die wichtigsten Themen in Ihrer Konzeption angesprochen, mit Ausnahme der Kosten. Lassen Sie uns weiter annehmen, daß Ihr potentieller Käufer in jedem Stadium großes Interesse gezeigt hat, Sie haben aber gewisse Bedenken bezüglich der Kosten bemerkt. Es ist Ihnen durch Bemerkungen wie die folgende aufgefallen: „Ja, aber das könnte sehr kostspielig werden" oder „Nun ja, aber man bekommt nur das, wofür man auch bezahlt." Schließlich fragt Ihr Kunde Sie direkt: „Wird sich diese Konzeption innerhalb unseres Budgets bewegen?" Ihr Probeabschluß in Form einer Vertiefung kann dann lauten: „Wenn es sich im Rahmen Ihres Budgets bewegt, wären Sie dann am Kauf interessiert?" Wenn Sie daraufhin als Antwort erhalten: „Nein, ich war nur neugierig an diesem Punkt", dann lächeln Sie und führen zurück, um erneut Einverständnis zu schaffen: „Das stimmt, es gibt viele Faktoren, die wir berücksichtigen müssen, nicht wahr?" Wenn Sie an diesem Punkt jedoch Einverständnis erhalten, dann können Sie es durch weiteres Vertiefen verstärken und sagen: „Wenn es also im Rahmen Ihres Budgets bliebe, kämen wir dann heute zu einem Abschluß?" Wenn daraufhin ein „ja" kommt, wäre damit der Abschluß perfekt.

Oft sind die Fragen, die ein Vertiefen erfordern, offene
Fragen wie diese: „Wie schnell können wir es geliefert
bekommen?" In diesem Fall muß Ihre vertiefende
Frage im Wortlaut der Frage angeglichen werden:
„Wie schnell möchten Sie es haben?".

„Am Fünfzehnten", antwortet Ihr Gesprächspartner
vielleicht.

„Ist es Ihnen wichtig, das Produkt genau am Fünfzehnten geliefert zu bekommen?" würden Sie vertiefen.

Auf die Bemerkung: „Ich möchte etwas Sportliches
haben", wiederholen Sie vielleicht: „Etwas Sportliches?"

„Ja", antwortet Ihr Gesprächspartner.

„Wie sportlich soll es sein?" würden Sie klärend vertiefen.

Bevor wir zum nächsten Thema kommen, möchten wir
Ihnen nochmals den Rat geben, die drei Techniken
nur spärlich zu verwenden. Sie überzustrapazieren
würde dazu führen, daß der Kunde sich manipuliert
fühlt. Sie wirken dann am besten, wenn sie eingesetzt
werden, um die Kommunikation zu erleichtern und zu
unterstützen. Sie sollten damit nicht das Gespräch ge-
waltsam steuern.

Die Rekapitulation

Nachdem wir nun eine Reihe von Fähigkeiten aufge-
zeigt haben, die eine gute Präsentation ausmachen,
wollen wir genauer besprechen, wie wir unsere Konzeption anbieten können. Eigentlich wissen Sie es bereits. Ihre Konzeption anzubieten heißt einfach, zügig

alle Schritte auszuführen, mit denen Sie sich bis zu
diesem Punkt vertraut gemacht haben, nur daß Sie
diese in Form einer Rekapitulation präsentieren. Zum
Beispiel: Während Sie alle Fähigkeiten, Kontakt aufzunehmen, anwenden, beginnen Sie damit, die Bedürfnisse, die genannt wurden, aufzuzählen, und beobachten dabei die ganze Zeit Ihren Klienten, ob sich
beim Erwähnen von bestimmten Bedürfnissen seine
Haltung oder Einstellung verändert. Wenn der Klient
bei einem Punkt zusammenzuckt oder den Kommuni-
kationsrhythmus wechselt, dann müssen Sie langsa-
mer vorgehen und den Grund der Reaktion klären.

Um die größtmögliche Wirkung zu erzielen, zählen Sie
außerdem die Kaufkriterien in der ungefähren Reihenfolge der Wichtigkeit auf, verwenden dabei spärlich
sowohl das sprachliche Rückführen, um vom einem
zum anderen Punkt überzuleiten, als auch das sprachliche Erweitern, um die Präsentation in die gewünschte Richtung zu lenken. Wenn Sie die Kaufbestrebungen bekräftigen, geben Sie ein Vorspiel davon,
wie Sie das neue Material präsentieren werden. Im
Anschluß daran überprüfen Sie den Kontakt und bieten eine Konzeption an, wie Ihr Klient mit Ihrem Produkt oder Ihrer Dienstleistung seine gewünschten
Ziele erreichen wird.

Ihre Rekapitulation sollte folgende Punkte umfassen:
Haben Sie Fragen gestellt? Haben Sie alles verstanden? Beziehen Sie Ihren Gesprächspartner mit ein?
Erweitern Sie das, was Ihr Gesprächspartner Ihnen
gesagt hat, durch Fragen und Kommentare? Verbinden Sie alle Punkte miteinander, so daß Ihre Präsentation fließend und logisch wird und mit der Art und
Weise übereinstimmt, wie Ihr Klient denkt, kommuniziert und kauft? Mit diesem Anbinden ist folgendes

gemeint: Sie holen Ihren Klienten bei jedem Schritt dort ab, wo er oder sie gedanklich gerade steht, in Hinsicht auf seine oder ihre Aufmerksamkeit, Emotion, Haltung, Sprache, Wertvorstellungen usw. Darüber hinaus benutzen Sie eine sinnesorientierte Sprache, um Ihren Klienten von einem Sinnesorgan zum nächsten zu führen, und schließen so viele Faktoren des Sehens, Hörens, Fühlens, Schmeckens und Riechens mit ein, wie es angebracht ist.

Dann verknüpfen Sie einen Nutzen nach dem anderen in der ungefähren Reihenfolge der Wichtigkeit zu einer Kette, die jedes Bedürfnis miteinbezieht, das Ihr Klient Ihnen mitgeteilt hat. Es ist wichtig, daß Sie erkennen, daß Ihre Konzeption anzubieten mehr heißt, als nur einfach etwas zu präsentieren. An diesem Punkt *legen* Sie Ihrem Klienten nämlich wirklich *eine Konzeption vor, die das beinhaltet, was Sie von ihm ausgeführt wissen wollen.*

Während Sie das anbieten, was Ihr Kunde ausführen soll, möchten Sie natürlich, daß Ihr Angebot sowohl *attraktiv* wirkt (d.h. dem Kaufmodus des Klienten entsprechend), als auch *kongruent* ist mit den beiderseitigen, aufeinander abgestimmten Zielen und den beiderseitig verwendeten, aufeinander abgestimmten Wörtern, Tonfall, Tempo usw. Es ist darüber hinaus empfehlenswert, die Kaufkriterien mit einzuschließen, um aufzuzeigen, daß Ihr Angebot gut ist.

Versichern Sie sich, daß man auf Ihr Angebot leicht eingehen kann. Dies erfordert Vorausdenken und Voraussehen und Beseitigen von Hindernissen, die den Käufer eventuell daran hindern könnten, weiter mit Ihnen zu verhandeln, bis der Abschluß perfekt ist.

Und zu guter Letzt: Machen Sie Ihr Angebot leicht verständlich. Es sollte Ihnen möglich sein, es mit klaren, einfachen, grundlegenden Vorzügen und Preisen zu präsentieren. Oder anders ausgedrückt – und viele haben mit der Zeit diese Erfahrung gemacht –: Wenn Sie Ihre Idee nicht auf der Rückseite einer Streichholzschachtel ausdrücken können, dann haben Sie noch nicht zu einer klaren Idee gefunden.

Attraktiv, kongruent, einfach, leicht sind Prüfsteine, die leicht zu merken sind.

An diesem Punkt wird es Ihnen vielleicht so vorkommen, als ob Ihre Präsentation in Wirklichkeit eine Rekapitulation, also ein nochmaliges Aufzählen aller Punkte ist, die Ihr potentieller Käufer oder Kunde Ihnen bis dahin mitgeteilt hat.

Wenn es Ihnen so vorkommt, dann sind Sie genau auf der richtigen Spur. Weil es nämlich genau das ist, und doch mehr. Sie sagen dem Kunden nicht nur das, was er oder sie Ihnen wortwörtlich mitgeteilt hat, sondern Sie sagen das, was er oder sie Ihnen gesagt hat, in genau dem Stil, der Art und Weise und dem Rhythmus, in dem es Ihnen gesagt wurde. Es geht darum, die Strategien der Glaubensbereitschaft, die Kaufkriterien und die persönlichen und geschäftlichen Bedürfnisse Ihres Kunden so zu verwenden, daß Sie damit ein unwiderstehliches Paket für Ihren Kunden schnüren.

Lassen Sie uns im Gesamtverkaufsprogramm fortfahren. Sie kommen jetzt, nachdem Sie KABEL, KERBE und KONÜ KONA durchgeführt haben, zum nächsten Schritt, zu ES GEDEIHE. Das heißt: ES = Einwände

Sammeln, GEDEI = anGEmessen Darauf EIngehen, HE = zum Handeln Ermutigen. Denken Sie jedoch daran, während Sie in der Präsentation Schritt für Schritt vorangehen, daß Sie weiterhin mit Ihrem potentiellen Käufer, Kunden oder Klienten in einem Tanz sind. Und damit Sie den Rhythmus oder die Richtung Ihres Kunden oder Klienten beibehalten, müssen Sie konstant auf Kaufsignale und -interessen achten. Registrieren Sie Veränderungen in seinem oder ihrem Tonfall wie z.B. „Oh, das ist interessant." Weitere Fragen und Unterbrechungen seitens Ihres Gesprächspartners signalisieren fast immer Interesse und Kaufbereitschaft. Sich plötzlich vorzulehnen, stärker mit dem Kopf zu nicken und zuzustimmen ist oft ein Kaufsignal. Und selbst Fragen bezüglich des Lieferdatums, der Farbauswahl und der Verpackung können Anzeichen für einen verstärkten Kaufimpuls sein. Im folgenden haben wir zur Wiederholung und als Gedankenstütze weitere Punkte für Sie aufgeführt:

1. Überzeugen Sie sich, daß Ihre Präsentation der Tagesordnung Ihres potentiellen Käufers folgt und nicht Ihrer eigenen. Der Schlüssel ist, *seiner Tagesordnung* zu folgen und zu *Ihrem Ergebnis* zu kommen (das natürlich mit dem seinen abgestimmt sein muß).

2. Vergewissern Sie sich, daß Sie in Ihrer Präsentation sowohl die Schlüsselworte Ihres Gesprächspartners verwenden als auch Ihre eigenen. Menschen mögen Menschen, die ihnen ähnlich sind. Gleich und gleich gesellt sich gern. Indem Sie seine Worte gebrauchen, scheinen Sie dem Kunden zu ähneln.

3. Stellen Sie sicher, daß Sie beim Präsentieren die Worte Ihres Gesprächspartners, die die Bedürfnisse betreffen, mit Ihren Worten, die den Nutzen betreffen,

verknüpfen. Da Menschen ihre eigenen Gründe beim Kauf haben, müssen wir so genau wie möglich herausfinden, um welche Gründe es sich handelt. Wenn wir das einmal verstanden haben, können wir das, was wir anzubieten haben, leichter auf die Probleme abstimmen, die es zu lösen gilt.

4. Prüfen Sie, ob Ihre Präsentation die Bedürfnisse Ihres Gesprächspartners in der Reihenfolge der Wichtigkeit für Ihren Gesprächspartner anspricht. Das bedeutet, wenn Sie über Lösungen von Problemen verfügen, die für ihn keine Probleme sind, werden Ihre Lösungsvorschläge nicht besonders greifen. Verschwenden Sie Ihre Energie nicht mit etwas, was Ihren Gesprächspartner langweilt.

5. Vergewissern Sie sich, daß Ihre Präsentation Probleme anspricht, die Ihr Gesprächspartner im Bewußtsein haben sollte, aber im Moment noch nicht erkannt hat. Machen Sie das aber nur dann, wirklich nur dann, wenn Sie unumstößliche Beweise dafür haben, daß Sie diese Probleme lösen können. Diese Punkte anzusprechen ist sogar noch wichtiger, wenn Sie der einzige sind, der diese Probleme lösen kann.

6. Denken Sie daran, daß Sie sich für Ihre Präsentation in jedem wichtigen Punkt Bestätigung (von seiten Ihres Gesprächspartners) verschaffen. Sie können dies durch das sprachliche Erweitern, Rückführen und Vertiefen erreichen.

7. Stellen Sie sicher, daß Ihre Präsentation Ihren Käufer so zum Reden kommen läßt, wie er es sich wünscht. Menschen lieben es zu reden, weil es ihnen das Gefühl von Wichtigkeit und Kontrolle gibt. Als Verkäufer lieben Sie es, aktiv zuzuhören, da Sie dadurch

Informationen über den Käufer erhalten und somit Ihre
persönliche Wirksamkeit steigern können.

8. Überzeugen Sie sich, daß Ihre Präsentation Emotionen anspricht, aus dem Wissen heraus, daß Menschen emotional kaufen und diesen Kauf logisch
rechtfertigen. Es gibt dabei Ausnahmen bei Einkäufen
für das Unternehmen (z.B. in der Industrie), aber
selbst da spielen Emotionen eine wichtige Rolle im
Entscheidungsprozeß: Gefallen finden an etwas, beruhigt sein, Vertrauen und das Gefühl der Sicherheit. Daher gilt:

9. Bemühen Sie sich immer darum, daß der Käufer
sich sicherer, zuversichtlicher und vertrauensvoller
fühlt, sowohl was die Legitimation seiner Bedürfnisse
angeht als auch hinsichtlich Ihrer Konzeption.

10. Vergewissern Sie sich, daß Ihre Präsentation so
viele Sinne Ihres Käufers anspricht wie möglich. Je
mehr Sinne mit einbezogen werden, desto besser stehen die Chancen für Ihren Verkauf.

11. Denken Sie daran, Ihren Käufer zu bestärken, indem Sie Anerkennung, Einverständnis, Achtung, Akzeptanz und Beifall zeigen.

12. Denken Sie daran, eines nach dem anderen zu
verkaufen, d.h. einen Verkaufsaspekt nach dem anderen, einen Nutzen nach dem anderen, einen Gegenstand nach dem anderen. Komplizieren Sie Ihre Präsentation nicht dadurch, daß Sie von Ihrem Käufer verlangen, viele Variablen auf einmal zu berücksichtigen.

13. Sprechen Sie mit Menschen, nicht mit Kategorien.
Stempel kaufen nicht. Menschen kaufen. Wenn Sie am

Stempel vorbeischauen, werden Sie sehen, daß Sie zu einem Menschen sprechen, der zufällig gleichzeitig auch Geschäftsführer ist, anstatt zu einem Geschäftsführer, der zufällig gleichzeitig auch noch ein Mensch ist.

Fragen und Antworten zum vierten Kapitel

Frage: *Wenn ein Kunde mich empfängt mit einer Aussage wie „Ich habe für Einkäufe bei Ihnen kein Geld", – was soll ich dann machen?*

Antwort: Schaffen Sie Einverständnis darüber, daß Sie etwas zu verkaufen haben, was seiner Aufmerksamkeit wert ist, wenn wieder genug Geld vorhanden ist, um von Ihrem Angebot zu profitieren. Es kann sein, daß Ihr Gesprächspartner damit emotional auf eine echte oder angenommene kurzfristige Bargeldknappheit reagiert. Wenn das, was Sie verkaufen, langfristigen Nutzen verspricht, können genau diese Bedenken, die anfänglich so schwer gegen Sie wiegen, die Waage in die andere Richtung kippen, wenn das Produkt im Licht des langfristigen Nutzens präsentiert wird.

Frage: *Wenn Sie davon sprechen, daß negative Punkte zu vermeiden seien, heißt das, man soll alles vermeiden, was nicht positiv ist?*

Antwort: Nein. Das bedeutet, keine neuen Negativpunkte anzusprechen, die der Klient nicht ernsthaft bedacht hat. Wenn der Kunde starke negative Bedenken hat, dann ist es am besten, sie anzuerkennen und mit ihnen umzugehen.

Frage: *Ist es wichtig, den Kontakt zu überprüfen, selbst wenn ich nur eine Stunde weg war?*

Antwort: Es ist wichtig, den Kontakt zu überprüfen, bevor Sie Ihre Konzeption anbieten, selbst wenn Sie überhaupt nicht auseinandergegangen sind. Wenn Sie sich verabschiedet haben, selbst bei einer kurzen Unterbrechung, wird das Überprüfen des Kontaktes um so wichtiger. In vielen Fällen genügt ein Telefonanruf oder eine schlechte Nachricht, um die Offenheit des Kunden Ihnen gegenüber so weit zu verändern, daß Sie nunmehr schlechte Karten haben. Den Kontakt zu überprüfen und erneut den auf Kontakt beruhenden Schwung herzustellen, wird Ihnen helfen, wieder gute Karten in die Hand zu bekommen.

Frage: *Wieviel Zeit sollte die Kontaktüberprüfung in Anspruch nehmen?*

Antwort: In einigen Fällen ist es eine Frage von Sekunden, den Kontakt zu überprüfen. Das gilt vor allem dann, wenn dieser Schritt Teil einer fortlaufenden Präsentation ist. Wenn Sie sich vom Klienten verabschieden mußten – wenn auch nur für eine kurze Zeit –, überprüfen Sie den Kontakt während Ihrer kurzen Rekapitulation der Punkte, die Sie bereits besprochen hatten. Zum Beispiel: Sie wissen aus verschiedenen Quellen, daß der potentielle Klient Ihnen gegenüber Vorbehalte hat, weil Ihre Firma neu auf dem Markt ist und er bezweifelt, daß sie Auslieferungstermine in der Hauptsaison einhalten können. Dann wäre ein guter Ansatz dafür, Kontakt aufzunehmen: „Ich an Ihrer Stelle hätte jetzt Fragen auf der Zunge, zum einen, weil wir noch nicht lange im Geschäft sind, und zum anderen wegen der Einhaltung der Auslieferungszeiten in der Hauptsaison." Im Anschluß daran legen Sie Ihre überzeugendsten Beweise dafür vor, daß diese Probleme von Ihnen gelöst werden.

Frage: *Ist es möglich, irgendeine Präsentationstechnik, die wir hier besprochen haben, im Übermaß zu verwenden?*

Antwort: Ja. Nicht jedes Werkzeug ist für jedermann in jeder Situation geeignet, und selbst das beste Werkzeug geht kaputt, wenn man es im Übermaß benutzt. Deswegen möchten wir gerade bei den drei Anbindungstechniken zur Vorsicht mahnen, vor allem bei Menschen, die mit Widerspruch reagieren. Außerdem kommt formelhaftes Sprechen in den wenigsten Verkaufssituationen zur Anwendung; dasselbe gilt für das Visionieren. Aber trotzdem ist es wichtig, diese Techniken zu kennen (genauso wie alle anderen), für die Situationen nämlich, in denen genau sie vonnöten sind, um Sie wirkungsvoll zu unterstützen.

Abraham Maslow sagte einmal: „Wenn Ihnen als einziges Werkzeug nur der Hammer zur Verfügung steht, werden Sie die ganze Welt behandeln, als ob sie ein Nagel wäre." Unsere Beobachtung ist, daß die meisten Vertriebsmitarbeiter an potentielle Kunden deshalb nicht verkaufen, weil sie ihre eigenen Lieblingsverkaufsstrategien benutzen statt die Lieblingseinkaufsstrategien des potentiellen Käufers. Deswegen zeigen wir Ihnen in unseren Seminaren den flexiblen Einsatz von Techniken und Strategien, damit Sie die Dinge ändern können, die nicht funktionieren.

Fünftes Kapitel

Die Einwände des Kunden angemessen berücksichtigen

Einwände gehen mit Verkaufspräsentationen einher, wie Hypotheken mit dem Hauskauf einhergehen. In den meisten Situationen sind sie notwendig, damit die Sache vorangeht. Stellen Sie sich darauf ein, daß Einwände kommen, und stellen Sie sich darauf ein, gut auf sie einzugehen. Es ist wichtig, daß Sie offen und konstruktiv bleiben, wenn Einwände vorgebracht werden. Streiten Sie nicht, betrachten Sie Einwände stattdessen als Aufforderung, weitere Informationen zu geben.

Die AKZENT-Methode

Wenn der Kunde einen Einwand vorbringt, hören Sie ihm bis zum Ende zu. Wenn Sie voreilig eine Antwort geben, nehmen Sie dem Kunden die Befriedigung, wirkungsvoll kommuniziert zu haben, und manchmal sogar die Möglichkeit, auf seine eigenen Bedenken selbst eine Antwort zu finden.

Wirkungsvoll auf Einwände zu reagieren ist ein Vorgang des Angleichens und Führens. Die AKZENT-Methode benutzen Sie, wenn Sie angleichen. Diese Buchstaben stehen für:

                    AnerKennen,
Einwände → Zustimmen oder → Imaginieren → Entfalten
                    ENTschuldigen

Wenn Einwände erhoben werden, gehen Sie gemäß
der AKZENT-Formel vor, indem Sie sie anerkennen,
ihnen zustimmen oder sich entschuldigen (je nach Ur-
sprung des Einwandes). Sie sehen, alle drei Alternativen beruhen darauf, die Einwände zu akzeptieren, und
nicht auf dem Versuch, sie von sich zu weisen.

Ihre Erfahrungen im Verkauf haben Ihnen wahrscheinlich schon gezeigt, daß Kunden im Gespräch oft nur
zum Teil sagen, was ihnen mißfällt. Das führt dazu, daß
der Einwand des Kunden nur teilweise beantwortet
werden kann oder der springende Punkt überhaupt
nicht erfaßt wird. Deswegen ist es so wichtig, daß der
Kunde den ganzen Einwand vorbringt, bevor Sie antworten. Nur so können Sie den Einwand ganzheitlich
verstehen. Veranlassen Sie deshalb den Klienten, sich
in die Situation hineinzuversetzen, d. h. zu imaginieren, und bitten Sie ihn dann, seine Gedanken weiter
zu entfalten.

Um ein Beispiel zu geben: Wenn der Einwand Ihres
Kunden den Preis betrifft, sagt dieser vielleicht einfach: „Es ist zu teuer." Viele Traditionalisten werden
sofort auf diesen Einwand antworten, ohne überhaupt
zu wissen, was mit „zu teuer" gemeint ist. Ist es 200 %
zu teuer, 20 % zu teuer oder 2 % zu teuer? Noch
schlimmer ist es, wenn manche sofort versuchen, diesen Einwand zu *widerlegen*, indem sie dem Kunden
beweisen wollen, wie falsch er mit seinem Einwand
liegt. Zu oft endet das mit einem Messen der Willens-

stärke, oder der Verkäufer verliert so viel Kontakt, daß die Chancen für eine für beide Seiten profitable Beziehung stark beeinträchtigt werden.

Besser wäre es, auf den Einwand einzugehen und mit Hilfe der AKZENT-Strategie anzugleichen: „Es *ist* teuer. Um wieviel ist es Ihrem Gefühl nach zu teuer?" Oder: „Es kostet zuviel" und Sie fragen zurück: „Ja, es kostet viel. Um wieviel kostet es Ihrem Gefühl nach zu viel?"

Um Sie mit diesem Muster vertraut zu machen, geben wir Ihnen *einige Beispiele, wie das AKZENT-Muster effektiv angewendet werden kann:*

Einwand: Ich finde, die Verpackung des Produktes sieht schäbig aus.
AKZENT-Antwort: Sie gefällt Ihnen also nicht? Was genau gefällt Ihnen daran nicht?
(Beachten Sie hier, wie wichtig es ist, genau zu erfassen, *was* dem Kunden an Ihrem Produkt mißfällt, wenn Sie mit dem Einwand arbeiten oder die Aussage korrigieren wollen.)

Einwand: Hm, der Preis für die Werbeballons wird enorm hoch sein.
AKZENT-Antwort: Ja, er wird hoch sein. Sehen Sie darin ein Problem?
(Beachten Sie hier, daß das zwar nach einem Einwand aussieht, aber nicht unbedingt einer sein muß. Anstatt eine überflüssige Diskussion zu führen, können Sie die AKZENT-Methode anwenden, um zu testen, ob es sich um einen wirklichen Einwand handelt. Das Antwortmuster könnte dann in etwa sein:

Einwand: Nun, es stört mich, daß ich so hohe Ballon-
kosten haben werde.
AKZENT-Antwort: Ich verstehe. Was genau stört Sie
daran?
(Beachten Sie hier, daß Sie vielleicht jetzt noch einmal
das AKZENT-Schema wiederholen wollen, um sicherzugehen, daß Sie den Einwand voll und ganz begriffen
haben.)

Einwand: Ich bin mir noch nicht klar darüber, wie ich
diese Summe aufbringen kann.
AKZENT-Antwort: Ach. so. Angenommen, Sie wären
sich über die Finanzierung im klaren, würden Sie
sich dann wohler fühlen beim Abschluß?
(Beachten Sie hier, wie die Folge von AKZENT-Anglei-
chungsmustern einen Probeabschluß vorbereitet hat.
Da sie offen angelegt sind, können sie auch weitere
Einwände mit hinwegspülen, die beantwortet werden
müßten.)

Einwand: Ich muß mir auch noch über meine anderen
Verpflichtungen Gedanken machen, die ich bei verschiedenen Banken habe.
AKZENT-Antwort: Aha, würde es Ihnen etwas ausmachen, mehr darüber zu erzählen?
(Beachten Sie hier, wie ein neuer AKZENT-Kreislauf
mit einem anderen Einwand beginnt.)

Einwand: Unsere letzte Bestellung wurde von Ihnen
verspätet geliefert.
AKZENT-Antwort: Das tut mir leid. Um wieviel Tage
kam sie zu spät?
(Beachten Sie hier, daß Ihr genaues Nachfragen den
Kunden noch nicht in die Situation hineinversetzt hat,
deswegen muß der Antwort ein weiterer Schritt folgen.)

Einwand: Die Lieferung kam erst zwei Wochen nach dem fälligen Termin.

AKZENT-Antwort: Das tut mir leid. Ich hoffe, das hat Ihnen nicht allzu große Unannehmlichkeiten bereitet.

(Beachten Sie hier, wie eine indirekte Frage nach dem Grad der Unannehmlichkeiten gestellt wurde.)

Der Grund, weshalb so viele Vertriebsbeauftragte an den Einwänden scheitern, liegt darin, daß sie nicht gelernt haben, mit dem Strom zu schwimmen. Mit dem AKZENT-Muster können Sie Kinnhaken vermeiden. Aber um wirklich effektiv zu sein, muß man diese Muster üben. Mit anderen Worten: In solchen Vorführungskünsten wie Sport, Improvisationstheater und Verkauf muß man sehr viel Übung haben, um wirkungsvoll spontan sein zu können. Das ist besonders dann wichtig, wenn Sie mit Einwänden umgehen müssen.

Aus diesem Grund möchten Sie sich vielleicht eine Aufstellung der Einwände machen, die Ihnen am häufigsten begegnen, und dann die Antworten aufschreiben, die dem AKZENT-Muster entsprechen. Wenn Sie mit der Aufzählung zufrieden sind, wird es gut sein, die Antworten zu üben, bis sie fast zu Reflexen werden.

Die Phase des Führens

Da Sie bei dieser Art des Umgangs mit Einwänden den Kunden nicht in die Defensive drängen, werden

Sie oft beobachten können, daß der Einwand entweder ganz fallengelassen oder bedeutend abgeschwächt wird. In einem solchen Fall hat Ihr AKZENT-
Muster dem Kunden dabei geholfen, seinen Einwand
zu seiner Zufriedenheit selbst zu beantworten, und Sie
können mit der Präsentation fortfahren.

In anderen Fällen hat der Einwand zuviel Brisanz und
kann nicht so leicht aufgelöst werden. Gerade dann ist
das richtige Angleichen umso wichtiger, da es den
sanften Übergang in die Phase erleichtert, in der Sie
führen. Diese Phase des Führens dient dazu, die Einwände umzuwandeln. Sie folgt dem Muster UIEREN,
das für folgende Begriffe steht:

Umdeuten
Imaginieren
ERfindEN einer Metapher, Geschichte oder Frage
(Sie werden gleich sehen, wie die Muster AKZENT
und UIEREN einander ergänzen = AKZENT-UIEREN.)

Ist Ihnen schon einmal aufgefallen, daß zwei identi-
sche Bilder vollkommen anders auf den Betrachter
wirken können, wenn sie in verschiedenen Rahmen
hängen? Genauso funktioniert das Umdeuten. Sie
greifen auf, was Ihr potentieller Käufer gesagt hat, und
stellen es in einen anderen Kontext. Das klassische
pessimistische/optimistische Umdeuten ist die sprichwörtliche Frage, ob ein Glas halb voll oder halb leer
sei. Sie sehen, der Zustand des Glases bleibt der-
selbe, während sich die Betrachtungsweise geändert
hat. Weitere Beispiele für das Umdeuten könnten vielleicht sein:

– ob ein Haus unaufgeräumt oder bewohnt aussieht,

– ob ein Paar Schuhe ausgelatscht ist oder stark getragen,

– ob ein Mensch halsstarrig ist oder entschlossen,

– oder ob die Begrüßung des Haustieres ausgesprochen freudig oder unangenehm überschwenglich
  ist.

Zu imaginieren heißt, den Kunden, der einen Einwand
erhoben hat, in die entsprechende Situation hineinzuversetzen. Das ist der zweite Schritt des -UIEREN-Mu-
sters. Eine klassische Imaginationsfrage ist: „Wenn
Sie in meiner Position wären, wie würden Sie damit
umgehen?" oder „Da Sie selber sehr fair sind, was
wäre Ihrer Meinung nach eine gerechte Lösung?" oder
sogar: „Was würden Sie empfinden, wenn man Sie so
behandelte?"

Im dritten Schritt erfinden Sie eine Metapher, Geschichte oder Frage, die mit dem vorgebrachten Einwand in Zusammenhang steht. Selbst wenn Sie fest
auf den Füßen stehen, wollen Sie sich wahrscheinlich
einige nützliche Metaphern, Geschichten oder Fragen
für Einwände, die Sie öfter zu hören bekommen, im
voraus überlegen.

Hier sind einige Beispiele, wie das -UIEREN-Muster
funktioniert. Bei diesen Beispielen werden wir die gesamte AKZENT-UIEREN-Sequenz benutzen, um Ihnen
zu zeigen, wie alles zusammenwirkt.

Situation: Ein Handelsvertreter für Spezialwerbung hat
gerade einer Schuhladenkette Ballons mit Aufschriften
präsentiert, die an Kinder ausgegeben werden sollen.
Die Ballons wurden in den USA hergestellt, sie sind

qualitativ hochwertig und vergleichsweise teurer als die meisten anderen Ballons auf dem Markt.

Kunde: Ihr Preis ist meines Erachtens zu hoch.

Vertreter: Bei den meisten Ballons ist der Preis hoch. Um wieviel ist der Preis Ihrem Gefühl nach zu hoch?

Kunde: Für den gleichen Ballon bezahle ich bei anderen Firmen ein Drittel weniger.

(Beachten Sie, daß wir an diesem Punkt das AKZENT-Muster angewandt haben.)

Vertreter: Sicher. Aber Sie wissen auch aus der Schuhbranche, daß Qualität ihren Preis hat.

(Beachten Sie das anfängliche Umdeuten, daß Qualität nicht billig zu haben ist, und den Versuch, den Kunden mit Hilfe des analogen Beispieles mit der Schuhbranche in die Situation hineinzuversetzen.)

Kunde: Ja, aber Preis ist Preis und Ballons sind Ballons. (Sie sehen, daß dem anfänglichen Umdeuten widersprochen wird. Es ist Zeit, einen Schritt zurückzugehen und mit einem weiteren AKZENT-Muster anzugleichen.)

Vertreter: Sicherlich, oberflächlich betrachtet sieht es so aus. Aber haben Sie nicht auch die Erfahrung gemacht, daß Produkte praktisch gleich aussehen können, sich qualitativ aber sehr wohl unterscheiden?

Kunde: Ja, aber die Ballons sollen nur eine freundliche Geste sein, Qualität ist daher weniger wichtig.

Vertreter: Sie haben recht damit, daß die Qualität der Ware, die Sie Ihren Kunden verkaufen, von großer Wichtigkeit ist. Doch selbst wenn Sie die Ballons an Kinder verschenken, macht es keinen guten Eindruck, wenn sie plötzlich platzen.

Kunde: Ja, aber wie oft wird das passieren?

Vertreter: Nicht zu oft, hoffe ich. Aber wir sprechen hier von einer Größenordnung von 100.000 Ballons. Und wenn es bei einem von fünfzig Kindern passiert, dann ist das 2000mal zuviel. Wenn Sie ein bißchen mehr für Qualität ausgeben, brauchen Sie sich keine Sorgen mehr zu machen, daß Ihre Kunden die Qualität Ihrer Ware in Frage stellen könnten. Aber die Entscheidung liegt völlig bei Ihnen; ich kann Ihnen billigere Ballons besorgen, wenn Sie das wünschen. Möchten Sie, daß ich Ihnen einmal den Qualitätsunterschied zeige, damit Sie leichter eine Entscheidung treffen können? (Sie sehen, wie das zu einer Demonstration bezüglich der gleichmäßigen Latexverteilung oder anderen Beweisen, wie z. B. Produktempfehlungen, führen kann. Es gibt dem Handelsvertreter gleichzeitig die Chance, mit einem billigeren Produkt zurückzukommen, wenn es das ist, was der Kunde letztendlich will.)

Um ein weiteres Beispiel zu geben: Das AKZENT-UIEREN-Muster kann auch in eine Frage eingebaut werden, wenn der Einwand des Kunden darin besteht, daß ihm Ihr Vorgänger nicht gefallen hat: „Herr Kunde, ich kann einsehen, daß Ihnen mein früherer Kollege nicht zugesagt hat. Wenn Sie einen Verkäufer hätten, der unangenehm auffällt, und zwar in einem Maße, das nicht mehr akzeptabel für Ihre Kunden ist, was würden Sie mit ihm machen?" (Sie sehen, das ist die AKZENT-Phase.)
Die Antwort wird höchstwahrscheinlich sein: „Ich würde ihn feuern." Darauf könnten Sie sagen: „Das macht die erste Hälfte unseres Versuchs aus, die Dinge wieder in Ordnung zu bringen. Die zweite Hälfte besteht aus meinem persönlichen Versprechen, die vorhergegangenen Probleme zu beheben, indem ich meine Bemühungen Ihnen gegenüber verdopple.

Wenn Sie dasselbe machen würden, hätten Sie dann nicht das Gefühl, Sie verdienten eine faire Chance?"

(Sie sehen, was dieses Umdeuten impliziert: Wir beide sind faire und logische Menschen, und ich will mir zusätzliche Mühe geben, alles wiedergutzumachen. Das Imaginieren ist Teil der Aussage, daß er selber sein Bestes geben wird und somit eine gerechte Chance verdiene. Wenn der Rhythmus der Unterhaltung es angebracht erscheinen läßt, können Sie zusätzlich die Geschichte vom steinigen Anfang, der mit einer ausgezeichneten Beziehung endete, als Variante hinzufügen.)

Sie können leicht erkennen, wie wirkungsvoll aktuelle Fallbeispiele für Ihre Verkaufsbemühungen sein können, wenn Sie diese Geschichten in Ihr -UIEREN-Muster einpassen.

Zum Handeln ermutigen und Abschlüsse tätigen

Den Kunden zum Handeln zu ermutigen ist von enormer Bedeutung, um Ihre Verkaufsbemühungen wirksam zu gestalten. Möglicherweise ist dies sogar noch wichtiger als der Kontakt, der schon äußerst wichtig ist.

Seit Jahren geht in Verkaufskreisen die Geschichte von einem der bekanntesten Enzyklopädieverlage um, der den Beschluß gefaßt hatte, die Verkaufsergebnisse zu verbessern, indem er die Überzeugungstechniken der eigenen Spitzenverkäufer studierte, um dann diese Techniken der übrigen Verkaufsmannschaft beizubringen. Die Geschäftsführer des Verlages waren besonders darauf aus, ihren Spitzenverkäufer, der alle anderen haushoch schlug, zu beobachten.

Zu ihrer Überraschung und zu ihrem Ärger hatte seine Technik nichts mit der Qualität oder dem gesammelten Wissen ihrer Bände zu tun. Seine Strategie war einfach. Jeden Tag fing er im obersten Stockwerk eines der hohen Geschäftsgebäude in der Stadt an und ging systematisch auf jeder Etage von einem Büro zum anderen. Nach dem Betreten des Büros holte er jedesmal sofort seine Verkaufshilfe hervor – eine wie eine Ziehharmonika zusammengefaltete Nachbildung der Buchrücken aller Bände – und demonstrierte, wie die Gesamtausgabe auf einem Bücherregal aussehen würde. Dann schaute er dem potentiellen Käufer in die Augen, lächelte und fragte: „Sieht das nicht gut aus?" Wenn der überraschte Angestellte zustimmend nickte, fragte er: „Möchten Sie sich die Bände kaufen?"

Wenn er als Antwort ein Nein bekam (was fast immer der Fall war), dann lächelte er wieder, dankte dem- oder derjenigen und ging weiter zum nächsten „Auftritt", dann zum nächsten, dann zum nächsten usw. Auf diese Weise erhielt er mehr Ablehnungen und erzielte mehr Verkaufsabschlüsse als jeder andere Vertriebsmitarbeiter des Verlags.

„Bittet, so wird euch gegeben". Klingt einleuchtend, nicht wahr? Das klingt deshalb einleuchtend, weil es so ist. Aber es ist nicht immer einfach, weil man oft auch ein Nein erhält.
Trotzdem bleibt die Tatsache bestehen, daß die beste und einfachste Antwort auf die Frage: „Wie bekomme

ich das, was ich mir wünsche?" lautet: DURCH NACH-
FRAGEN!

Vor kurzem beendete ich ein Seminar in Newark, New
Jersey, als ich eine Nachricht erhielt, daß mich einer
meiner Klienten noch am selben Abend in San Francisco bräuchte. Der Klient hatte sich bereits mit meinem Büro in Verbindung gesetzt, um meine Termine
zu erfragen, und hatte mir einen Direktflug nach San
Francisco gebucht, in der Hoffnung, daß ich es schaffen würde.

Es paßte zeitlich genau, und ich kam eine Stunde vor
Abflug auf dem Flughafen an, um mein Ticket abzuholen. Es muß ein besonders chaotischer Tag bei Conti-
nental Airlines gewesen sein, da die Menschen vor
dem Schalter eine lange Warteschlange bildeten. Die
Sache wurde dadurch noch verschlimmert, daß die
Fluglinie trotz dieses Andrangs keinerlei Vorkehrun-
gen getroffen hatte, um die Fluggäste zu bedienen und
sicherzustellen, daß sie die kurz bevorstehenden Ab-
flüge noch erreichen konnten.

Die Anspannung und Gereiztheit der wartenden Passagiere stieg, während die Zeit schneller davonlief als
die Schlange sich auflöste.

Zuerst machte ich mir keine Sorgen, da ich immer un-
glaubliches Glück hatte, meine Flüge zu bekommen.
Da ich ohne Gepäck war und genügend Zeit hatte,
gab es keine Veranlassung, nervös zu werden. Als jedoch die Zeit verging, sah ich die Aussicht dahin-
schwinden, mein Ticket noch rechtzeitig zu bekommen. Zusätzlich zeigte die Abflugtafel zu meinem Unbehagen an, daß das Flugzeug nach San Francisco
pünktlich abfliegen würde.

Als es nur noch wenige Minuten bis zum Abflug waren, sah ich, daß sich die Warteschlange nicht so schnell auflösen würde, daß ich es schaffen konnte. Es waren immerhin noch sieben Parteien – Einzelreisende, Gruppen und Familien – vor mir. Überdies hatte sich die Stimmung unter den Wartenden bereits zweimal besonders unangenehm aufgeladen, weil andere Passagiere erfolglos versucht hatten, durch Drängeln ihr Flugzeug noch zu erreichen.

Wie bekommen Sie das, was Sie sich wünschen? Richtig, durch Fragen. Die Zeit für Geduld und Hoffnung war nicht mehr vorhanden. Es war an der Zeit, mir meinen Weg nach vorne zu erfragen. Mit all meinen Kontaktstrategien und sanfter Nachdrücklichkeit begann ich zu fragen: „Entschuldigen Sie bitte, wann ist Ihr Abflug?..." und schloß: „Würde es Ihnen etwas ausmachen, mir dabei zu helfen, nach vorne zu kommen, da ich heute abend noch in Kalifornien erwartet werde?" Fünfmal hintereinander funktionierte dieser Verkauf. Dann, als nur noch ein Mann und ein Paar vor mir waren, bekam ich zur Antwort auf meine erste Frage: „Mein Flugzeug geht in zwei Minuten."
„Oh je!" sagte ich mitfühlend. „Sie sind doppelt so schlimm dran wie ich. Was würden Sie sagen, wenn ich Sie bitten würde, mich vorzulassen, damit ich mein Flugzeug bekomme?" Er schaute mich einen Moment lang schweigend an und sagte: „Hören Sie, ich werde mein Flugzeug wahrscheinlich sowieso verpassen. Zumindest haben *Sie* noch eine Chance. Gehen Sie vor."

Ich bedankte mich sehr herzlich bei ihm und ging vor. Das Paar hatte seine Antwort gehört, winkte mich nur noch mit einer Handbewegung vor und wünschte mir viel Glück.

Einen Moment später war eine Angestellte der Fluglinie am Schalter frei, und als ich zu ihr hinrannte, passierte etwas Bemerkenswertes. Die Einzelreisenden und Gruppen (ca. 14 Leute), die auf mein Fragen eingegangen waren, fingen an zu klatschen und ermutigten mich, mich zu beeilen, damit ich noch mein Flugzeug bekäme.

Es ist überraschend, wie oft Menschen Ihnen ausgesprochen gerne behilflich dabei sind, nach vorne zu kommen, wenn Sie sie nur fragen. Wenn es natürlich um größere Dinge geht, hilft es enorm, wenn Sie bereits Arbeit in den Aufbau der Beziehung investiert haben.

Beim Verkauf wie auch im Privatleben ist der Kontakt sicherlich der erste große Schritt. Dann folgen Sie dem System, das wir in diesem Buch entwickelt haben, Stufe für Stufe und haben somit eine Marschrichtung. Zum Beispiel ist das Ermitteln der Bedürfnisse ein logischer Schritt, um eine engere Beziehung mit dem Kunden oder der Kundin aufzubauen. Dabei bietet sich Ihnen nämlich die Gelegenheit, Ihrem Kunden zuerst zu helfen und dadurch die Voraussetzung für gegenseitige Erkenntlichkeit zu schaffen.

Dann vertiefen Sie die Beziehung, indem Sie die Kaufkriterien erfragen und Kaufbestrebungen bekräftigen, und zwar so, daß Ihr Gesprächspartner, auf den Sie Einfluß nehmen, bei der Zusammenfassung seiner Vorstellungen erstaunt aufhorchen wird.

Nachdem Sie überprüft haben, ob Sie noch immer in Kontakt sind, wird es Zeit, Ihrem Klienten Ihre Konzeption anzubieten (was Ihrem Gesprächspartner im Idealfall helfen wird, das zu bekommen, was er sich

wünscht, während er oder sie gleichzeitig zuläßt, daß
Sie bekommen, was Sie sich wünschen). Natürlich
werden sowohl Fragen zu beantworten als auch An-
gleichungen vorzunehmen sein. Wenn diese Punkte
erledigt sind, ist es von größter Bedeutung, daß Sie Ihren Kunden direkt zum Handeln ermutigen.

Das kann einfach sein, indem Sie lächelnd ihren Kunden bitten, die schriftliche Vereinbarung zu unter-
schreiben, oder komplex, indem Sie wieder von vorne
beginnen und alles Punkt für Punkt wiederholen. Vertrauen Sie dabei Ihrer Erfahrung und Ihrer Intuition.
Wenn Sie die Bedürfnisse richtig ermittelt, die Erfolgskriterien erkannt und die Bestrebungen bekräftigt haben, brauchen Sie dem Klienten nur noch aufzuzeigen, daß Ihr Vorschlag seine Bedürfnisse und Bestrebungen in Übereinstimmung mit seinen eigenen Erfolgskriterien bringt.

Genau das wurde vor kurzem meiner Frau und mir von
einem Volvo-Händler demonstriert, den wir besuchten,
während wir uns für einige Tage in unserer Wohnung
in Longboat Key, Florida, aufhielten. Der Verkäufer
hatte sorgfältig Fragen gestellt und dadurch erfahren,
was uns wichtig war. Wir erzählten ihm sogar von einem anderen Händler, der viel näher bei unserem
Wohnort lag und einen Wagen hatte, der für uns in
Frage kam.

Während wir uns das Fahrzeug anschauten, das uns
am besten gefiel, schlug er uns vor, auf die Punkte zu
achten, die uns wichtig waren. Dann fing er an, einiges
von dem aufzuzählen, was er von uns erfahren hatte.

„Wenn ich mich richtig erinnere, ist Ihnen die Sicherheit sehr wichtig. Sie wollen unbedingt einen Kombi

und Sie möchten einen Wagen, der so lange hält, daß Sie ihn an Ihre Kinder weitergeben können, sobald sie den Führerschein haben. Das engt die Auswahl ein. Außerdem soll er sparsam im Verbrauch sein. Das führt uns von unseren Turbos weg. Sie wollen damit Familienfahrten machen, d.h. der Wagen sollte sowohl mit einem Tempomat als auch mit sehr bequemen Sitzen ausgestattet sein. Sie mögen gerne Ledersitze, weil sie sich gut anfühlen, angenehm riechen und auch noch in 10 Jahren toll aussehen. So weit – so gut. Außerdem wollen Sie eine helle Farbe haben wegen der Sonne hier in Florida, wenn auch nicht unbedingt weiß ... oh ja, und einer von Ihnen wünscht sich unbedingt elektrische Fensterheber. Aber da war noch etwas anderes ...", sagte er, während er den Wagen betrachtete, der für uns in Frage kam.

„Ein Dachgepäckträger, damit wir ein Fahrrad transportieren können, und eine gute Stereoanlage", fügte meine Frau hinzu.

„Genau, mit einem UKW-Radio und einem Kassettenrecorder", sagte er lächelnd. „Und wenn wir Ihnen all das zu einem vernünftigen Preis anbieten können, dann sind Sie glücklich." Wir lachten zustimmend. Dann sagte er: „Lassen Sie uns ins Büro gehen und schauen, ob wir den Wagen für Sie perfekt machen können", was er dann auch tat.

Wie die meisten Menschen liebe ich es, wenn mir jemand etwas gut verkauft, und hasse es, wenn schlecht verkauft wird. Deshalb war es eine solche Freude, bei diesem Volvo-Verkäufer zu kaufen. Sein Abschluß bestand einfach darin, sein Angebot auf unsere Vorstellungen und Wünsche abzustimmen und es uns in der Reihenfolge A, B, C zu präsentieren.

Nach dem Verkaufsabschluß:
Alle Hinweise aufgreifen

Jedem Hinweis auf mögliche zukünftige Geschäftsabschlüsse zu folgen, – das beginnt bei dem wichtigsten
Hinweis, den Sie bekommen – bei Ihrem gerade neu
gewonnenen Kunden.

Vielen Verkäufern entgeht diese Chance, da sie glauben, die Arbeit sei getan, sobald es zum Verkauf gekommen ist. Durch diese falsche Annahme entstehen
oft die ersten Risse im Fundament für eine langfristige,
gewinnbringende Beziehung.

Symbole des Kontaktes

Wir haben den Wert von Symbolen bereits erwähnt.
Eine kurze Notiz, mit der Sie sich beim Kunden für die
Zeit bedanken, die er sich genommen hat, und ihm
noch einmal versichern, ausgezeichnete Produkte und
Dienstleistungen bereitzustellen, wird in vielen Fällen
das Gefühl des gegenseitigen Engagements verstärken.

Eine weitere gute Geste wäre, kurz nach der Auslieferung anzurufen, um den Kontakt und das gegenseitige
Engagement zu vertiefen. Stellen Sie sich vor, der Autoverkäufer, bei dem Sie kürzlich Ihren neuen Wagen
gekauft haben, ruft Sie an, um zu fragen, ob alles in
Ordnung ist und ob Sie mit Ihrem neuen Wagen zufrieden sind. Würde das nicht Ihre Beziehung zum Verkäufer und Händler verbessern?

Natürlich werden manche den Erfolg einer solchen
Vorgehensweise bezweifeln und fragen: „Aber was ist,
wenn beim Kunden zwischenzeitlich ein kleines Problem aufgetaucht ist, dem er nicht weiter nachgegan-
gen wäre, wenn wir nicht angerufen hätten?" Genau
das ist der Punkt. Kleine Verstimmungen sind Ärger,
der noch nicht groß geworden ist. Wenn einem Kunden der neue Wagen gefällt, er aber von einem Geräusch irritiert wird, das er beim Fahren hört, dann
wird ihn dieses Geräusch beschäftigen, wann immer
er an den neuen Wagen denkt. Lassen Sie noch einige Probleme hinzukommen, die noch nicht behoben
sind, und Äußerungen wie „Montagsauto", „übers Ohr
gehauen" und „wenn die mir nicht ...", dann ist der Ärger perfekt. Es wäre viel besser, diese Unsicherheiten
auszuräumen, indem Sie rechtzeitig handeln und den
Kunden zufriedenstellen, anstatt zu warten, bis sich
der Ärger entlädt.

... Oder betrachten Sie es einmal anders: Sie haben
einen 24jährigen, ledigen Bruder, der Sie anruft und
Ihnen erzählt, er habe vor kurzem durch gemeinsame
Freunde eine wundervolle junge Frau kennengelernt.
Sie hätten das letzte Wochenende miteinander verbracht und sich für das nächste Wochenende zum Se-
geln verabredet. Er ist in sie verliebt und denkt, daß
sie wahrscheinlich dasselbe für ihn empfindet. Würden Sie ihm raten, die Freundin im Laufe der Woche
einmal anzurufen? Natürlich würden Sie ihm das empfehlen.

Die Kaufreue

Je größer die Verbindlichkeiten, die ein Kunde bei Ihnen eingegangen ist, desto größer ist das Risiko der Kaufreue. Er fragt sich, ob er die richtige Entscheidung getroffen hat, und es ist wahrscheinlich, daß der Klient eher selektiv wahrnimmt, was es an dem Geschäftsabschluß auszusetzen gibt, als was daran positiv ist.

Wiederum werden symbolische Gesten, die Engagement und Dienstbereitschaft signalisieren, viel dazu beitragen, daß der Kunde mit seiner Entscheidung auf Dauer zufrieden ist. Wenn dieser Geste qualitativ hochwertige Leistungen folgen, dann ist das Fundament für eine langfristige Geschäftsbeziehung gelegt.

Eine Reihe von erfolgreichen Autohändlern und mindestens eine der landesweiten Autofinanzierungsgesellschaften vergeben von vornherein ein bestimmtes handliches Symbol, um der Kaufreue entgegenzuwirken und die Chancen für zukünftige Geschäfte zu vergrößern. Ihr symbolischer Gegenstand ist ein hochwertiger „registrierter Schlüsselanhänger". Sobald der Kunde den Kaufvertrag unterschrieben hat, präsentiert der Verkäufer zwei registrierte Schlüsselanhänger und sagt: „Frau Schmidt, Herr Schmidt, wir möchten jedem von Ihnen einen unserer registrierten Schlüsselanhänger geben. Sie sehen, daß auf jedem Anhänger eine eigene Seriennummer und die Beförderungsgarantie der Post eingraviert ist. Dieser Postservice wird von uns bezahlt, und die Registriernummer ist unter Ihrem Namen in unseren Unterlagen vermerkt. Falls Sie einmal Ihre Schlüssel verlieren, braucht sie der Finder nur in den nächsten Briefkasten zu werfen, dann werden sie uns automatisch zugesandt. Wir vergleichen die Registriernummer mit unseren Unterlagen und schicken sie Ihnen sofort zu.

Die Chance, sie zurückbekommen, ist groß, und Sie brauchen auch keine Angst zu haben, daß die Schlüssel eventuell in die falschen Hände geraten.

Es soll außerdem ein Symbol für unsere Bemühungen sein, Ihnen den bestmöglichen Service zu bieten. Wenn Sie einmal umziehen, innerhalb der Stadt oder womöglich in ein anderes Bundesland, hoffen wir, daß Sie uns benachrichtigen, damit wir unser Engagement aufrechterhalten können, wo immer Sie auch sind."

Bedienungsfehler

Oft sind Probleme, die nach dem Verkauf auftauchen, weder auf ein Versäumnis Ihrerseits noch auf ein fehlerhaftes Produkt zurückzuführen. Manchmal sind es ganz einfach Bedienungsfehler, und die Schuld liegt eindeutig bei Ihrem Klienten. Trotzdem sind diese Probleme *auch Ihre* Probleme, weil Verbraucher eher das Produkt oder den Lieferanten für Probleme verantwortlich machen als sich selbst. Selbst wenn Sie völlig unschuldig sind, bedeutet das nicht unbedingt, daß Sie das Spiel um langfristige Geschäftsbeziehungen damit gewonnen haben. Es erfordert zusätzlich eine sorgfältige Nachbereitung, um sicherzugehen, daß bestimmte Probleme, die durch Bedienungsfehler entstehen könnten, von vornherein vermieden oder so effizient wie möglich abgestellt werden.

Der kontaktorientierte Kundendienstleiter eines Elektrounternehmens erzählte uns kürzlich, wie er solche Problemfälle telefonisch zu lösen versucht. Wenn der

Kunde anruft und mitteilt, daß ein Geräte einfach nicht in Gang zu setzen sei, bespricht er mit ihm am Telefon eine Reihe von einfachen Vorgängen. Dabei bezieht sich seine erste Frage auf den Umstand, daß das Gerät häufig gar nicht angeschlossen ist. Um nicht zu riskieren, den Anrufer weiter zu reizen oder in Verlegenheit zu bringen, sagt er: „Manchmal entstehen diese Probleme, wenn der Stecker nicht richtig in der Steckdose ist. Könnten Sie bitte den Stecker herausziehen und ihn dann noch einmal einstecken?"

Er berichtete, daß die Mehrzahl der Anrufer daraufhin sagt, der Trick mit dem Stecker habe funktioniert, anstatt zuzugeben, daß nur die zweite Hälfte des Vorganges nötig gewesen wäre. Er fügte hinzu, er habe sehr schnell gelernt, daß es nichts Schlimmeres gibt, als zu einem Kunden zu fahren und festzustellen, daß nur der Stecker nicht eingesteckt war. Ob er diesen Besuch dem Kunden berechnet oder nicht, – es kostet sein Unternehmen entweder Wohlwollen (des Kunden) oder (eigenes) Geld.

Weitere Anlässe zum Nachfassen

Es gibt einen alten Verkäuferspruch, der besagt, daß die meisten Vertriebsmitarbeiter an Geschäftsabschlüssen einfach vorbeilaufen, anstatt sie zu tätigen. Beim Besuch großer Unternehmen vollbringen viele diese Meisterleistung, ohne das Unternehmen zu verlassen.

Wir möchten nochmals unterstreichen, daß die wichtigsten Ansatzpunkte für neue Geschäfte dort liegen, wo Sie die größte Stoßkraft haben. Deshalb schlagen wir Ihnen vor, alle Möglichkeiten auszuschöpfen, um das Geschäftsvolumen mit *Stamm*kunden zu erhöhen, bevor Sie bei neuen Kunden vorsprechen. Das kann auf verschiedene Arten geschehen.

a) Zusätzliche Produkte und Dienstleistungen

Wenn Sie die gesamte Bedürfnispalette Ihres Kunden erforscht haben, machen Sie einen Riesenschritt hin zum Zusatzgeschäft. Sie finden damit heraus, welche anderen Produkte oder Dienstleistungen Sie ihm nutzbringend verkaufen können. Normalerweise ist es nämlich einfacher, das Angebot zu erweitern, als neu in die Lieferantenliste eines großen Unternehmens aufgenommen zu werden.

b) Aufwertung von Produkten und Dienstleistungen

Das „Kosten" einer besseren Qualität führt oft zu anspruchsvollerem Kaufverhalten. Zum Beispiel wird ein kluger Drucker, der eine Bestellung von Briefbögen ausgeführt hat, der Lieferung noch einige zusätzliche Exemplare auf feinerem Papier beifügen, damit der Kunde einen Eindruck davon bekommt, wie die Briefbögen für Spitzenklienten aussehen könnten.

c) Kontakte zu anderen Abteilungen und Bereichen

Hinweisen, die Ihnen aus anderen Bereichen innerhalb einer großen Organisation zugetragen werden, sollten Sie grundsätzlich nachgehen. Je stärker der Zusammenhalt innerhalb des betreffenden Unternehmens, desto besser. Unabhängig davon ist es immer nützlich, jemanden in vergleichbarer Position in einer anderen Abteilung zu kennen. Noch besser ist es jedoch, eine gute Beziehung zu jemandem aufzubauen, der auf einer höheren Ebene innerhalb der Organisation akzeptiert wird oder eine leitende Stellung innehat (am besten beides). Nutzen Sie jede Gelegenheit zu einem Gespräch unter vier Augen.

d) Empfehlungen an andere Unternehmen

Der Schwung einer guten Geschäftsbeziehung kann Sie auch in ein anderes Unternehmen hineintragen. Wiederum ist hier der entscheidende Schritt zu fragen, damit Sie Empfehlungen bekommen. Persönliche Vorstellungsgespräche, einführende Telefonate und Briefe sind wertvolle Hilfsmittel, um Kontakt aufzunehmen. Weniger wirkungsvoll, aber immer noch effektiv ist, den neuen potentiellen Kunden aufzusuchen und zu erwähnen, Ihr Kunde hätte speziell ihn empfohlen.

Wenn Ihr Klient bereit ist, einen einführenden Brief für Sie zu schreiben, dann sollte dieser im Stil eines guten Empfehlungsschreibens abgefaßt sein und folgendes beinhalten:

1. Warum der Klient von Ihnen kauft oder gekauft hat
2. Seit wann er oder sie mit Ihnen in geschäftlicher Beziehung steht
3. Welchen Nutzen Ihr Produkt oder Ihre Dienstleistung bietet
4. Warum Ihrem Produkt oder Ihrer Dienstleistung der Vorzug vor anderen gegeben wird
5. Daß der Kunde oder die Kundin Sie wärmstens empfiehlt

Es zählt nur, was Sie tun

In diesem Buch haben wir eine Reihe von Strategien beschrieben. Einige sind Ihnen sicher neu, andere kennen Sie vielleicht schon. Hier ist zum Abschluß nun noch ein Hinweis, der für Ihren Verkaufserfolg absolut wichtig ist: Es zählt nicht, was Sie *wissen,* es zählt nur, was Sie *tun.* Mit anderen Worten: Es ist an der Zeit, das, was Sie hier gelernt haben, in die Tat umzusetzen.

Sie werden erleben, daß diese Konzepte alle vorangegangenen Schulungen und Trainingsmaßnahmen ideal ergänzen. Darüberhinaus wird sich Ihre Beziehung zu den Kunden nicht nur entscheidend verbessern, sie wird Ihnen auch mehr Freude bereiten. Nicht zuletzt können Sie sich auf ein höheres Einkommen freuen, wenn Sie Ihre neuen Fertigkeiten nutzen.

Die Anwendungshilfe für *Beyond Selling*

Um Sie bei der Anwendung dieser Konzepte zu unterstützen, haben wir ein Handbuch entworfen, das im *Training Beyond Selling* (vgl. Anhang) vorgestellt wird. Der Zweck dieses Handbuches ist, Ihre Anwendungserfolge zu konkretisieren.

Es wird Sie in Ihren Verkaufssituationen Schritt für Schritt begleiten und Ihnen helfen, die gesteckten Ziele zu erreichen.

Es wird Ihnen auch dabei helfen, die psychologischen Muster Ihrer potentiellen Käufer leichter zu erkennen und festzuhalten. Sie können somit ein persönliches Beziehungsprofil erstellen, das Ihre Kundenkartei um individuelle Daten erweitert.

Es wird Sie dabei unterstützen, die Schlüsselelemente dieses Buches schnell zu wiederholen und gezielt anzuwenden.

Es wird Ihnen dabei helfen, Ihre Präsentationen effektiver zu organisieren und nach Maß zu entwerfen.

Und es wird Sie dabei unterstützen, die Gespräche mit Ihren Kunden einer individuellen Analyse zu unterziehen, damit Sie jederzeit darauf zurückgreifen können.

Wir empfehlen Ihnen diese Anwendungshilfe, damit Sie Ihr Wissen in die Tat umsetzen können. Informationen darüber, wo Sie oder Ihr Unternehmen das Handbuch bestellen können, finden Sie im Anhang des Buches.

Eine letzte Warnung

Es gilt eine Warnung auszusprechen, bevor Sie das hier Gelernte anwenden. Wenn Sie anfangen, die hier vorgestellten Konzepte und Strategien in die Praxis umzusetzen, wird es für Sie kein „Routinegeschäft" mehr geben. Sie werden bei sich selbst Veränderungen bemerken, wie z.B. ein größeres Vertrauen im Umgang mit anderen Menschen und mehr Freude an Herausforderungen. Auch andere werden das bemerken und darauf reagieren. Aber nicht alle werden mit

diesen positiven Veränderungen und Ihrem Erfolg gut
umgehen können. Wenn Sie besonders erfolgreich
sind, werden manche vielleicht sagen: „Was denkt er,
wer er ist?", oder „Was will sie sich eigentlich beweisen?" Am Anfang kann das manchmal störend sein.
Sie werden auch erleben, daß Ihnen immer weniger
Zeit für Nörgelei, Tratsch und manipulative Spiele
bleibt.

Vielleicht kann die folgende Geschichte diesen Punkt
noch verdeutlichen. Ein Freund sandte sie mir vor einigen Jahren, und sie wurde zu meiner Lieblingsfabel.
Sie handelt von einer Schildkröte.

„Ich erinnere mich an die Zeit, als ich noch eine kleine
Schildkröte war. Ich hatte einen Freund, der ganz anders war als wir. Er lief immer alleine los, wenn er unserer Spiele, an denen wir immer wieder Spaß hatten,
überdrüssig war.
Eines Tages fand er einen riesigen Ballon und einige
Fahrradteile und baute sich eine Flugmaschine zusammen.
Wir waren alle ganz aufgeregt, bestaunten seine Flugmaschine und hatten vielleicht auch ein wenig Angst,
denn nie zuvor hatte eine Schildkröte den Boden verlassen.
Er lachte über unsere Ängste, stieg in seine Flugmaschine, flog himmelwärts und winkte uns von oben zu.
Jeden Tag kletterte er in seine Flugmaschine und flog
davon. Und mit jedem Tag wurde er seltsamer.
Aus Angst, er könnte verrückt sein, beschlossen wir,
ihn zu ignorieren, und spielten weiter. Eines Tages
verschwand er in einer riesigen Wolke und wurde nie
wieder gesehen.
Von Zeit zu Zeit höre ich von vorbeikommenden Fremden Gerüchte über meinen Freund. Einige sagen, er

sei ins Meer gestürzt und direkt bis auf den Grund ge-
sunken. Andere sagen, er sei ehrgeizig geworden und
direkt zur Sonne geflogen.
Und ich? Irgendwie denke ich, daß er immer noch dort
oben ist mit seiner Flugmaschine und Dinge sieht, die
noch nie eine Schildkröte vor ihm gesehen hat."

Das ist „Strafe" und Belohnung zugleich. Was Sie jedoch hier in Ihren Händen halten, ist keine Flugmaschine. Es handelt sich lediglich um die Konstruktionspläne für eine Flugmaschine – eine Flugmaschine
nach Ihren eigenen Vorstellungen und zu Ihrer ganz
persönlichen Verfügung. Wenn Sie diese Ideen angemessen in die Tat umsetzen, dann können Sie im
kommenden Jahr irgendwann einmal auf all das zurückblicken, was Sie erreicht haben, und lächelnd
sagen: „Ja, in letzter Zeit habe ich Dinge gesehen, von
denen die anderen Schildkröten nur träumen."

Wir wünschen Ihnen Glück beim Aufsteigen in diese
Höhen und vor allem guten Verkauf.

Fragen und Antworten zum fünften Kapitel

Frage: *Ich habe immer Schwierigkeiten damit, schlag-
fertig zu sein. Ich fühle mich unwohl bei dem Gedanken, daß ich sofort mit guten AKZENT-UIEREN-Antworten aufwarten soll. Was soll ich machen?*

Antwort: Es ist schwer, gleichzeitig schnell und un-
entschlossen zu sein. Deswegen empfehlen wir Ihnen,
AKZENT-UIEREN-Antworten im voraus zu planen und
zu üben. Es gibt darüber sogar einen Abschnitt in unserem Handbuch zu *Beyond Selling*. Wenn Sie einmal

ein Gefühl für das Muster entwickelt haben, werden Sie erstaunt sein, wie leicht Ihnen die Antworten über die Lippen kommen.

Frage: *Teilen viele Vertriebsmitarbeiter meine Abneigung, nach Aufträgen zu fragen?*

Antwort: Sehr viele sogar. Die Angst vor Zurückweisung ist allgemein verbreitet und gleichzeitig der Grund, warum viele Vertriebsmitarbeiter davor zurückschrecken, den Kunden zum Handeln zu ermutigen. Einige Versicherungsgesellschaften schätzen, daß die Verkaufsabschlüsse um rund 30 % gesteigert werden könnten, wenn man am Ende der Präsentation nach der Bestellung fragen würde.

Frage: *Kennen Sie psychologische Strategien, wie solche Ängste, z.B. das Fragen nach einer Bestellung oder die innere Blockade vor Kundenbesuchen, überwunden werden können?*

Antwort: Ja, wir kennen einige, aber diese Strategien könnten ein weiteres Buch füllen (und werden es vielleicht). Viele sind experimentell und daher sehr aufwendig in ihrer Beschreibung. Sie können diese Methoden aber in unseren Seminaren kennenlernen und üben, weil wir dort individuelle Hilfestellung geben können.

Frage: *Wie lange dauert es, bis man die Elemente dieses Buches in die Verkaufssituation natürlich einbeziehen und eine deutliche Verbesserung der eigenen Fähigkeiten feststellen kann?*

Antwort: In einigen Bereichen, wie z.B. bei den Kontaktstrategien, werden Sie wahrscheinlich schon nach wenigen Tagen bemerkenswerte Verbesserungen beobachten können, aber eben nur dann, wenn Sie das Gelernte sofort umsetzen und dadurch eigene Erfahrungen machen.

Bei anderen Mustern dauert es vielleicht etwas länger, und Sie müssen häufiger im Buch nachschlagen oder gemeinsam mit anderen Verkaufsspezialisten trainieren. Schließlich handelt es sich bei dem hier Vorgestellten nicht um eine Flugmaschine, sondern um die Konstruktionspläne für eine Flugmaschine nach Ihren eigenen Vorstellungen. Es sind Ihre Taten, die bestimmen, wie hoch Sie aufsteigen werden.

Wo mag es von hier aus wohl hingehen?

Anhang

Das Trainingskonzept *Beyond Selling*

Unternehmer und Spitzenverkäufer wissen, daß Erfolg entscheidend von einer überdurchschnittlich ausgeprägten Kommunikationsfähigkeit abhängig ist. Sie setzen diese Fähigkeit systematisch ein und können so die Leistungspalette Ihres Unternehmens in jeder Situation überzeugend darstellen.

Wir bieten Ihnen an, diese Schlüsselqualifikation gemeinsam mit uns weiterzuentwickeln. Jede Trainingseinheit umfaßt drei Tage, das gesamte Programm kann im Laufe eines Jahres absolviert werden.

Die Seminare K 1 bis K 5 sind auf das jeweilige Kapitel des Buches *Beyond Selling* abgestimmt. Sie sind eine ideale Ergänzung Ihrer Lernstrategie.

Ihr Trainingspartner

/t/a/k/t●

CONSULTING GmbH

Schleißheimer Str. 371 Tel.: 089 / 351 68 82
8000 München 45   Fax 089 / 354 36 01

Dr. John Diamond
Die heilende Kraft der Emotionen

Dr. Diamond, ein international bekannter Psychiater, zeigt Ihnen, wie Sie Ihre Lebensenergie hoch halten können. Er beschreibt die Basis positiver und negativer Zustände, welche auf die Lebensenergie einwirken. Negative emotionale Zustände (Haß, Ärger, Neid etc.) reduzieren die Lebensenergie des einzelnen. Positive emotionale Zustände (Liebe, Vertrauen, Mut etc.) heben den Energielevel und helfen dem einzelnen, mit den geistigen und psychischen Streßfaktoren des Lebens fertig zu werden, und verstärken unsere Kreativität und Produktivität.

Mit Hilfe eines einfachen Muskeltests zeigt Ihnen Dr. Diamond, wie Sie den Zustand Ihrer Lebensenergie einschätzen und die spezifischen psychologischen Faktoren ausschalten können, die störende Einflüsse und Auswirkungen haben.

274 Seiten, viele Fotos und Illustrationen, kart., 35,–DM/sFr.
ISBN 3-924077-02-9

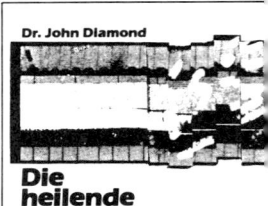

Jludzinski/Van Nagel/Edward J. und Mary Ann Reese
Megateaching

Neurolinguistisches Programmieren (NLP) ist ein Modell des menschlichen Verhaltens und der menschlichen Kommunikation. Die Anwendung der Techniken und Strategien des NLP in der Erziehung bietet einen neuen, belebenden Einstieg in die Methoden des Lehrens und Lernens. Ihre Haltung gegenüber Lehr- und Lernmethoden wird revolutioniert. Die vielfältigen Möglichkeiten, zu lernen und Verhalten zu verändern, eröffnen Lehrern und ihren Schülern neue Horizonte.

196 Seiten, 34,– DM/sFr.
ISBN 3-924077-10-X

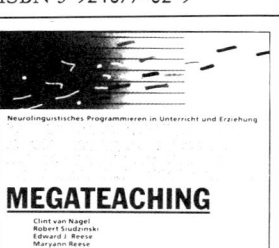

Dieses Buch zeigt auf, wie Sie unter Zuhilfenahme von Muskeltests auf einfache Weise unter anderem folgende Probleme in den Griff bekommen können:
O Nichtloslassenkönnen von traumatischen Erlebnissen aus der Vergangenheit O Prüfungsängste O Eingefahrene Verhaltensmuster O Fehlverhalten durch Programmierung aus der frühen Kindheit O Angst vor der Zukunft O Entscheidungsschwierigkeiten, weil man zwischen Gefühl und Verstand hin- und hergerissen ist.

Sie lernen:
O Die Hauptursache von emotionalem Streß zu bestimmen O Allergien aufzudecken O Unzweckmäßige Gewohnheiten zu erkennen O Emotionale Hintergründe aufdecken.

157 Seiten, Illustrationen, Paperback, 19,50 DM/sFr.
ISBN 3-924077-04-5

Das *Institut für Angewandte Kinesiologie* in Freiburg veranstaltet laufend Kurse in Edu-Kinesthetic, Touch for Health (Gesund durch Berühren) und den unterschiedlichen Bereichen der Angewandten Kinesiologie. Das Institut ist ständig bemüht, durch engen Kontakt mit den Pionieren der Methode aus dem Ursprungsland, den Vereinigten Staaten, die neuesten Forschungen in den Entwicklungen auf dem Bereich der Angewandten Kinesiologie zu integrieren. Ein weiteres Anliegen ist die Veröffentlichung von Literatur zum Thema, um eine möglichst große Verbreitung der Angewandten Kinesiologie auch im deutschsprachigen Raum zu ermöglichen.
Wer an der Arbeit des Instituts interessiert ist, kann kostenlose Unterlagen anfordern über die folgende Adresse:

INSTITUT FÜR ANGEWANDTE
KINESIOLOGIE FREIBURG
Zasiusstraße 67, D-7800 Freiburg
Telefon 0761 / 7 27 29